田东江 著

报人读史札记八集

中山大学出版社
·广州·

版权所有　翻印必究

图书在版编目（CIP）数据

濯缨何必向沧浪：报人读史札记八集／田东江著．—广州：中山大学出版社，2020.12

ISBN 978-7-306-07058-6

Ⅰ．①濯…　Ⅱ．①田…　Ⅲ．①史评—中国—文集　Ⅳ．①K207-53

中国版本图书馆CIP数据核字（2020）第224873号

出 版 人	王天琪
责任编辑	裴大泉
封面设计	林绵华
责任校对	佟　新　赵　婷
责任技编	何雅涛
出版发行	中山大学出版社
电　　话	编辑部 020-84111996，84113349，84111997，84110779 发行部 020-84111998，84111981，84111160
地　　址	广州市新港西路135号
邮　　编	510275　　传　　真：020-84036565
网　　址	http://www.zsup.com.cn　　E-mail：zdcbs@mail.sysu.edu.cn
印 刷 者	佛山市浩文彩色印刷有限公司
规　　格	880mm×1240mm　1/32　12印张　296千字
版次印次	2020年12月第1版　2020年12月第1次印刷
定　　价	49.00元

如发现本书因印装质量影响阅读，请与出版社发行部联系调换

序

吴承学

我与东江同是中大校友，都喜欢读文史书籍，他著述极为勤奋，经常赠我新著，而我笔拙思缓，无可回赠，常有亏欠之感。近其大著《濯缨何必向沧浪》即将付梓，嘱我作序，对我来说，既是读书思考的机会，也是减少歉疚的方式。

此前，我拜读过东江的许多读史札记，此番结集，又欣赏了一遍。看完书稿，突然产生一个很奇怪的念头：这是一本史学书还是文学书呢？这种想法其实也不奇怪，文心史识，自古以来，都难以断然分清。

《濯缨何必向沧浪》每一篇都是微形的历史。历史的书写有多种方式，有很宏大的叙事，比如二十四史，但梁启超认为那只是帝王将相的家谱；也可以是对细微卑近事物的书写。孔子说，道不远人。庄子认为，道无所不在，蝼蚁、小草、砖瓦乃至屎溺都有道的存在。佛教认为翠竹黄花，尽具佛性。仿此，我们也可以说，史不远人，历史无所不在。任何事物，无论巨细，有形无形，都有其历史书写的意义。古人有诗云："书画琴棋诗酒花，当年件件不离它。而今七字都变更，柴米油盐酱醋茶。"日常生活中，无论是"书画琴棋诗酒花"的雅事，还是"柴米油盐酱醋茶"的俗物，都可以书写成独具意义的历史。比如，糖是日常俗物，季羡林先生就写过著名的《糖史》。《濯缨何必向沧浪》书写的内容，雅俗兼备，但大多是琐屑细微的，主要是与日常生活密切相关的微形历史。这点只要翻看一下本书的目录就很清楚了。

从日常微细生活入手进入历史书写是此书的特点。古今的"读史札记"很多，史学家"读史札记"的题目主要是从史籍中来的，如赵翼《廿二史札记》、吕思勉《读史札记》，都是从读史料入手，所论是历史上的问题，或考据，或发覆，辨章学术，考镜源流。博闻强记，是中国读书人的传统，所谓"一事不知，以为深耻"。随着近代以来学术分科，学者各攻一个专业领域，专家多而通家少。东江作为报人，似乎更具博物学家的气质和兴趣，虽然他并不是某个学科的专家，但阅读面之广，令我惊佩。其读史札记所涉及的文献，有宗教、民俗、名物、地理、建筑、动植物、科技，衣食住行，帝王将相、下层民众、文人雅士，等等，包括各个学科与日常生活的方方面面。每篇文章的起承转合，谋篇布局，皆用丰富的史料层层推进，自然成文，不以虚言点缀，不以套语敷衍。与传统史学家不同的是，其读史札记的话题与灵感主要来自亲历的现实生活，以现实生活为背景和触机，有很强随感性，更近乎文学创作的感兴思维。我们可以看看本书开头几篇文章。《大雁塔》是由法国总统马克龙首次访问西安景点起兴的。《老赖》以临近新年，各地打击赖账之徒的新闻为缘起。《腊肉，臘肉》则由网上一张照片引发。《公主》是到北京参加培训，住在公主坟附近引发的联想。《杜鹃》是由华南植物园看杜鹃花而说起的。他的读史札记往往也具有日记的性质，记录了作者生活轨迹。故其取材是开放式的，在日常生活中发现历史，如行于山阴道上，应接不暇，俯拾皆是，目击道存。

由日常生活而激发的感兴性思维这点颇值得注意。一些介绍东江"读史札记"的文章说其特点是"借古喻今"。我读东江的文章多年，总感觉到其读史札记主要特色并不在此。"借古喻今"与"借古讽今"虽有区别，方式上是类似的，都有一个古为今用的实用目的。作者先设一个观点，然后在历史文献中选择其所需的材料，为了达到目的，有些材料可能被遮蔽，被改写，甚至断章取义，为我所用。东江的历史书写，追求打通时间空间的隔阂，古今相通，四海相接。正如中国古人所形容写作之神思，"观古今于须臾，抚四海于一瞬。""寂然凝虑，思接千载;悄然动容,视通万里。"这是文学创作的迁想妙得。西方学者李约瑟认为,中国人的关联式思考或联想式的概念结构,同欧洲因果式或法则式的思考方式在本质上根本不同(《中国古代科学思想史》)。我想借用"关联式""联想式"概念来形容东江札记的写作范式。他的历史书写,重在寻找古今之间的关联,有意无意地消解实用的功利目的。举例而言,《公筷》由广州饭馆用公筷述及古代使用食具历史,《豆腐》由贵阳花溪的烤豆腐而述及古代与之种种相关文献。此类文章,如何借古喻今?就其书写的逻辑和主旨而言,都不是出于先行的政治、伦理目的,给读者灌注一种观念,其目的是追源溯流,寻觅真相;其方式是因今及古,让现实照亮历史;由当下触发记忆,激发古典的活性。他追求的是历史的启示,而非现实的影射。这正是此书通俗而能脱俗之处。

德国学者扬·阿斯曼在其经典著作中提出"文化记忆"的概念。他认为,文化经过世代交替之后仍保持它的一致性,能够形成"历时的身份",这种功能就是文化记忆。文化记忆使得我们保持自我,明天的我如同昨天和今天的我。文化记忆的概念超出了"传统"这个概念的范围,它还涉及遗忘和隐瞒,遗忘和隐瞒导致传统的消失和断裂。他说:"回忆文化建立在对过去的各种指涉形式的基础之上,我们的论点便是:'过去'完全是在我们对它进行指涉时才得以产生的。"我对历史理论缺乏研究,也许,我的理解是断章取义、移花接木的,但喜欢"文化记忆"这个词。历史是因为我们对它进行指涉时才得以产生的。从这个意义看,东江所书写的历史,也是因为对它进行指涉而产生的。作为一个古老国土的中国人,内心深处都深藏着各种文化记忆,现实可能激活其文化记忆,而文化记忆又增强对于现实的理解。

2020年春节,新冠肺炎疫情汹涌,形势严峻。此时,一张来自日本的照片突然在网上热传,一时刷屏。日本友人在捐赠给湖北救助物资外包装上写着:"山川异域,风月同天。"这八个字深深地打动了众多中国人的心。为什么这八字赠语,会产生如此强烈的效果?此关文采,更关文化。这是盛唐时日本遣人来中国学习佛法,当时日本长屋亲王在赠送大唐高僧袈裟上所绣的偈语。鉴真和尚听闻此偈，遂东渡日本，弘扬佛法，这是中日关系史上极为感人的故事。这首诗被收入《全唐诗》中，遂成为中日两国共同的文化记忆。此前除了少数专家外，很少人注意到此诗。在武汉疫情的现实语境中，"山川异域，风月同天"一语，突然激活了沉睡千年的文化记忆，触动亿万中国人心底的柔软之处，从而引发强烈的共鸣，瞬间拉近两个民族的心理距离，这是近二十年来少见的现象。有时候，文化记忆具有特殊的力量，千军万马也未必有其效应。

人世有代谢，往来成古今。古今多少事，都付笑谈中。岁月流转无情，人间怀抱依旧。《濯缨何必向沧浪》并不是严谨高深的高头讲章，它是一本有文化记忆又有人间烟火气的书。作者随兴而作，读者也可以率性而读，不必正襟危坐。晴窗雨巷，书房卧榻，或工作之暇，旅途之中，一壶茶，一卷书，随意翻看，闲散展读。也许，你能看到一些未尝经眼的逸闻趣事，可以增长见闻；也许，不经意间，它能唤起你内心的文化记忆，窥见历史长河的斑驳倒影，感受到古典人文传统的脉脉温情。

2020年春旅次波士顿

目 录

序（吴承学） I
大雁塔 1
腊肉，臘肉 4
老赖 8
玉器 11
柑与橘 14
扫除 18
门神 21
戊戌年 25
马尾巴 29
杜鹃 32
风筝 35
看花人 38
枇杷 41
瘦马 44
皮影戏 48
踏青 51
工夫茶 54
药酒 57
道士做法 60
汶川 63
禹（续） 66

梦兆　70

梦兆（续）　73

家具　76

公主　79

飞　82

艾草　85

辟谷　88

手信·贽　91

歌手　95

药神·药王　98

公筷　102

书香（续）　105

豆腐（续）　108

医师　111

处暑　115

无赖　118

白马　122

正当防卫　125

秋分　128

丰收　132

滥竽充数　135

守时　139

桥　143

武侠小说　147

铸造　150

凤爪·鸡跖　154

剁手　158

神枪手·神射手　162

城墙　165

蟋蟀　169

灯光秀　173

唐僧　176

揭阳　180

手稿　184

豕　188

世仇　192

数九　196

熊（续）　200

书"福"　204

己亥年　208

灯谜　212

雨水　216

耳朵　219

茶博士　222

英歌舞·水浒戏　225

失眠　228

蒙汗药　232

年号　236

三月三　239

秋千　242

大火（续）　245

排座次　249

继位　253

座右铭　257

托梦　261

六一居士　265

芒种　268

雄黄酒　272

押题　275

成人礼　278

离婚　282

木屐　285

牡丹　288

龙骨水车　291

呵呵·哂笑　294

鸿蒙　298

大夫　301
桃　305
巡视　309
上上签　313
蒸笼·甑　316
养猪　320
鹤　323
沙田　326
无花果　330
量子波动阅读·一目十行　333
黄鹤楼　337
铁券　340
长城　344
乌龙　348
孟姜女　351
司马温公　355
皲裂　358
写字　361
冼夫人　364
土地爷　367

后记　370

大雁塔

1月8日—10日,首次以国家元首身份对中国进行国事访问的法国总统马克龙,首站选择的是到西安。一天内,他走访了包括大雁塔在内的四个中华文化积淀深厚的景点。对马克龙此举,分析人士指出是因为大雁塔与"丝绸之路"的密切关系,他希望借此传递出欧洲和中国将在"一带一路"建设的框架内加强合作的信号。作为中国、哈萨克斯坦和吉尔吉斯斯坦三国联合申遗的"丝绸之路:长安—天山廊道的路网"中的一处遗址点,大雁塔已于2014年成功列入《世界遗产名录》。

"塔势如涌出,孤高耸天宫。"岑参的诗,写的就是大雁塔。到过大雁塔的人可能以为太夸张了,哪有那么高啊。这是针对今天的高楼大厦说话,我们看历史照片不难发现,各地的塔往往都是鹤立鸡群的建筑物。广州的六榕塔当年正是这样,如今非走到近前已然不知道它的存在了。还有广州的"五层楼"——镇海楼也是,叶权在《贤博编》中说它"重檐叠槛,高逼霄汉",站在上面"下瞰一城,万山北接,大海南开,长江如带,可谓伟观"。今天到现场看看,难免哑然失笑,而退回到明朝,必须承认叶权是写实的。

雁塔,即佛塔。玄奘《大唐西域记》讲了个故事,说有个和尚在锻炼心念对身体控制时看见一群飞雁,便开了个玩笑:"今日众僧中食不充,摩诃萨埵宜知是时。"意思是中午饭没吃饱,大菩萨应该知道吧。谁知话音未落,"一雁退飞,当其僧前,投身自殒"。和尚讲给众僧,大家悲感之余认为,这是"如来设法,导诱随机……此雁垂诫,诚为明导,宜旌厚德,传记终古"。于是建了这座塔,"以彼死雁瘗其下焉"。朱国祯《涌幢小品》沿袭另一种说法,以为"唐新进士同榜,题名于塔上,有行次之列。唐韦、杜、裴、柳之家,兄弟同登,亦有雁行之列,故名雁塔",应该是想当然吧。

《唐两京城坊考》载,唐高宗永徽三年(652),玄奘主持修建了大雁塔,"初唯五层,崇一百九十尺"。大雁塔依傍慈恩寺,因而又名慈恩塔。太宗贞观二十二年(648),高宗在藩时建慈恩寺,是为了追念他的母亲,所谓"年在未识,慈颜弃背。终身之忧,贯心滋甚",因此寺名"慈恩";玄奘建慈恩塔,则是为了"以置西域经像",那是他西行五万里从印度佛教中心那烂陀寺取回的真经,虽然路途没有《西游记》所写的九九八十一难那么恐怖,历经艰辛是一定的。因此,建塔不仅是为了存储那些经像,而且玄奘及弟子还着手进行翻译,塔东"有翻经院,即玄奘为慈恩上座所居"。

"题名登塔喜,醵宴为花忙。"(郑谷)"杏园北寺题名日,数到如今四十年。"(朱庆余)"好是慈恩题了望,白云飞尽塔连空。"(徐夤)"名推颜柳题金塔,饮自燕秦索玉姝。"(黄滔)……当年进士及第再通过关试的唐人留下的诗句,都指向了大雁塔承载的另一项重要文化活动:雁塔题名。

《唐国史补》云,士子"既捷,列书其姓名于慈恩寺塔,谓之题名"。《唐摭言》云:"自神龙之后,过关宴后,率皆期集于慈恩塔下题名。"表明这种做法是从复辟后的中宗李显开始的,公元705年左右。还有一种说法认为"慈恩题名,起自张莒,本于寺中闲游而题其同年人,因为故事"。张莒,登肃宗大历九年(774)进士第,前后差了70年。莫衷一是。题名之时,"同年中推一善书者纪之",如果后来有人飞黄腾达,成为将相,"则朱书之",再重新描过一回。《刘宾客嘉话录》云:"柳宗元与刘禹锡同年及第,题名于慈恩塔。谈元茂秉笔。"由此则可窥知一些趣事,那就是"时不欲名字著彰",并不想太显眼;还有种说法,以为"押缝版子上者率多不达,或即不久物故",就是名字如果给写在板子接缝的地方,寓意官当不上去,或者即使当上去了也当不久。并且,"题名皆以姓望",还要写上籍贯和身世。朱国桢说,明朝也有题名的做法,那是"中乡试者",较唐朝降低了不少档次,中乡试的,举人而已。

不过,武宗会昌三年(843)李德裕为相时,雁塔题名遭到了重创,是否戛然而止不得而知。盖其时规定,进士及第"向后不得聚集参谒,及于有司宅置宴。其曲江大会朝官及题名、局席,并望勒停",不仅如此,且"向之题名,各尽削去"。有人认为,这是李德裕以门荫入仕,"不由科第,故设法以排之",看不惯这套做法。需要明确的是,不是进士及第就可以当官,还要经过吏部关试,取得出身文凭,即官资,才能成为吏部的选人,也才有资格参加吏部的冬集铨选而释褐。能够雁塔题名的,正是这样一些人。当然,其他人等也可以登塔。《唐国史补》记载了一件意外:"李氏子为千牛,与其侪类登慈恩寺塔。"可能是像今天一些自拍的人玩儿极限吧,小李"穷危极险,跃出槛外",却"失身而坠,赖腰带挂钉,风摇久而未落",吓得"同登者惊倒槛内,不能起",惊动一寺院僧"皆出以救。连衣为绳,久乃取之下,经宿乃苏"。

大雁塔我只去过一次,翻出当时笔记,这样写的:2010年6月15日下午到西安,坐未定,即去大雁塔。是日西安摄氏37度,塔院有浓荫,徘徊、静坐两小时离去,其间努力遥想从前。

2018年1月11日

腊肉,臘肉

前几天,有人实拍了一家居民阳台防盗网上密密麻麻挂着腊肉的照片,引来网友一片感叹和调侃,"真是土豪""这户人家的生活水平和开宾利的是一个级别"云云,更搞笑的则是为防盗网的承受能力担心。哪里的场景呢?众猜纷纭,有说重庆的,也有说武汉的。网络时代的传播就是这样,信息源具有相当的不确定性。

南方人很熟悉腊肉。我在北方生活时,吃的腊肉都来自南方。落籍广东之后,"秋风起,吃腊味"早就耳熟能详,而且特别青睐东莞的品种。腊肉是腌肉的一种,具有从鲜肉加工、制作到存放,肉质不变,长期保持香味,便于保存等特点。大约这也是腊肉主要盛行于南方的原因之一吧。南方湿热,一不小心东西就长毛变质,而在北方,全无这种担心,也就不会在肉类保存上大动脑筋。

在第一批简化汉字于 1956 年初公布之前,"腊肉"该是"臘肉",因为"腊"和"臘"实际上是两个字,读音不同,含义也不同。"腊"读 xi(阴平),"臘"读 la(去声)。腊,大家最面熟,然其原本义项应该说陌生。比如它表示"极",如《国语》之"毒之酋腊者,其杀也滋速";又比如它表示"皮肤皱皮",如《山海经》云钱来之山有种动物,"其状如羊而马尾,名曰羰羊,其脂可以已腊",就是说,羰羊之脂跟上世纪六七十年代通用的蛤蜊油差不多。而臘的用法,才为我们今天所习见,如腊月、腊八粥,正应该是臘月、臘八粥。在从前,一年中最为重要的祭祀就是岁终的臘祭,不仅要祭百神,还要于臘日(十二月初八)或前一日击鼓赶走潜在的疫病,《荆楚岁时记》云:"村人并击细腰鼓,戴胡头,乃作金刚力士以逐疫。"

成语有著名的"唇亡齿寒",也涉及臘祭。《左传·僖公五年》载,时"晋侯复假道于虞以伐虢",宫之奇谏止,他认为:"虢,虞之表也。虢亡,虞必从之。晋不可启,寇不可翫。一之谓甚,其可再乎?谚所谓'辅车相依,唇亡齿寒'者,其虞、虢之谓也。"结果虞公不听,宫之奇便率领全族大迁移,溜之乎也。在他看来,"虞不臘矣",挨不过臘祭那天就要灭亡了。事实表明,在虞之亡国这一点上也果如其所言,"冬,十二月丙子朔。晋灭虢。虢公丑奔京师。师还,馆于虞,遂袭虞,灭之。执虞公及其大夫井伯,以媵秦穆姬",只是晋仍"修虞祀",未废其祭,天子命虞所祀祭之境内各类神祇,照祭不误。

第一批简化字颁布之后,"臘"便消失了,与"腊"合二为一,后者成了前者的简体,且摇身一变为多音字。但是因为曾经"泾渭分明"的前提,"腊肉"和"臘肉"便难免是两个概念。

腊肉,是干肉。《论语·述而》中孔子曰:"自行束脩以上,吾未尝无诲焉。"孔安国疏曰:"言人能奉礼,自行束脩以上,则皆教诲之。"束脩,就是腊肉。前人指出,脩,脯也。十脡为束。脡,即条状干肉。"批林批孔"那会儿笔者读初一,记得当时这样释义:孔子的学费为十条干腊肉,所以一般百姓在他那里根本读不起书。其实前人同样说了:"古者相见必执贽以为礼,束脩其至薄者。"至薄,没有比这更廉价的了。孔子为什么要收呢?"盖人之有生,同具此理,故圣人之于人,无不欲其入于善。但不知来学,则无往教之礼,故苟以礼来,则无不有以教之也。"钱穆先生也认为:"故虽贫如颜渊、原思,亦得及门受业。"当然了,对束脩还有不少"别解",指15岁的年龄,指能够自我约束、自我反省等等,但在学费问题上,显然彼时是一定要往夫子头上扣屎盆子。

南朝宋明帝特别爱吃腊肉,《南史》讲他"奢费过度"的一个证据,就是"以蜜渍鱁鮧,一食数升,啖腊肉常至二百脔"。鱁鮧,鱼鳔、鱼肠用盐或蜜渍成的酱。脔,切成小块的肉。明帝的胃口也是真够惊人。柳宗元名篇《捕蛇者说》云,永州有"触草木尽死"的异蛇,"以啮人,无御之者",然而这种蛇有极好的药用价值,"得而腊之以为饵,可以已大风、挛踠、瘘疠,去死肌,杀三虫"。因此"太医以王命聚之,岁赋其二。募有能捕之者,当其租入",又因此"永之人争奔走焉"。而臘肉,冬天腌制的肉类,才是今天的概念。陈元靓《岁时广记·煮臘肉》引《岁时杂记》:"去岁臘月糟豚肉挂灶上,至寒食取以啖之,或蒸或煮,其味甚珍。"《随园食单》中有"风肉",云"杀猪一口,斩成八块,每块炒盐四钱,细细揉擦,使之无微不到。然后高挂有风无日处。偶有虫蚀,以香油涂之。夏日取用",显然也属于"臘肉"之列。诸如此类,表明腊肉与臘肉不可等同,今天在简体字排版的古籍中遇到"腊肉",应该核实一下繁体的同名著作,以弄清是"腊"还是"臘"。

臘肉是臘味的一种,臘味中还包括臘鱼、臘鸡、臘鸭等等。有意思的是,元代蔑称在京求官之南人为臘鸡。众所周知,元朝建立后,把国民分为蒙古人、色目人、汉人、南人四等,南人等级最低。《草木子》云:"天下治平之时,台省要官皆北人为之,汉人南人万中无一二,其得为者不过州县卑秩。盖亦仅有而绝无者也。

后有纳粟、获功二途,富者往往以此求进……在都求仕者,北人目为臘鸡"。为什么这么叫呢?"盖臘鸡为南方馈北人之物"。那么多臘味,为什么是臘鸡而不是别的,想来也有奥妙蕴藏其中吧。

2018 年 1 月 14 日

老赖

临近新年,各地打击"老赖"的新闻循例接二连三。老赖,赖账人的代称。赖者,有事实而否认,故意拖延。央视报道,截至 2017 年年底,全国法院利用网络查控系统冻结"老赖"存款 1800 多亿元,全国累计公开失信被执行人信息 959 万多人次。"老赖"问题的严重程度可窥一斑。

与"老赖"相对应的名词是诚信。古人在言论上非常强调这一点,以"子曰"为例,便有"与朋友交,言而有信。虽曰未学,吾必谓之学矣",以及"人而无信,不知其可也",等等。当然了,今天的"老赖"局限于经济领域,属于违背契约或合同、赖账的一类。历史上,自然也不乏其人。

《汉书·宣元六王传》载,淮阳宪王刘钦的外祖母随他一起在封地生活,舅舅张博兄弟三人每年都来淮阳谒见母亲,同时接受刘钦的馈赠。"后王上书:请徙外家张氏于国",都搬来淮阳生活算了。张博不愿意,说是"愿留守坟墓,独不徙"。等他再来淮阳,"王赐之少",张博恳求:"负责(债)数百万,愿王为偿。"对这里的"负责(债)",颜师古注曰:"谓假贷人财物未偿者也。"刘钦没有理会,张博就让弟弟张光进行恐吓,说他怠慢外祖母,然后张博自己"欲上书为大人乞骸骨去",把母亲接回去。刘钦"乃遣人持黄金五十斤送博",张博马上换了一副嘴脸,"喜,还书谢,为谄语盛称誉王"。张博欠债的话未知真假,"五十斤黄金"也未知能否抵得"数百万",倘若欠了、抵不了或者他不想抵,张博就会成为"老赖"无疑。

宋代志怪小说集《稽神录》大多讲些鬼神怪异和因果报应故事,其中"刘处士"条是这样的:张易在洛阳遇到个刘处士,"颇有奇术,易恒与之游"。张易"常卖药于市,市中人负其直",赖账不给,刘处士有天跟着张易去要,"市人既不酬直,又大骂刘"。这个市人,就是典型的"老赖"了。

有"老赖",就有对付"老赖"的办法。刘处士因为有奇术,乃用自己的办法"小惩之"。夜里,他开始"积薪炽炭烧药",张易"寐未熟,暗中见一人就炉吹火",火光中他认出来了,正是那个市人,天亮才消失。后来张易碰到市人,那人不解地说:"一夕梦人召去,逼使吹火,气殆不续,既寤唇肿气乏,旬日乃愈。"在神怪故事之外,国家层面也有相应的方式方法。睡虎地出土的秦简《司空律》云:"有债于公,……其弗能入及偿,以令日居之,日居八钱;公食者,日居六钱。"就是说,可以服劳役的方式来抵偿债务,所谓役身折酬。东汉王充《论衡·量知》说得更明白:"贫人负官重债,贫无以偿,则身为官作,债乃毕竟。"官作,即官府的劳役。

在惩戒层面,《晋书·王长文传》载,武帝"太康中,蜀土荒馑,开仓振贷",王长文"居贫,贷多,后无以偿。郡县切责",就把他抓起来了,赖"刺史徐乾舍之",看他是个人才,放了。然长文"不谢而去"。这个人放荡不羁是出了名的,"州府辟命皆不就。州辟别驾,乃微服窃出",谁也不知道他跑哪里去了。后来有人看到他,居然在"成都市中蹲踞啮胡饼"。这种"闭门自守,不交人事"的人,可能真的是还贷不起。

《唐律疏议·杂律》卷二十六载:"诸负债违契不偿,一匹以上,违二十日笞二十,二十日加一等,罪止杖六十;三十匹加二等;百匹,又加三等。各令备偿。"负债违契不偿,典型的"老赖"。这一法条是说,一匹绢如果欠了20天没还,就要挨20鞭子;之后每过20天再来20鞭子,但以60鞭为止,只打3次。在所欠数额上,惩戒加码。欠30匹20天没还,40鞭;百日还没还,80鞭。欠100匹20天没还的,70鞭;"百日不偿,合徒一年",判处服刑一年。但《唐律》同时也规定:"诸负债不告官司,而强牵财物,过本契者,坐赃论。"即所谓"公私债负,违契不偿,应牵掣者,皆告官司听断",违契不偿,用掣夺家资的办法来抵债,官府并不反对,但必须事先报告,由官府给出说法,不能自己擅自行事;倘若抄人家家所拿的东西超过人家所欠,债主不仅无理,还要被视为强盗。

歇后语有云:"刘备借荆州——有借无还。"三国时的刘备借荆州,众所周知。《资治通鉴》卷六十六记载,汉献帝建安十五年(210)十二月,"刘表故吏士多归刘备,备以周瑜所给地少,不足以容其众,乃自诣京见孙权,求都督荆州。……鲁肃劝权以荆州借刘备,与共拒曹操,权从之"。这是"借","赖"呢?《三国志·鲁肃传》载,因为当时"惟肃劝权借之",所以鲁肃气愤地指责关羽:"国家区区本以土地借卿家者,卿家军败远来,无以为资故也。今已得益州,既无奉还之意,但求三郡,又不从命。"然而指责归指责,荆州最后还是靠武力才回归,蜀汉一方则搭上了关羽的性命。

"诚则是人,伪则是禽兽。"黄宗羲的结论。对"老赖",漫骂是无济于事的。饶是在LED屏幕上反复播放"老赖"名单、头像,限制其消费如乘坐飞机、高铁等交通工具,强制扣押财产,拘留等等,执行难在全国范围内仍然是普遍存在。诸多"老赖"不是"贫无以偿",而是无耻。那么,从有些消极的禁止变成主动的惩戒更十分必要。

2018年1月21日

玉器

昨天到肇庆市所辖的四会市走了一趟。四会并不产玉,但其玉器批发市场已是广东四大翡翠玉器市场之一,也是国内最大的翡翠加工基地。此行是慕名去看正在创作中的玉雕《清明上河图》,私家从事,主创者去年获得了中国工艺美术大师称号。

穿过陈列各种玉器摆件的"前店",来到"后厂"的一间小屋,铁制的架子上固定着那块硕大的玉石,目测看去,有1米高、1米半长吧。主人说,这块玉石从缅甸拍来的时候本有8吨重,国内之最,他们一直在构思雕什么题材,受上海世博会"活动"《清明上河图》的启发,决定"再现"国宝。创作已经进行四五年了,从半成品来看,显然是以张择端画作为蓝本,但不是对原图的机械模仿,而是利用玉石的形状、纹路以及不规则呈现的淡绿色彩进行再创作。因而即便突出的是虹桥部分,也顺"势"添加了一些原作没有的元素。

玉,在中国传统文化中占有重要地位,深刻影响着前人的思想观念。商周时代,玉器已广泛地见诸日常生活,应用于祭祀、礼仪、装饰等。《说文解字》释"玉",乃"石之美"者,言其有五德,首先是"润泽以温,仁之方也",像那些有德行的仁人一样,润泽而温和。正如有德行的仁人不能通过外表进行判断一样,玉石在开璞之前,与一般的石头并没有多大区别,所以业界有"赌玉"的说法,考的是眼力和经验。《韩非子·和氏》有著名的和氏璧故事,说"楚人和氏得玉璞楚山中,奉而献之厉王",厉王使"玉人相之",说就是一块石头,于是和氏以欺骗的罪名被砍了左脚;再献武王,过程一样,结果略有不同:这回被砍了右脚。二王手下的那些专业人士未必故意混淆是非,很可能是真不识货。在另一个著名的"完璧归赵"故事中,秦国打算用十五座城来交换的璧,就是那块和氏璧,事见《史记·廉颇蔺相如列传》。非独和氏玉璞遭遇如此,《战国策》云:"周有砥厄,宋有结绿,梁有悬黎,楚有和璞,此四宝者,工之所失也。"前三种宝玉,一般工匠也是"有眼无珠"。

"玉不琢,不成器。人不学,不知道。"这句人们耳熟能详的俗语,出自《礼记·学记》,以玉石不加工,不成器皿,来喻人之不经过培养、锻炼,不能成才。琢磨玉器,名曰治玉。考古发现表明,新石器时代便有治玉作坊,工艺大致分为采玉、开璞、成型、钻孔、打磨、雕纹、镂刻、镶嵌、抛光等,已然具备了后世治玉工序的基本流程。因此,我们见识了红山文化的C形龙、齐家文化的玉琮王、石家河文化的玉鹰等传精美玉器。"它山之石,可以攻玉。"记得改革开放之初,集体组织观看过一部较长的纪录片,片名叫作《我们看到的日本》,片头就是这八个字。后来知道该句出自《诗·小雅·鹤鸣》,意谓他人的做法能够为自己所借鉴。攻玉,即治玉。记忆中,那部纪录片比较全面地介绍了日本工农业生产的现状,尤其是生产管理,令观众不时发出惊叹。

识者指出,春秋到汉代,玉雕艺术的一个显著特点,就是葬玉的发达,玉衣是典型代表。玉衣,即玉质丧服。《汉书·霍光传》载,霍光死后,宣帝"及皇太后亲临光丧",且"赐金钱、缯絮、绣被百领,衣五十箧,璧珠玑玉衣"。对玉衣,颜师古注曰:"《汉仪注》

以玉为襦,如铠状连缀之,以黄金为缕,要已下玉为札,长尺,广二寸半为甲,下至足,亦缀以黄金缕。"《后汉书·礼仪志》更明确出使用等级:皇帝死了,"黄绵、缇缯、金缕玉柙如故事";诸侯王、列侯、公主死了呢,"皆令赠印玺,玉柙银缕";大贵人、长公主则铜缕。但玉衣是什么样子,直到1968年河北满城中山靖王刘胜墓"金缕玉衣"的出土,后人才得以睹其真容。那套玉衣是男式的,全长1.88米,由2498片玉片组成,分为头部、上衣、裤筒、手套、鞋等几个部分,玉片之间,由纤细的金丝加以编缀。1983年,广州象岗出土的南越文王丝缕玉衣,则是从未见于文献记载和考古发掘的新品种。正因为有明确的使用等级,东汉桓帝永兴元年(153),冀州刺史朱穆听说,"有宦者赵忠丧父,归葬安平,僭为玙璠、玉匣、偶人",责令"下郡案验"。于是"发墓剖棺,陈尸出之,而收其家属"。

《三国志》载,魏黄初三年(222),文帝曹丕就薄葬有个诏令,其中说到"无施珠襦玉匣",玉匣或作玉柙,都是玉衣。在曹丕看来,"使魂灵万载无危,斯则贤圣之忠孝矣",而"丧乱以来,汉氏诸陵无不发掘,至乃烧取玉匣金缕,骸骨并尽,是焚如之刑,岂不重痛哉!"因此,曹丕不仅废除了以玉衣为葬的制度,而且对汉代的厚葬之风予以了制度上的禁止。发汉陵,樊崇的赤眉军无疑居其一。《后汉书·刘盆子传》载,赤眉军"发掘(前汉)诸陵,取其宝货,遂污辱吕后尸"。而陶宗仪《南村辍耕录》云,元人杨琏真珈"帅徒役顿萧山,发赵氏诸陵寝,至断残支体,攫珠襦玉柙",似可推断宋朝时玉衣制度尚未退出历史舞台。

据玉雕《清明上河图》创作者估算,还要四五年才能完工,届时将申报吉尼斯世界纪录。这是非常可期待的。它很可能代表得了当代治玉水准,体量之最加上工艺之最,无疑珠联璧合了。

2018年1月29日

柑与橘

四会市比较著名的自然物产,是贡柑和砂糖橘。明朝王临亨《粤剑编》即云:"橘子,产自端之四会……五月间犹可食。"四会今亦归肇庆市所辖,肇庆即古之端州。清朝屈大均《广东新语》亦云:"柑……以皮厚而粗点及近蒂起馒头尖者为良。产四会者光滑,名鱼冻柑,小民供亿亦苦,柑户至洗树不能应。"贡柑之"贡",根源于此吧。至于"小民供亿亦苦",拙文《特产之"害"》(载《尽入渔樵闲话》)说的就是这回事。

桔与橘,像腊与臘一样,本是两个没有关系的汉字,上世纪五十年代初第一批简化字的颁布,才使二者发生关联,前者成了后者的简体。桔,草本药用植物,读 jie(阳平),如桔梗,根可入药,有宣肺、祛痰、排脓等功能。《战国策·齐策三》里,淳于髡对宣王求人才打了个比方,"今求桔梗于沮泽,累世不得一焉",与孟子的"缘木求鱼"是一个意思。而橘,读 ju(阳平),虽然果皮、果核及树叶也均可入药,比如以橘皮制成的药丸可以止痰,元稹《感梦》诗就说了,"问我何病痛,又叹何栖栖。答云痰滞久,与世复相暌。重云痰小疾,良药固易挤。前时奉橘丸,攻疾有神功",但橘却是常绿乔木。草本与木本,属于两类植物。

柑与橘,我在北方生活的时候吃得少,也分不清,以为是一样的东西。李时珍《本草纲目》说，柑与橘"相类而不同，橘实小，其瓣味微酢，其皮薄而红，味辛而甘。柑大于橘，其瓣味酢，其皮稍厚而黄，味辛而甘"。其实如果多吃几个，很容易就能分清，光看这些文绉绉的句子，倒是很难弄明白。

柑与橘的历史相当悠久。屈原便有著名的《橘颂》传世，"后皇嘉树，橘徕服兮"云云，通过赞美橘树的种种美德，借喻自己异于众人。且以橘之"受命不迁""根固难徙"的特性，自比志节如橘，不可移徙，恪守忠信。这是前人对橘赋予的人文意义的一面。《三国志·吴书·孙休传》中，裴松之注丹阳太守李衡时引《襄阳记》曰："衡每欲治家，妻辄不听，后密遣客十人于武陵龙阳氾洲上作宅，种甘橘千株。临死，敕儿曰：'汝母恶我治家，故穷如是。然吾州里有千头木奴，不责汝衣食，岁上一匹绢，亦可足用耳。……吴末，衡甘橘成，岁得绢数千匹。"李衡妻子是个贤内助无疑，然"甘橘千株"而"可足用"，可见橘之经济价值的一面彼时也相当可观。

《酉阳杂俎》云，天宝十载（751），玄宗谓宰臣曰："近日于宫内种甘子数株，今秋结实一百五十颗，与江南、蜀道所进不异。"大家纷纷表示祝贺，"雨露所均，混天区而齐被；草木有性，凭地气而潜通"等等说了一大通。这里的甘子，应当是甘橘，而不是柑。《杨太真外传》云："开元末，江陵进乳柑橘，上以十枚种于蓬莱宫，至天宝十载九月秋结实。"宫廷栽的甘橘与江南、蜀道的甘橘味道一样，这有什么好贺呢？从《太平御览》所引《唐书》中可窥一二，概中书门下奏曰："臣等今日因奏事承德音，闻江南为橘，江北为枳，以地气有殊，物性因变。"而玄宗认为自己打破了这一规律，"亦可谓稍异也"，宰臣们便没有理由不去逢迎了。"橘化为枳"的故事，众所周知出自《晏子春秋》，楚王故意以抓了齐国来的盗贼来羞辱来访的晏子,结果晏子有一段著名的回答令楚王自取其辱:"橘生淮南则为橘,生于淮北则为枳,叶徒相似,其实味不同。所以然者何?水土异也。今民生长于齐不盗,入楚则盗,得无楚之水土使民善盗耶?"

李肇《唐国史补》所云"罗浮甘子",大抵就是柑了。钱易《南部新书》沿袭了李肇的说法:"罗浮甘子,其味愈常品。开元中,始有僧种于楼寺,其后常资献进。玄宗幸蜀、德宗幸奉天之时,皆不结实。"这样来看,罗浮柑颇有灵性,这当然是在扯淡。所谓玄宗幸蜀,实际上是天宝十四载安史之乱时,玄宗逃往蜀中。所谓德宗幸奉天(今陕西乾县)也是一样,建中四年(783)藩镇叛乱,德宗被迫逃到那里。将扯淡的事情津津乐道,未知是否某时出于抬高身价的考虑。庄绰《鸡肋编》云,罗浮山延祥寺"尝有柑一株,太平兴国中,有中人取其实以进,爱其味美,因移植苑中。故世贵之,竟传'罗浮柑'。今山中更不复有,而其名不泯"。屈大均也说过,"唐有御柑园,在罗浮。按罗浮柑子,开元中,始有僧种于南楼,其后常资进献,其属有赪(即红)、黄二色,大三寸者,黄者柑,赪者橘也"。就是说,罗浮柑的确也不错,那个拙劣的"广告策划师"弄巧成拙罢了。

四会、罗浮之外,广东盛产柑与橘的地方委实不少,著名的化州橘红亦从橘而来,有"瀹汤饮之,痰立释"之效。再用屈大均的话说,"吾粤多橘柚园,汉武帝时,交趾有橘官长一人,秩一百石,其民谓之橘籍,岁以甘橘进御"。《鸡肋编》已经认为:"广南可耕之地少,民多种柑橘以图利。"因为橘树"常患小虫损食其实,惟树多蚁,则虫不能生",还催生了"收蚁而贩"的行当,他们"用猪羊脬盛脂其中,张口置蚁穴傍,俟蚁入中,则持之而去",那些种植专业户则"买蚁于人",并且把这种蚂蚁叫做"养柑蚁"。马上就要过年了,广东人家的标配之一是家里摆上盆栽金橘,蕴含了包括"万事大吉"在内的多重寓意。联系历史,可知这种传统有必然形成的意味。

2018 年 2 月 4 日

扫除

"腊月二十四,掸尘扫房子。""腊月二十五,家家扫尘土。""年廿八,洗邋遢"……各地民谚的说法不同,而指向同一:农历新年将至,祭灶之后,就该开始扫年了。扫,意谓用扫帚除去尘土。毛主席有句名言:"扫帚不到,灰尘照例不会自己跑掉。"说的就是这层道理。那篇雄文的前面,他还说了句更通俗的:"从来没有不经过打扫而自动去掉的灰尘。"朱子家训之"黎明即起,洒扫庭除",诚然是家庭卫生理应的一种常态,但年关的扫除,具有许多人文意义。

打扫卫生,去除尘埃,前秦王嘉《拾遗记》云,尧的时候已经注意到了,当然不是意识上的自觉,而是像诸多其他行为一样,出于趋利避害的心理。说是有一种"重明之鸟",长得像鸡,叫起来像凤,"能搏逐猛兽虎狼,使妖灾群恶不能为害",人们"饴以琼膏",期盼它来。但这种神鸟"或一岁数来,或数岁不至",不来的时候,"国人莫不扫洒门户,以望重明之集"。与此同时,"国人或刻木,或铸金,为此鸟之状,置于门户之间",这种替代品的功效一样,"魑魅丑类,自然退伏"。这或许也有门神、桃符起源的影子。《周礼·夏官》有"隶仆"一职,"掌五寝之扫除粪洒之事"。郑玄注曰:"此吏而曰隶,以其事亵。"事虽亵,却亦无关厕所一类,此之粪,乃扫除意。《左传·昭公三年》张趯嗔怪子大叔:"自子之归也,小人粪除先人之敝庐,曰子其将来。今子皮实来,小人失望。"这意思很明白:你说你来,我还专门打扫了房子,结果你却换了个人来。《后汉书·第五伦传》载,第五伦"载盐往来太原、上党,所过辄为粪除而去",说的也是打扫。

从扫除的"起源"似可明了,此类举动在某些时候是件非常隆重的事情,这从张趯嗔怪中已可窥一斑。除此之外,典籍中也常见前人每每刻意强调"我打扫房子了"这一点。如《晏子春秋》载,景公饮酒,"晏子避走,立乎门外。公令人粪(除秽)洒改席,召晏子,衣冠以迎"。《史记·魏公子列传》载,魏公子窃符救赵,赵王很感激,打算"以五城封公子"。魏公子的门客劝他不要"自骄而功之",于是"赵王扫除自迎,执主人之礼,引公子就西阶",然"公子侧行辞让,从东阶上"。明清才子佳人小说《玉娇梨》第十八回,白公与托名柳秀才的苏友白在异地一见如故,"焚香吊古,对酒论文"了几天,白公邀其来家,苏友白说"大都违颜半月,即当至贵村叩谒矣"。白公便道:"至期当扫门拱候。"如是种种都表明,打扫房子对待客人,属于高看一眼,表达的是迎宾的诚意。

扫除的工具,毛主席说了是扫帚。打扫屋子是尊重客人,然打扫本身毕竟属于亵事,"宫人拍手笑相呼,不识阶前扫地夫"(唐王建《宫词》)嘛。甚至连沾上扫帚都是这样。《南齐书·刘休传》载,刘休的妻子妒心很强,宋明帝代他出头,办法是"赐休妾,敕与王氏二十杖",再"令休于宅后开小店,使王氏亲卖扫帚皂荚以辱之"。明帝为什么对刘休"见亲如此"?刘休的各种本事令他满意。比如"帝颇有好尚,尤嗜饮食",刘休则"多艺能,爰及鼎味,问无不解"。还有,"后宫孕者,帝使(休)筮其男女,无不如占"。生男生女有多重要?"帝素肥,痿不能御内,诸王妃妾怀孕,使密献入宫,生子之后,闭其母于幽房,前后十数",专门把男孩留下。

关于打扫房子的轶事,以东汉陈蕃的最为知名,说出来大家都知道。就是15岁的陈蕃"尝闲处一室,而庭宇芜秽",薛勤来见他爸爸,问他"何不洒扫以待宾客",结果陈蕃来了句"大丈夫处世,当扫除天下,安事一室乎?"陈蕃后来成名了,自然展现的是雄心壮志;邯郸学步的,不免要被讥讽为"一屋不扫何以扫天下",与"眼高手低"同义。实际上,《荀子·强国》里的"堂上不粪,则郊草不瞻旷芸",已经表达了同类观点。最早注解《荀子》的唐朝杨倞指出,这是说"堂上犹未粪除,则不暇瞻视郊野之草有无也",连自己的厅堂都还没有打扫,又怎么可能去收拾郊外的野草呢?《诗·唐风·山有枢》之"子有廷内,弗洒弗扫",大抵也是这个意思。

至于年关的扫除,很早就形成了一种民俗。《梦粱录》"除夜"条,说的是宋朝:十二月尽,俗云"月穷岁尽之日",谓之"除夜"。届时,"士庶家不论大小家,俱洒扫门闾,去尘秽,净庭户,换门神,挂钟馗,钉桃符,贴春牌,祭祀祖宗。遇夜则备迎神香花供物,以祈新岁之安"。《清嘉录》"打尘埃"条,说的是清朝:"腊将残,择宪书宜扫舍宇日,去庭户尘秽。或有在二十三日、二十四日及二十七日者,俗呼'打尘埃'。"时人蔡云就此赋诗曰:"茅舍春回事事欢,屋尘收拾号除残。太平甲子非容易,新历颁来仔细看。"

毛主席关于扫除的那句名言既是实指,又是借喻,借喻"对于中国人民脑子中的落后的东西,我们要去扫除,就像用扫帚打扫房子一样";接着他又说:"凡是反动的东西,你不打,他就不倒。这也和扫地一样。"由寻常之事阐发宏大道理,是毛主席的拿手好戏。年关之际的扫除,无疑也有双重寓意,既指庭院内的陈年积垢,也指旧岁中遇到的种种不快。

2018年2月11日

门神

从前过年的时候,家家户户都要贴门神。《清嘉录·门神》云:"夜分易门神。俗画秦叔宝、尉迟敬德之像,彩印于纸,小户贴之。"今天在某些乡间,依然可以看见这些痕迹。历史悠久一点儿的祠堂,大门上更有绘就的武士形象。前两年在佛山历史文化名村松塘村看到,不少祠堂大门都是这样装饰,只是因为未加保护,日晒雨淋,淡化了图画的不少色彩,不免为之惋惜。

门神,是传说中的护门之神,一左一右,比肩而立,贴上它,有驱逐鬼怪之效,所以往往"皆甲胄执戈,悬弧佩剑",露出一副威武之相。像诸多神祇一样,门神也早已被人格化,千百年来,主要定格在了神荼、郁垒,以及秦叔宝、尉迟恭身上。前二者是传说中的神物;后二者则实有其人,都是跟着李世民打天下的功臣,上了《凌烟阁功臣图》的,根据现实需要,他们才由人而擢升为神。对门神的起源,清朝学者恽敬还有个观点,认为《汉书》载广川王刘去"殿门有成庆画,短衣大绔长剑,去好之,作七尺五寸剑",为门神之始。俞樾认同这一见解。成庆,晋灼认为是荆轲,"卫人谓之庆卿,燕人谓之荆卿"。但颜师古认为不是,就是古代一勇士。当然,也早就有人对这些传统文化采取和稀泥的态度,如《燕京岁时记》说:"门神或谓为神荼、郁垒,或谓为秦琼、敬德,其实皆非也。

但谓之门神可矣。"好像是学陶渊明"不求甚解",但与人家的本意完全南辕北辙。

关于神荼、郁垒,东汉王充《论衡·订鬼篇》引《山海经》云:"沧海之中,有度朔之山。上有大桃木,其屈蟠三千里,其枝间东北曰鬼门,万鬼所出入也。上有二神人,一曰神荼,一曰郁垒,主阅领万鬼。恶害之鬼,执以苇索而以食虎。"基于这些背景因素,"黄帝乃作礼以时驱之,立大桃人,门户画神荼、郁垒与虎,悬苇索以御凶魅"。应劭《风俗通义》引《黄帝书》则云,神荼与郁垒乃"昆弟二人,性能执鬼",于是"县官常以腊除夕,饰桃人,垂苇茭,画虎于门,皆追效于前事,冀以卫凶也"。在后世所绘的门神中,神荼白脸,喜相,郁垒红脸,怒相,自然又是某个时代根据自身需要的"改良"了。

关于秦叔宝、尉迟恭,《西游记》第十回《二将军宫门镇鬼　唐太宗地府还魂》中,活灵活现地描写了他们二位如何完成从人到神的"转型"过程。说是太宗不豫,梦见鬼来追债,尉迟恭说:"创立江山,杀人无数,何怕鬼乎?"太宗说自己倒是不信,但是"这寝宫门外,入夜就抛砖弄瓦,鬼魅呼号,着然难处。白日犹可,昏夜难禁"。秦琼站了出来:"陛下宽心,今晚臣与敬德把守宫门,看有甚么鬼祟。"当天晚上,"他两个介胄整齐,执金瓜、钺斧,在宫门外把守",果然一夜无事。天亮后太宗把二人招来,重重赏劳道:"朕自得疾,数日不能得睡,今夜仗二将军威势甚安。卿且请出安息安息,待晚间再一护卫。"如此过了二三夜,太宗"不忍二将辛苦",想到了一举两得的解决办法,跟大臣们说,他想找会画画的,"传二将军真容,贴于门上,免得劳他。如何?"大家都说这样好啊,于是"选两个会写真的",将两人"依前披挂,照样画了,贴在门上。夜间也即无事"。

谁知前门安宁了,太宗抱怨"后门又响,却不又惊杀寡人也"。徐茂公这回出了个主意:"前门不安,是敬德、叔宝护卫;后门不安,该着魏徵护卫。"太宗于是"宣魏徵今夜把守后门"。魏徵虽然是个政治家,执行这种命令也并不含糊,"提着那诛龙的宝剑",同样流露出英雄气概,"圆睁两眼四边瞧,那个邪神敢到?"《清嘉录》云,明清时苏州地区是"书'钟进士'三字,斜贴户后以却鬼"。钟进士,就是大名鼎鼎的钟馗了,传说他本来考中了进士,却因为貌丑而落选。宋人《醉翁谈录》对钟馗当门神还有个说法:唐明皇做了梦,除夕夜"梦鬼物名曰'钟馗',既觉,命工绘画之。至今人家图其形,贴于门壁"。事实上,门神的"名姓"只是相对固定,不同的地方门神也略有不同,比如赵云、马超、薛仁贵、盖苏,也都榜上有名。

"盱目掀髯惯避邪,除书新换记年华。笑君只是春来燕,尽入寻常百姓家。"清吴曼云句。门神的观念早已深入国人内心,门神画,从来都是各地年画的重要题材。《东京梦华录》云,除夕时"禁中呈大傩仪",还要表演呢。届时,"用镇殿将军二人,亦介胄,装门神。教坊南河炭丑恶魁肥,装判官。又装钟馗小妹、土地、灶神之类,共千余人,自禁中驱祟出南薰门外转龙弯,谓之'埋祟'而罢"。有趣的是宋朝袁褧《枫窗小牍》中的一种说法:"靖康已前,汴中家户门神多番样,戴虎头盔,而王宫之门至以浑金饰之。识者谓虎头男子是虏字,金饰更是金虏在门也。不三数年而家户被虏。"把金兵的入侵,归咎于门神画面的不祥之兆,算得上是门神的"躺枪"了。

韩愈《送穷文》中有个穷鬼,"门神户灵,我叱我呵",就毫不在乎,"包羞诡随,志不在他",跟定了主人。这当然是韩愈的寓庄于谐,也多少表明,贴门神只是趋利避害的心理寄托。然而,这是传统文化中的有益成分,在今天不仅不该渐行渐远,而且应该得到传承弘扬。

2018 年 2 月 13 日

戊戌年

今天是大年初一,农历戊戌年也就是生肖狗年正式来到了。

甲乙丙丁,子丑寅卯,由十个天干和十二个地支构成的纪年方式,是我国古代的一项重要发明。天干与地支循环组合,总共可以生成六十干支。就是说,每个干支年都是60年一个轮回。殷墟出土的甲骨文显示,至迟从公元前13世纪的商代后期开始,干支就已经普遍用于纪日,有一块牛胛骨上完整地记录了六十干支。由于这种纪年、纪日方式三千多年从未中断,从前的干支年、干支日期具体为现行公历的哪一年、哪一天,都可以一一对应。

我国的历史悠久,每个年份都不免为后世留下深刻印痕,戊戌年自然并不例外。盘点一下"历史上的戊戌年"不失为一件有趣之事,我们熟悉的不少事情可以借此"串联"起来。不妨由远及近,按照主要年代来看一看。

公元前203年是戊戌年,那一年,楚汉尚在相争。倘说韩信袭齐、陷临淄,齐王田广烹郦食其而东走之类,大家还相对陌生,而项羽和刘邦"约,中分天下",以鸿沟为界,"鸿沟以西者为汉,鸿沟而东者为楚",就是众所周知的了。中国象棋棋盘的中间,如今也清楚地标明"楚河、汉界";鸿沟,更是后世"界限分明"的代名词。

398年是戊戌年,那一年,鲜卑族代王拓跋珪诏有司议定国号为魏,旋即迁都平城(今山西大同),进而称帝,是为北魏道武帝。之后,他灭掉大夏、北燕和北凉,意味着南北朝对立的形势基本形成。拓跋珪把都城从盛乐迁到平城,与494年孝文帝把都城从平城再迁到洛阳,都是北魏历史上的大事。按照李凭先生的见解,拓跋珪的新政权仿效中原传统制度,初步建立起国家机器及相应的典章制度,特别是以皇权和初创的官僚系统取代了部落联盟首领的推举制,对鲜卑社会的发展意义非凡。

638年戊戌年是唐太宗十二年,那一年,高士廉等撰《氏族志》,但太宗很不满意以崔氏为第一,诏更订以皇族为首,外戚次之,崔氏为第三。《氏族志》"凡二百九十三姓,千六百五十一家",其编纂不是简单的排序问题,而是打破了以郡姓作为门第等差的传统,为彻底否定魏晋以来的门阀制度奠定了基础。那一年还有虞世南去世,其以书法扬名,功绩远不止于此,因而太宗闻讯后在别第举哀,手诏曰:"虞世南对朕忠心一体,拾遗补阙,无日暂忘,实为当代名臣,人伦准的。朕有小失必犯颜直谏,而今亡故,朝廷上下,无复人矣!"

758年那个戊戌年,正值令唐朝由盛及衰的"安史之乱"期间。那一年,史思明杀了安禄山的儿子安庆绪,自称皇帝,国号燕,改范阳为燕京。

1178年那个戊戌年,按翦伯赞先生主编的《中外历史年表》:"宋定会子,以一千万缗为一界。"《宋史·食货志》则云:乾道"四年(1168),以取到旧会毁抹付会子局重造,三年立为一界,界以一千万贯为额,随界造新换旧"。交子是世界最早的纸币,彭信威先生指出:"南宋的纸币,流通范围比较广,种类也多。最初行的是关子,曾一度改为交子,但最通行的是会子。"

1358年那个戊戌年，元朝大画家黄公望去世，其晚年巨制《富春山居图》被誉为"画中之兰亭"。作品因"焚画殉葬"而身首两段，分藏于浙江省博物馆和台北故宫博物院，前几年，温家宝总理借画作合璧展出而赋予了海峡两岸统一的美好期冀。

1598年那个戊戌年，明朝万历皇帝"命太监采珠于广东"。自汉迄明，作为皇家贡品而到广东采取天然珍珠，不绝于史籍志书，明朝则有登峰造极之势。正统四年(1439)，在廉州、雷州两府海域珠池遣宦官巡察，又在两府各置珠池太监，凌驾于地方官之上。从1598年开始，七年六采，劳民伤财，且竭泽而渔。

1838年那个戊戌年是清朝道光十八年，那一年，朝廷以黄爵滋奏请严禁鸦片，命各省督抚、将军妥议。八月，湖广总督林则徐等奏湖南、湖北查禁鸦片，收缴烟土、烟枪情形。九月，太常寺少卿许乃济以曾请弛禁鸦片，降官休致。琦善则在大沽一带查获广东邓然等私运"烟土八十二口袋，计重十三万一千五百余两，并取获烟具军械"。因为邓然"供称买自夷船，由香山县人李四经手"，朝廷命广东巡抚严拏勾结洋船偷运之人，尤其要"将省城外水西街万益号内香山县人李四立即拏获到案，严行追究夥党及代人买运次数，逐一穷诘"。十一月，命林则徐以钦差大臣身份赴广东禁烟，节制全省水师。

1898年那个戊戌年，是列强瓜分中国最起劲的年份。那一年，德国强租胶州湾，俄国强租旅顺口、大连湾，法国强租广州湾并迫总理衙门宣布云南及两广等省不割让与他国，日本迫总理衙门宣布福建不割让与他国，英国强租九龙半岛及威海卫。当然了，这一年最著名的事件，是康有为主持的"戊戌变法"。虽然仅仅是"百日维新"，但戊戌变法作为中国近代史上一次重要的政治改革，无疑是一次伟大的思想启蒙运动。

在人类历史长河中,包括戊戌年在内的任何年份都只是寻常的、稍纵即逝的一瞬,如庄子所云:"人生天地之间,若白驹之过隙,忽然而已。"回首望去,不独人之本身,任何生命、任何事物都概莫能外。

2018 年 2 月 16 日

马尾巴

这两天读罗新教授的《从大都到上都：在古道上重新发现中国》，极有收益。不在于作者"重新发现"了什么，而在于前几年其按照元朝皇帝每年候鸟般穿梭于大都（今北京）到上都（今内蒙古锡林郭勒盟正蓝旗）的辇路，居然自己用双脚重新丈量了一回，足足450公里！每到一地，作者都"触景生情"，面对现实而遥思历史，兼且文笔优美，使我们领略了边走边思、边思边走的愉悦。

行至河北省张家口市赤城县三道川乡，罗教授思绪飞到了当年这一带明蒙对峙之时的互市问题，以为看看互市中哪些蒙古货物受明人欢迎是件趣事。其以"马尾巴"为例，的确收到了这种效果。不错，就是马的那条尾巴，实指而非借指。明人之《万历武功录》云："我所资于虏，非马牛羊，则皮张马尾；而虏所资于我，亦惟布帛绵索而已。"就是说，马尾巴，是明朝这边所需的大宗货品之一。

诚然，马尾巴是有各种功能的。在我小的时候，小伙伴时常用一根马尾巴做成活扣，固定在竹竿之头，然后去套树干上趴着的蝉，一套一个准。《后汉书·公孙述传》载，公孙述"潜遣奇兵出吴汉军后，袭击破汉。汉堕水，缘马尾得出"。这里，那条马尾巴救了吴汉的命。《齐民要术》里有一种"马尾罗"，作酱时，"麴及黄蒸，各别捣末细筛——马尾罗弥好"。这里，是用马尾巴编成筛子。唐朝诗人李贺有"金鱼公子夹衫长,密装腰鞓割玉方。行处春风随马尾,柳花偏打内家香"句,这里是借那条随春风摆动的马尾巴,刻画贵胄子弟志得意满的神态。但在明朝这里,马尾巴的功能都不是这些,而是用来制作马尾裙或发裙——盛行于成化年间的服饰。浏览《明史》《明会要》等,似未发现此类记载,而从明人的诸多笔记中却都可以看到。

《菽园杂记》云:"马尾裙始于朝鲜国,流入京师,京师人买服之,未有能织者。"属于"韩流"的一种了,是什么样子呢?"大抵服者下体虚奓,取观美耳。"奓,下摆大。《寓圃杂记》云,这种裙"系于衬衣之内。体肥者一裙,瘦削者或二三,使外衣之张,俨若一伞"。《谷山笔麈》中,于慎行说他在隆庆初年见过朝鲜入贡使者,"自带以下,拥肿如甕,匍匐而行"。这种情形,跟他听到的家乡"里中长老"所说本地也曾流行的服饰差不多:"以髦为裙,着长衣下,令其蓬蓬张起,以为美观。既无髦裙,至系竹圈衬之。"髦,高诱注《淮南子》曰:"马尾也。"沈德符《万历野获编》也说:"向在都见高丽陪臣出馆,袍带之下摺四张。"信息一汇总,可以看出大概了:马尾裙类似于裙撑,影视中古典西方富裕人家女子常穿的那种,如《乱世佳人》中的"费雯丽"。

马尾裙在明朝流行到什么程度呢?《菽园杂记》又说了:"初服者,惟富商、贵公子、歌妓而已。以后武臣多服之,京师始有织卖者。于是无贵无贱,服者日盛。至成化末年,朝官多服之者矣。"著名的"万岁阁老"万安,到了"冬夏不脱"的地步,其他如"宗伯周洪谟重服二腰。年幼侯伯驸马,至有以弓弦贯其齐者。大臣不服者,惟黎吏侍淳一人而已"。虽然马尾裙如此流行,但留下来的笔记对此却是一片不屑之声。《寓圃杂记》云穿马尾裙的,"惟粗俗官员、暴富子弟而已,士夫甚鄙之,近服妖也"。《万历野获编》在"嗤鄙"类中言及于此,认为像万安那样的人固不必说他,周洪谟"素以理学自命,哆口谈天下大事,服之不衷,下僚且不可,况司风化重寄,何以示四方?"视之为历史上的"雉头裘、集翠裘",纯属奇装异服,"蓬然可笑"。

必须明确,男子着裙在明朝是一种时尚,如万安、周洪谟等,便皆为须眉而非巾帼。伊永文先生认为,正是明朝人才注意到了裙、裤可以勾引起性欲这一细微之处,每以其"淫"意心理付诸文学创作之中。从《明宪宗元宵行乐图》中可以看到,男女老少,包括成化皇帝自身,几乎皆为裙装。马尾裙的流行如此广泛,马尾巴的需求量不可能不大,买不到的,就去偷拔战马的尾巴。陈洪谟《治世余闻》云:"近一给事中建言处置军国事一款:京城士人多好着马尾衬裙,营操官马因此被人偷拔鬃尾,落膘,不无有误军国大计,乞要禁革。"这一则,冯梦龙《古今谭概》点明发生在弘治初,与陈洪谟的口吻一样不屑:极小文章,生扭在极大题目上。然因穿马尾裙而拔马尾巴,又因拔马尾巴而令战马掉膘,岂可以小事视之?罗新教授指出,隆庆和议之前,内地市场对马尾巴的需求量大而供应渠道狭窄,使得价格高企,刺激边民冒险做这项买卖,有个风吹草动,干脆就跑到长城那边去。《万历武功录》即云,隆庆"三年二月,西安人杨一林,以阑与虏私易马尾,事觉,亡入虏"。

罗新教授通过对马尾巴的追踪,让我们看到了明朝内地流行服饰与如何与北部边界马市关联在一起,小视角拓宽了大视野。我们曾经有部电影叫《决裂》,过来人想必都记忆犹新:在大学的讲堂上,"葛存壮"准备开讲"马尾巴的功能"。因为教学严重脱离实际,那一课被忍无可忍的学生打住了。不过,真的让老教授讲下去,应该也只是马尾巴的生理功能吧。

2018年2月25日

杜鹃

昨天到广州华南植物园去看了杜鹃花。人类学系的小师弟邀约,他家就在植物园对面,说那里的杜鹃开了。进大门,果然扑面而来的就是连片盛开的杜鹃。虽天气不佳,阴,间或飘几颗雨点,杜鹃之红还是有些耀眼。曹松的"谁家不禁火,总在此花枝",用在这里过了些,然韩偓的"一园红艳醉坡陀"庶几近之,杜鹃花果真犹如醉了酒一般,红艳艳地开遍起伏的坡地。

杜鹃花,又名映山红,常绿或落叶灌木,正是春季开花。白居易非常喜欢,"最惜杜鹃花烂漫,春分吹尽不同攀",某一年花瓣已经落尽而远方的友人不能一起欣赏,他还感到非常遗憾。其《山石榴寄元九》之"闲折两枝持在手,细看不似人间有。花中此物是西施,芙蓉芍药皆嫫母",更把对杜鹃花的赞美推向极端。而"江城上佐闲无事,山下斫得厅前栽",但愿此句是乐天戏笔,否则就是自私也甚了。

前人诗句中言及杜鹃,可能指花,也可能指鸟,要具体情况具体分析。晏几道之"陌上濛濛残絮飞,杜鹃花里杜鹃啼",花、鸟皆备;王维之"万壑树参天,千山响杜鹃",指的就是杜鹃鸟。杜鹃鸟,相传为西周时蜀王杜宇之魂所化。《太平寰宇记》云,杜宇"号望帝",后自以德不及鳖泠,禅位归隐,化为子鹃鸟。"故蜀人闻子鹃鸣,曰:'是我望帝也。'……或云杜宇死,子规鸣"。杜鹃鸟的叫声相当哀切,"其声哀痛口流血,所诉何事常区区"(杜甫句),不知道,然杜鹃口腔上皮和舌部都为红色,鸣叫时很像是满嘴流血,因有"杜鹃啼血"之谓。而杜鹃花所以那么红,诗人们也认为与之相关。如南唐成彦雄句:"杜鹃花与鸟,怨艳两何赊,疑是口中血,滴成枝上花。"又如清屈大均句:"子鹃魂所变,朵朵似胭支。血点留双瓣,啼痕渍万枝。"

历来吟咏杜鹃鸟者颇多,鲍照《拟行路难》,有"中有一鸟名杜鹃,云是古时蜀帝魂。其声哀苦鸣不息,羽毛憔悴似人髡";杜甫《杜鹃行》,有"君不见昔日蜀天子,化作杜鹃似老乌。寄巢生子不自啄,群鸟至今与哺雏"等等。老杜仿照古《采莲曲》"鱼戏莲叶东,鱼戏莲叶西,鱼戏莲叶南,鱼戏莲叶北"所作的"西川有杜鹃,东川无杜鹃,涪南无杜鹃,云安有杜鹃",被后人评价为"若以省文之法论之,似可裁减,然只如此说,亦为朴赡有古意"。岳珂《桯史》云,黄庭坚贬谪黔南时,在歌罗驿(今湖北恩施)甚至梦见李白让他传播三首关于杜鹃的《竹枝词》。李白说自己贬谪夜郎,"于此闻杜鹃",作了那三首,而"世传之不子细,忆集中无有",要黄庭坚代为勘误,即"一声望帝花片飞,万里明妃雪打围""杜鹃无血可续泪,何日金鸡赦九州""北人堕泪南人笑,青壁无梯闻杜鹃"云云。余未详检太白全集,未知收录情况如何,然岳珂已经说了,这三首"盖自谓梦中语也,音响节奏似矣,而不能掩其真,亦寓言之流欤!"

啼声哀切之故吧,在前人的"三观"中,杜鹃鸟的叫声每被归为不祥之列。《酉阳杂俎》云:"杜鹃,始阳相催而鸣,先鸣者吐血死。"并且活灵活现地说:"尝有人山行,见一群寂然,聊学其声,即死。"在兆头上,杜鹃"初鸣,先听其声者,主离别。厕上听其声,不祥"。有什么化解的办法呢,"当为犬声应之",学狗叫。邵伯温

《邵氏闻见录》云,他爸爸、北宋著名理学家邵雍,"平居于人事机祥未尝辄言"。然英宗年间有一天,邵雍"与客散步天津桥上,闻杜鹃声,惨然不乐"。客问其故,他说:"洛阳旧无杜鹃,今始至,有所主。"为什么呢? 他说:"不三五年,上用南士为相,多引南人,专务变更,天下自此多事矣!"人家又问:"闻杜鹃何以知此?"他搬出了自己的一套逻辑推论:"天下将治,地气自北而南,将乱,自南而北。今南方地气至矣,禽鸟飞类,得气之先者也。《春秋》书'六鹢退飞''鹳鹆来巢',气使之也。自此南方草木皆可移,南方疾病瘴疟之类,北人皆苦之矣。"邵伯温对父亲的这一套理论崇拜有加,说什么"至熙宁初,其言乃验,异哉!"这里验的是王安石变法,安石乃江西临川人,属于他们眼中的"南人",而籍贯河南(一说河北)的邵氏父子自然是"北人"。非安石阵营中人,极尽贬损之能事也就不足为奇吧。识者指出,熙宁变法的失败,某种程度上正因于北方官员对南方官员的地域成见,反映了北宋南北经济发展水平的差异和不同文化的碰撞。

《浮生六记》的作者沈复,说自己"爱花成癖,喜剪盆树"。于众花之中他首选兰花,"取其幽香韵致也";其次则青睐杜鹃,以为"虽无香而色可久玩,且易剪裁"。但不知为什么,花鸟大家李渔却看不上杜鹃和樱桃,认为乃"花之可有可无者",只有"名花俱备,则二种开时,尽有快心而夺目者,欲览余芳,亦愁少暇",陪衬一下还凑合。华南植物园的杜鹃花尽皆红色,屈大均则列举了广东当年其他地方的杜鹃,如西樵山"岩谷间,有大粉、红、黄者,千叶者,一望无际",罗浮山"多蓝紫者、黄者",香山、凤凰山"有五色者"。但他有个斩钉截铁的结论:"而殷红为正色。"这也只是他个人的审美判断吧。

2018年3月4日

风筝

华南植物园里的空旷草坪上,有不少放风筝的市民。接近郊区或者不是飞机航线之故吧,这里不像海珠湖区域明确禁放。当然了,像许多"银样镴枪头"的禁令一样,海珠湖那里也有不少游人"老虎拉磨——不听那一套"。吊诡的是,照放不误却乏见管理者干涉。

风筝,一说纸鸢,前人很喜欢的一项游戏活动。鸢者,老鹰也。纸鸢,就是纸老鹰了,虽亦在空中"飞",却是纸糊的,通常以竹篾为骨架,用长线系之,那是怕它"飞"跑;一旦"风吹绳断童子走",就要"愁尔一朝还到地,落在深泥谁复怜"(元稹句)了。纸鸢,相传为汉将韩信的发明,"以量未央宫之远近"。还有种说法是南朝侯景"攻梁台城,内外断绝,羊侃令小儿放纸鸢,藏诏于中,以达援军"。明朝郎瑛《七修类稿》对这两种说法均予以否认,以为"二说俱不见史,且无理焉",因为"线之高下,岂可计地之远近?羊侃又何必令小儿放之,放之而纸鸢之坠,又可必在于援军地耶?"他觉得"纸鸢本五代汉隐帝与李业所造,为宫中之戏者"。然而,郎的说法实则也"不见史",《新五代史》有李业的传,知其乃后汉高祖刘知远的小舅子,时"帝方与业及聂文进、后赞、郭允明等狎昵,多为庚语相诮戏,放纸鸢于宫中",意思很清楚,李业跟着玩而已,并没有说那是他的发明。

纸鸢的出现远远早于五代。赵翼《廿二史札记》在"新(唐)书增旧(唐)书琐言碎事"条,云《田悦传》增加的内容是:"张伾固守待救,放纸鸢至马燧军,谓三日不救,士且尽为悦食,燧乃进军破悦。"在"后(北)魏刑杀太过"条,还有高洋"尝令诸囚自金凤台各乘纸鸢以飞,最远者免死,元黄头独能至紫阶,宜得免矣,仍付御史狱饿死"。然乘纸鸢而飞,不可想象。与郎瑛同时代的陈沂更进一步:"五代汉李业于宫中作纸鸢,引线乘风为戏。后于鸢首以竹为笛,使风入作声如筝,俗呼风筝。"不过郎瑛当时就说了:"曰风筝者,乃古殿阁之檐铃(即铁马)尔,借以名今之带弦之纸鸢也。"也就是说,从前纸鸢和风筝是两种东西,唐五代人诗文中提到的"风筝",往往都是铁马。如元稹之"鸟啄风筝碎珠玉",李商隐之"西楼一夜风筝急",等等。唐五代之后吧,风筝才与纸鸢"合为一体"。

纸鸢之前,典籍中还有一种神乎其神的木鸢。《酉阳杂俎》云,鲁般(班)"于凉州造浮图,作木鸢,每击楔三下,乘之以归。无何,其妻有妊,父母诘之,妻具说其故。父后伺得鸢,击楔十余下,遂至吴会(苏州与绍兴一带)。吴人以为妖,遂杀之。般又为木鸢乘之,遂获父尸"。又云:"六国时,公输般亦为木鸢以窥宋城。"《韩非子·外储说》则云制作木鸢的是墨子,"三年而成,蜚一日而败,弟子赞之巧"。但东汉王充《论衡·儒增篇》列举十六个事例,指出了"儒书"中的浮夸不实之词,其中正有"儒书称鲁般、墨子之巧"。在他看来,"夫言其以木为鸢飞之,可也;言其三日不集,增之也。夫刻木为鸢,以象鸢形,安能飞而不集乎?既能飞翔,安能至于三日?"

风筝或纸鸢从前主要用于军事用途。侯景之乱时的台城之围是为一例。又《归潜志》云:金正大末年,蒙古大军进攻金京,"攻城益急,炮飞如雨",大金这边使出的一招是:"于城上放纸鸢,鸢书上语,招诱胁从之人,使自拔以归,受官赏,皆不免奔走矢石间。"而在承平时期,民间之外,放风筝往往与玩物丧志相关联。《挥麈后录》云,宋徽宗刚登基时,曾布当国,"禁中放纸鸢落人间,有以为(曾)公言者。公翌日奏其事"。徽宗不承认,还要追查谣言。曾布从容进曰:"陛下即位之初,春秋方壮。罢朝余暇,偶以为戏,未为深失。然恐一从诘问,有司观望,使臣下诬服,则恐天下向风而靡,将有损于圣德。"《蕉轩随录》云,道光辛丑(1841),鸦片战争已经爆发了,靖逆将军奕山和参赞大臣隆文"日以龙舟、纸鸢为乐,无耻者至有以美女媚之"。时人刘鲁田有《六流》文,将"鹌鹑促织,华灯纸鸢,走狗斗鸡,挟弹持竿",归入"粪壤之流",义愤可窥一斑。

至于以风筝为名之借喻、暗讽,诗句俯拾皆是,如王令之"才乘一线凭风去,便有愚儿仰面看",曹雪芹之"游丝一断浑无力,莫向东风怨别离",等等。庄绰《鸡肋编》云,吕惠卿晚年"顾空中有纸鸢",令道士赋诗,其人应声曰:"因风相激在云端,扰扰儿童仰面看。莫为丝多便高放,也防风紧却收难。"庄云"吕知其讥己,有惭色"。惠卿乃王安石变法阵营的第二号人物,以此可推知庄绰一定是反对变法的那派。

"儿童散学归来早,忙趁东风放纸鸢。"(高鼎句)民间放风筝自然另当别论。《武林旧事》云杭州清明时节热闹非凡,其中一个项目是"桥上少年郎,竞纵纸鸢,以相勾引,相牵剪截,以线绝者为负"。《扬州画舫录》记载了多种风筝样式:"以螃蟹、蜈蚣、蝴蝶、蜻蜓、福字、寿字为多。次之陈妙常、僧尼会、老驼少、楚霸王及欢天喜地、天下太平之属,巧极人工。"这次在华南植物园看到,有个风筝乃剪影美人鱼状,空中飞舞之时,颇似正在戏水,生动极了。

2018年3月7日

看花人

3月10日,暖阳天遇上周末,久违的蓝天白云出现了,加上正值广州鲜花盛开的时节,因而到处是花,到处是看花的人群。木棉之外,宫粉紫荆、黄花风铃木今年格外耀眼。余在收费的海珠湿地、不收费的海珠湖,均有目睹;微信圈则延伸了视角,以华南农业大学为例,看花市民之众,导致校园内外道路、地铁口皆人满、车满为患,以至于引发了校园要不要借鉴武汉大学看樱花的做法,进行收费的问题。

这种"出门俱是看花人"的情形,杨巨源早已诗意地呈现于笔端。李渔说:"花鸟二物,造物生之以媚人者也。"不管他这话成立与否,人们喜欢看花是个不争的事实,即便从前也不例外。《新唐书·白居易传》载:时"盗杀武元衡,京都震扰。居易首上疏,请亟捕贼,刷朝廷耻,以必得为期",然"宰相嫌其出位,不悦"。这时有人说话了:"居易母堕井死,而居易赋《新井篇》,言浮华,无实行,不可用。"白居易就这样被"追贬江州司马"。白母为什么会堕井呢?《南部新书》云,就是"因看花",而白之《赏花》《新井》诗,不免有害名教。《牡丹亭》中杜丽娘游园看花,感叹"原来姹紫嫣红开遍"。丫鬟说:"是花都放了,那牡丹还早。"丽娘说:"牡丹虽好,他春归怎占的先?"清朝有位广陵殷氏女,也有一首看花诗透出弦外之音:"土来浇灌水来栽,颠倒工夫任我来。满院春风花自语,不将颜色向人开。"

唐人看花格外看重牡丹,民间传说中武则天与之还有过一段恩怨。《唐语林》云:"京师贵牡丹,佛宇、道观多游览者。慈恩浴室院有花两丛,每开及五六百朵。"许是这个缘故吧,白居易刚上任杭州刺史,便"令访牡丹"。找了半天,"独开元寺僧惠澄近于京得此花,始栽植于庭,栏围甚密,他亦未知有也。时春景方深,惠澄设油幕覆其上",专为满足白氏"到寺看花"。皇帝也喜欢看花。如《武林旧事》云,宋孝宗乾道三年(1167)三月初十日,人奏"连日天气甚好,欲一二日间恭邀车驾幸聚景园看花,取自圣意选定一日",成了太上皇的高宗不知怎么动了恻隐之心:"传语官家,备见圣孝,但频频出去,不惟费用,又且劳动多少人。本宫后园亦有几株好花,不若来日请官家过来闲看。"按《履园丛话》的说法,清朝"京师看花之所"在丰台,那里"凿池开沼,连畛接畦,无花不备"。

还是唐朝,"看花人"也可以借指,借指进士及第者,当然也是真看。唐朝举子进士及第后有大量宴集活动,其中规模最大、时间最长的一个叫关宴,曲江泛舟、杏园探花、雁塔题名什么的,连搞好几天。《唐两京城坊考》明确杏园在通善坊。《云麓漫钞》转引《秦中岁时记》云:"杏园初会,谓之探花宴。便差定先辈二人少俊者,为两街探花使;若他人折得花卉,先开牡丹、芍药来者,即各有罚。"就是说,常以同榜中最年少的进士二人为探花使或探花郎。唐诗中此类作品数量不少,刘沧之"及第新春选胜游,杏园初宴曲江头",李远之"今日杏园宴,当时天乐声",刘禹锡之"紫陌红尘拂面来,无人不道看花回",或即时抒发,或触景生情。刻薄者如施肩吾,因与同年赵嘏不睦而赵嘏旧失一目,"以假珠代其精",乃嘲之曰:"二十九人同及第,五十七只眼看花。"

实际上,这一天不独杏园,京城长安的所有名园一律开放,任由及第举子们采摘,所谓"谁家不借花园看,在处多将酒器行"(张籍句)。孟郊《登科后》之"春风得意马蹄疾,一日看尽长安花",完全是写实。形成鲜明对照的,则是贾岛的《下第诗》:"下第只空囊,如何住帝乡。杏园啼百舌,谁醉在花傍?"道出无限凄凉的同时,流露了无比的艳羡。有人研究,唐诗中写自己当过探花使的有两人,一个是翁承赞,一个是韩偓。翁承赞有《擢探花使三首》,其中的"深紫浓香三百朵,明朝为我一时开""今日始知春气味,长安虚过四年花"与"每到黄昏醉归去,纻衣惹得牡丹香",同样洋溢着志得意满。韩偓的《余作探使以缭绫手帛子寄贺因而有诗》,王勋成先生认为,以此知杏园探花宴上还有长安歌妓参加。

深得看花精髓的看花人,余以为清朝李渔绝对算得上一个。在《闲情偶寄》中,他把"看花"和"听鸟"等而视之,以为二者须臾不可或分,所谓"既产娇花嫩蕊以代美人,又病其不能解语,复生群鸟以佐之"。然而,可惜"世人不知,目为蠢然一物,常有奇花过目而莫之睹,鸣禽悦耳而莫之闻者"。于是乎,"其捐资所购之姬妾,色不及花之万一,声仅窃鸟之绪余,然而睹貌即惊,闻歌辄喜,为其貌似花而声似鸟也"。在他看来,此种"贵似贱真,与叶公之好龙何异?"李渔说他不是这样,"每值花柳争妍之日,飞鸣斗巧之时",他都是"夜则后花而眠,朝则先鸟而起,惟恐一声一色之偶遗也。及至莺老花残,辄怏怏有所失"。因此,他认为自己一生,"可谓不负花鸟;而花鸟得予,亦所称'一人知己,死可无恨'者乎"!

"弄花一年,看花十日。"任何时候的看花人,当然都极少能达到李渔的境界。然稍稍有所思考,产生些许感悟,还是聊胜于狂拍之后发个朋友圈吧。

2018年3月12日

枇杷

枇杷上市了。对这种亚热带水果,人们都不陌生。

"一梢满盘,万颗缀树",枇杷果实成熟的时候,满树金黄,蔚为壮观。但像白乐天说的"回看桃李都无色,映得芙蓉不是花",怕也过了。当然,到了李时珍那里,枇杷便不再单是水果,"枇杷叶气薄味厚,阳中之阴",能够入药,且不止今天川贝枇杷露"镇咳祛痰"那么简单,大处着眼,可以"治肺胃之病",因为枇杷有"下气之功",怎样呢?"气下则火降痰顺,而逆者不逆,呕者不呕,渴者不渴,咳者不咳也"。

枇杷在前人眼里是个好东西。《西京杂记》云,汉武帝"初修上林苑,群臣远方,各献名果异树",其中就有"枇杷十株"。司马相如描绘上林苑的雄文《上林赋》,有"卢橘夏熟,黄甘橙楱,枇杷橪柿,亭柰厚朴"句,说的就是橘子、柑、橙、枇杷、海棠果,可以为之佐证。《归潜志》云:"金朝取士,止以词赋、经义学,士大夫往往局于此,不能多读书。"因此,那些"词赋状元即授应奉翰林文字,不问其人才何知,故多有不任其事者。或顾问不称上意,被笑嗤"。所举一例,即章宗时的王泽(疑脱'民'字)翰林值班时,"会宋使进枇杷子,上索诗"。王泽说:"小臣不识枇杷子。"不知道人家送来的枇杷是什么东西,作诗又从何谈起?另一个状元吕造,则是"上索重阳诗,造素不学诗,惶遽献诗云'佳节近重阳,微臣喜欲狂'",使章宗"大笑,旋令外补",别在这位子上干了。时人嘲曰:"泽民不识枇杷子,吕造能吟喜欲狂。"相对于后者的才疏学浅,不认得枇杷应该是能得到谅解的。

"枇杷"二字,胜过双胞胎,某种程度上真正是形影不离。《封氏闻见记》"惭悚"条云,唐朝进士周逖想用《千字文》的模式另起炉灶,"更撰《天宝应道千字文》"。写好了,"将进之,请颁行天下,先呈宰执",因与右相陈公迎有一问一答。"有添换乎?""翻破旧文,一无添换。""翻破尽乎?""尽。""'枇杷'二字,如何翻破?""惟此二字依旧。""若有此,还是未尽。"于是,周逖"逡巡不能对而退"。《千字文》是一篇由一千个不重复汉字组成的文章,条理贯通、叙事有序地讲述了天文、历史、社会、伦理、博物、教育等方面的知识,且结构严简,文采飞扬,对仗工整,朗朗上口,成为我国历史上综合性蒙学读物的开山之作。熟读之,不仅可以识字、习文,而且可以增广见闻,启蒙儒家伦理思想。周逖的做法,大抵还是用那一千个字,进行重新组合,所以陈右相就问他"枇杷"两个字是怎么用的。盖《千字文》有"渠荷的历,园莽抽条。枇杷晚翠,梧桐蚤凋",按照李逸安先生的译文,这是说"夏季池塘荷花艳丽又妖娆,春季园林草木抽出嫩绿的枝条。枇杷树冬日里仍然青绿,梧桐叶子在秋天早早零凋"。周逖的回答等于是说,这两个字还在一起,拆不开。

王士禛《池北偶谈》"千字颂"条云,杭州有个叫卓珂月的,"崇祯初作《千字大人颂》,错综成章,甚有思理",开篇乃"大人御天,君子名世,立千秋基,兴诸夏利。高文起家,建景闰帝,二百馀年,我皇陟位"云云。在后面,卓珂月就把"枇杷"给拆开了,"郁尊黄金,膳枇素木"与"姑妇任绩,夫男秉杷"。当然不是硬拆,各有讲究："枇音匕，义取祭用素枇也"；杷，同其本意"耙"，就是那种有齿和长柄的农具。赵翼《陔馀丛考》补充说，卓珂月还翻写过《西厢记》，自云"崔莺莺之事以悲终，霍小玉之事以死终：小说中如此者，不可胜计，乃何以王实甫、汤若士之慧业而犹不能脱传奇之窠臼耶？"所以他"更作《新西厢》"，声明不敢与董解元、王实甫等"诸家争衡，亦不敢蹈袭诸家片字"，说明这个人确有两手。能找到的话，倒是想拜读一下。

"枇杷不是此琵琶，只怨当初识字差。琵琶若是能结果，满城箫管尽开花。"这首诗想必大家都耳熟能详，作者是在嘲讽那个可能一时笔误者，讥其水果与乐器不分。实际上，枇杷与琵琶还真有千丝万缕的关联。东汉《释名·释乐器》云："枇杷，本出于胡中，马上所鼓也。推手前曰枇，引手却曰杷，象其鼓时，因以为名。"枇杷的一个义项正是乐器的名字，且正与琵琶等同。谈到琵琶，很容易想到王昭君，"千载琵琶作胡语，分明怨恨曲中论"（杜甫句）嘛。影视、绘画、塑像中，也每见昭君竖抱曲项琵琶的造型，殊不知，昭君那种琵琶在南北朝时还是横抱的，跟吉他差不多，唐宋以来经过改良，才由横抱变成竖抱，进而演变成重要的民族独奏乐器。

有人统计，先秦魏晋南北朝诗及汉赋中的肉果类增加了6种：葡萄、柿、山楂、杨梅、枇杷、荔枝。也就是说，从很早的时候起，枇杷就是文人的吟咏对象了。流传至今的唐五代植物写生类国画，水果类的有林檎、石榴、枇杷、葡萄等，延至后代。清朝"扬州八怪"之首金农，其《花果册》之《枇杷图》，绘有倚角取势的枇杷两组，笔触随意生拙，在两组枇杷间以工整的题记相接，"宋勾龙爽工写山枇杷，用淡墨点染为艺林神品"云云。枇杷作为一种文化意象，影响远远地超出了其作为水果本身。

2018年3月21日

瘦马

中华书局新近出版的曹天成先生《瘦马行:郎世宁的中国经验》,是一部很有趣味的著作,趣在所研究的是郎世宁画作中的"瘦马"形象。

郎世宁,意大利米兰人,康熙五十四年(1715)以传教士身份来华,随即以"画画人"的身份入宫供奉,直到乾隆三十一年(1766)逝世。在长达半个世纪的宫内作画生涯中,郎世宁记录了许多重要庆典的活动场景,如描绘乾隆皇帝在避暑山庄接见杜尔伯特部和辉特部蒙古贵族的《万树园赐宴图》,以及《乾隆大阅图》等。去年我在哈萨克斯坦首都阿斯塔纳国家博物馆里,看到一幅复制的古画觉得眼熟,回来比对一下,当是仿作郎世宁的《哈萨克贡马图》。虽两画里面的人物不一,服饰颜色也不能完全对板,但整个画面结构完全一致:乾隆镇定地坐在屏风前的平台上,哈萨克人牵着三匹骏马站在台阶之下,其一当是该国特产汗血宝马。

郎世宁在清宫中画过许多动物,但以画马居多。从现实背景看,雍乾时蒙古、西域等地不断将骏马作为贡品进献;从文化背景看,骏马在我们这里常被视为出类拔萃的人才。然而吊诡的是,郎世宁在作品中每每添加一匹瘦马。《瘦马行》指出,从目前掌握的图片资料看,他在四件八骏题材作品中画有瘦马:北京故宫博物院藏《郊原牧马图》、江西省博物馆藏《八骏图》、台北故宫博物院藏《八骏图》与《云锦呈才图》,画中都有一骏瘦骨嶙峋,甚至肋条也一根根清晰可见,与另外膘肥体壮的七骏判若云泥。"怪来一马形最羸,崚嶒并露十五肋,只恐长怀万里心,众中牵出无人识",当年,雍正第六子弘曕读画的时候就已经看出来了。

八骏,其典有自,源自西周时的穆王。《穆天子传》云,穆王驾八骏西巡天下,甚至曾经"瑶池西赴王母宴"(白居易句)。八骏各有名称,西晋郭璞云"皆因其毛色以为名号",外形呢,史上画马最为知名的唐朝韩幹有个定位:肥硕健壮。这与韩幹视野所及尽皆御马不无干系。《宣和画谱》说周昉画女子都是胖的,以其"贵游子弟,多见贵而美者"密切相关,"此与韩幹不画瘦马同意"。因此,郎世宁笔下的瘦马,属于真正意义上的瘦马。杜甫云:"东郊瘦马使我伤,骨骼硉兀如堵墙。"马瘦得像堵墙一样,就是这种。关于瘦马最有名的句子,自然要让给"秋思之祖"马致远,他的"枯藤老树昏鸦,小桥流水人家,古道西风瘦马",王国维誉之为"寥寥数语,深得唐人绝句之妙"。自然界的秋日黄昏比较苍凉也就罢了,偏偏路上行走的还是一匹羸弱之马,更添一抹悲怆。郎世宁为什么要画瘦马,是皇帝的指令,是如实描绘皇家马场的情景,是为了调剂画面,还是中国"百马图"的传统?《瘦马行》研究的正是这个问题。

特殊意义上的"瘦马",则全然与马无关,指的是雏妓,狭义地说,是扬州的雏妓。

谢肇淛《五杂组》云,扬州"女子多美丽,而性情温柔,举止婉慧……然扬人习以为奇货,市贩各处童女,加意装束,教以书、画、琴、棋之属,以徼厚值,谓之瘦马"。褚人获《坚瓠续集》云:"金陵一词客侨寓吴门,家蓄粉头为业,俗名养瘦马。"孔尚任《桃花扇》第二十五出《选优》,因为阮大铖满足了弘光的嗜好,"旧吴宫重开馆娃,新扬州初教瘦马。淮阳鼓昆山弦索,无锡口姑苏娇娃",一时间都来"奉俺无愁天子,语笑喧哗",令这个南明小朝廷的皇帝兴奋不已。后两句是吴中俗谚,说的是淮阳的鼓、昆山的弦索、无锡的唱口、苏州的美女,当时均极为著名。国已破,仍奢靡至此,不亡何待?赵翼《陔馀丛考》有"养瘦马"条:"扬州人养处女卖人作妾,俗谓之养瘦马。其义不详。"但是他说宋荦举白居易诗——莫养瘦马驹,莫教小妓女,后事在目前,不信君看取。马肥快行走,妓长能歌舞,三年五年间,已闻换一主——为例,认为"养瘦马之说本此",很有可能。张岱《陶庵梦忆》"扬州瘦马"条,则对欲娶妾者"稍透消息",牙婆驵侩便"咸集其门,如蝇附膻,撩扑不去",乃至如何拣选"瘦马",直到"新人拜堂"等具体过程,均述之甚详。不难看到,那就是在拣选商品,"瘦马"完全没有任何尊严可言。

在《瘦马行》看来,如果郎世宁的作品仅仅出现一回,可以从偶尔为之或纯粹为增加画面之丰富性的角度加以认知,但其作品中持续不断描绘这类特殊物象,表明那是郎世宁的刻意所在。虽然画史表明,病马也是中国古代马题材绘画的一个重要题材或分支,唐代的韦偃、宋代的李用及都曾画过病马,且用及之作得到较高评价,所谓"为病马,尤有功,古未有也",但那些病马就是作者所要描绘的衰老和伤病之马,和同一画面上的马匹相比确实瘦小。而郎世宁的瘦马不同,除了皮包骨头,其他各方面都很正常,特别是从行走姿态看,不仅毫无伤病困扰之相,甚至堪称矫健,仿佛稍加调理护养,很快就会变得膘肥体壮。那么,郎世宁的用意或正如弘瞻所云:"郎卿画马非画马,凭仗秃笔写胸臆"。

当然,既不能起郎氏于地下而问之,任何研究都只能是一种猜测,即便等同郎氏本意也无从印证。但这样的研究,显然具有积极意义。

2018 年 3 月 29 日

皮影戏

4月1日,"中华文明凝心铸魂之旅"2018全国网络媒体主题采访活动走进渭南华州,采访华州皮影的传承和发展。华州皮影有何让人叫绝之处?据说有句俗话:"中国皮影在陕西,陕西皮影在华州。"

皮影戏,是用灯光照射兽皮或纸板作成的人物剪影来表演故事的一种戏剧形式,几根竹竿、一块幕布、几只手、几张嘴,一套锣鼓与管弦……就可以上演皮影。元瞿佑诗这样说皮影:"南瓦新开影戏场,堂明灯烛照兴亡。看看弄到乌江渡,犹把英雄说霸王。"张艺谋电影《活着》里,主人公"葛优"的专长就是皮影,自弹自唱,在不同的历史阶段——解放战争时期、"大跃进"时期,都通过皮影戏来为周边的人们提供精神愉悦。用富察敦崇《燕京岁时记》中的话说:"(皮)影戏借灯取影,哀怨异常,老妪听之,多能下泪。"在北宋,皮影戏已有常态化的演出,然其雏形可以溯至西汉。

《汉书·外戚传》载,汉武帝那个倾国倾城的李夫人,"少而蚤卒,上怜闵焉,图画其形于甘泉宫上"。因为武帝"思念李夫人不已",有"方士齐人少翁"站出来排忧解难了,他说自己"能致其神",就是后世好莱坞影片《人鬼情未了》中能够通灵的"乌比·戈德堡"玩儿的那一套。不过,"乌比·戈德堡"有本领安排"黛咪·摩尔"与被劫匪枪杀的未婚夫见上一面,两千年前的方士却还不行,但有他的办法,就是"夜张灯烛,设帷帐,陈酒肉,而令上居他帐,遥望见好女如李夫人之貌,还幄坐而步"。颜师古曰,这是说"夫人之神于幄中坐,又出而徐步"。然而,因为终不能像"黛咪·摩尔"那样与显现身形的未婚夫紧紧相拥,导致武帝"愈益相思悲感",发出"是邪,非邪?立而望之,偏何姗姗其来迟"的疑问。据此,高承《事物纪原》认为"由是世间有影戏",且云"宋朝仁宗时,市人有能谈三国事者,或采其说加缘饰作影人,始为魏、吴、蜀三分战争之象"。高承也承认,影戏源于汉武帝思念李夫人之说,乃"故老相承"之说,属于口头文化传承。

皮影戏演出在宋朝已经相当普遍,则是不争的事实。这从宋人多种著作的记载中不难窥见。

耐得翁《都城纪胜·瓦舍众伎》云:"凡影戏乃京师人初以素纸雕镞,后用彩色装皮为之。其话本与讲史书者颇同,大抵真假相半,公忠者雕以正貌,奸邪者与之丑貌,盖亦寓褒贬于市俗之眼戏也。"吴自牧《梦粱录》的说法差不多:"更有弄影戏者,元汴京初以素纸雕镞,自后人巧工精,以羊皮雕形,用以彩色妆饰,不致损坏";又"公忠者雕以正貌,奸邪者刻以丑形,盖亦寓褒贬于其间耳"。说法太相近,不知两个谁抄了谁。吴自牧列举了几个弄影戏的人,为前者所无,"杭城有贾四郎、王升、王闰卿等,熟于摆布,立讲无差"。周密《武林旧事》中,这个名单则足足有22位之多,除了王升、王润(闰)卿,姓贾的有5人,贾震、贾雄、贾伟、贾仪、贾佑,该有一个是贾四郎吧。又云元夕之时,"又有幽坊静巷好事之家……以人为大影戏,儿童喧呼,终夕不绝"。中国历史博物馆所藏宋代铜镜中,有一面的图案很可能就是时人观看皮影戏:双竿拉一横幅帷帐,一人双手各持一人形道具坐于幕后,脑袋露出帷帐上沿;帐前坐5人,其中3个的目光聚焦于帷幕上。

张耒《续明道杂志》云,京师有个富家子弟,少孤,有钱,一群市井混混千方百计引诱他花钱。富家子"甚好看弄影戏,每弄至斩关羽,辄为之泣下,嘱弄者且缓之",这下给混混们抓住了弱点。有天演皮影的说:"云长古猛将,今斩之,其鬼或能祟,既斩而祭之。"到杀他那天,还是搞个仪式吧。富家子说好啊,"弄者乃求酒肉之费,此子出银器数十。至日斩罢,大陈饮食如祭者,群无赖聚享之"。吃完了,他们又说这些银器应该散给大家,"于是共分焉"。张耒言及的这个富家子,说是"超级皮影粉"怕不为过吧。

需要注意的是,典籍中的影戏,也有可能是手影戏,亦即靠手部动作投影的改变,来幻化形成各种不同的形象(影像)。孟元老《东京梦华录·京瓦伎艺》云,"丁仪、瘦吉等弄乔影戏……不以风雨寒暑,诸棚看人,日日如是";又,正月十六,"每一坊巷口,无乐棚去处,多设小影戏棚子,以防本坊游人小儿相失,以引聚之"。这里提到的影戏,很难判断是皮影还是手影。然《都城纪胜》在提到皮影戏的同时,"杂手艺皆有巧名"目下除了踢瓶、弄碗、变线儿、写沙书等之外,还有"手影戏"的单项。洪迈《夷坚三志》中,能够"信口谈人灾福,一切多验"的僧惠明,"尝遇手影戏者,人请之占颂,即把笔书云:三尺生绡作戏台,全凭十指逞诙谐。有时明月灯窗下,一笑还从掌握来",赞赏了手影戏形神兼备的一面。

"衣冠优孟本无真,片纸糊成面目新;千古荣枯泡影里,眼中都是幻中人。"清陈赓元句。皮影戏曾经为百姓喜闻乐见,今天成为各地的非遗也势所必然,我们需要尽可能地呵护它,网络时代媒体的使命不容忽视,使这种民间传统艺术形式不至于被年轻一代淡忘,大有作为的空间。

2018年4月3日

踏青

4月5日是清明节。从前,人们亦以清明节为踏青节,概节前节后人们有郊野游览的习俗。孟浩然之"岁岁春草生,踏青二三月"是也。

踏青的习俗很早就有了,没有正式"得名"就是。《诗·郑风·溱洧》之"溱与洧,方涣涣兮。士与女,方秉蕳兮",表现的正是踏青时节的情形。溱水与洧水,郑国的两条河流。郑玄笺曰:"仲春冰释,水则涣涣然。"在春游的男男女女中,一对手持香草的姑娘小伙显系情窦初开,因有如下对话:"女曰观乎?士曰既且。且往观乎!洧之外,洵訏且乐"。姑娘说,看看去吧?小伙子说,看过了。那就再去看看吧。言下之意,姑娘邀约小伙子陪她游春。朱熹老先生说:"郑国之俗,三月上巳之辰,采兰水上,以袚除不祥。故其女问于士曰:盍往观乎?士曰:吾既往矣。女复要之曰:且往观乎?盖洧水之外,其地信宽大而可乐也。"话说到这里挺正常的,可惜他又兜头泼了盆冷水:"此诗淫奔者自叙之辞。"清人姚际恒亦认为:"历观郑风诸诗,其类淫诗者,惟将仲子及此篇而已。"方玉润就更过分了:"男女戏谑,恬不知羞。"且认为此诗"开后世冶游艳诗之祖"。何其美好的画面,给"淫""艳"诸字破坏殆尽。

上巳,即三月上旬的巳日,从前亦名"修禊",这一天要招魂续魄，消灾祈福。《论语·先进篇》中，孔子弟子曾点的志趣，就是"暮春者，春服既成，冠者五六人，童子六七人，浴乎沂，风乎舞雩"，踏踏青。子曰"吾与点也"，表示他也乐意这样享受。《后汉书·礼仪志》注曰："三月上巳，官民皆挈于东流水上，曰洗濯祓除去宿垢疢（热病），为大挈。"三国以后，这一天明确为三月三日。历来修禊事件最有名的，当推王羲之他们"永和九年，岁在癸丑，暮春之初"时搞的兰亭雅集，《兰亭序》里说得明白，那一回他们"会于会稽山阴之兰亭"，就是"修禊事也"，且"群贤毕至，少长咸集"，热闹得很。欧阳修《采桑子》十首之六，描写的是上巳时的颍州西湖："清明上巳西湖好，满目繁华，争道谁家？绿柳朱轮走钿车？ 游人日暮相将去，醒醉喧哗，路转堤斜，直到城头总是花。"虽没有直接描写湖畔风光，但游人争先恐后前来，足见其魅力。

上巳节早已消失，然如今三月三还是众多民族传统节日，未知是否人类学家泰勒定义的"文化残存"。清明在上巳稍后，扫墓的同时踏青，早已成为前人的普遍做法。

先举明朝时为例。《广志绎》云，"都人好游，妇女尤甚"，其中"清明踏青，高梁桥盘盒一望如画图"。《万历野获编》云，清明时，京师"冠绅闺阁，寻春选胜，继以上塚踏青，宝马钿车，更番杂沓，竞出西闉，水边林下，壶榼无虚日"。《帝京景物略》云，"清明日，男女扫墓……哭罢，不归也，趋芳树，择园圃，列坐尽醉，有歌者"，祭祀的一面结束了，游春的一面开始了。"是日簪柳，游高梁桥，曰踏青"。诸如此类。有意思的是，谢肇淛看不惯清明踏青，其《五杂组》将南北习俗来了个截然对立："北人重墓祭。余在山东，每遇寒食，郊外哭声相望，至不忍闻。当时使有善歌者，歌白乐天《寒食行》，作变徵之声，坐客未有不堕泪者。南人借祭墓为踏青游戏之具，纸钱未灰，乌履相错，日暮，墦间主客无不颓然醉倒。"他不认同南方的做法,以为"夫墓祭已非古,而况以焄蒿凄怆之地,为谑浪酕醄之资乎?"

清人陈康祺《郎潜纪闻初笔》云,京师"二三月,高粱桥踏青,万柳堂听莺"。纪晓岚《阅微草堂笔记》是其晚年志怪笔记作品,在踏青方面,他讲了两个故事。其一,天津某孝廉与数友郊外踏青,"见柳阴中少妇骑驴过,欺其无伴,邀众逐其后,嫚语调谑。少妇殊不答,鞭驴疾行"。有两三人跑得快,把少妇追上了,少妇"忽下驴软语,意似相悦"。接着,孝廉也追上来了,"审视,正其妻也"。但他知道自己老婆不会骑驴,"是日亦无由至郊外"。于是"且疑且怒,近前诃之,妻嬉笑如故。某愤气潮涌,奋掌欲掴其面。妻忽飞跨驴背,别换一形",露出本相,且以鞭指孝廉责曰:"见他人之妇,则狎亵百端;见是己妇,则恚恨如是。尔读圣贤书,一恕字尚不能解,何以挂名桂籍耶?"孝廉闻言,"色如死灰,僵立道左,殆不能去"。其二,"西山有僧,见游女踏青,偶动一念"。正想入非非呢,"有少妇忽与目成,渐相软语",说自己家离这里不远,"夫久外出。今夕当以一灯在林外相引",叮咛而别。这老兄晚上果然去了,虽"荧荧一灯,相距不半里,穿林渡涧,随之以行",然"终不能追及。既而或隐或现,倏左倏右,奔驰辗转,道路遂迷,困不能行,踣卧老树之下"。天亮一看,"仍在故处。再视林中,则苍藓绿莎,履痕重叠。乃悟彻夜绕此树旁,如牛旋磨也。自知心动生魔,急投本师忏悔"。

纪氏是书,大抵以狐鬼神仙、因果报应、劝善惩恶等乡野怪谭构成,其中一些还道出人物的真名实姓,仿佛若有其事,然"大旨要归于醇正,欲使人知所劝惩",出发点是好的。踏青时节的这两件事折射了一个侧面。于娓娓叙事之中,所要阐明的道理不是相当深刻吗?

2018 年 4 月 6 日

工夫茶

4月10日的《揭阳日报》头版"大家谈"专栏,有一篇《浅谈"机关工夫茶"危害》。其"开栏语"指出:喝工夫茶是粤东地区的传统生活习惯,需要一番悠悠沏、慢慢喝、细细品的闲工夫。不知从何时起,这种行为习惯慢慢从日常生活进入了工作场所,机关单位摆放工夫茶具司空见惯,上班时间喝工夫茶习以为常。在一些单位,有的干部职工或先喝茶后干活,或只喝茶不干活,或到处串门、喝茶聊天。"危害"一语,已经为之定性。

"救渴,饮之以浆;蠲忧忿,饮之以酒;荡昏寐,饮之以茶。"茶圣陆羽的说法,在他看来,解渴要喝水,排忧要喝酒,消除昏沉困倦就要喝茶。明朝许次纾说:"宾朋杂沓,止堪交错觥筹;乍会泛交,仅须常品酬酢。惟素心同调,彼此畅适,清言雄辩,脱略形骸,始可呼童篝之火,酌水点汤。"把是喝酒、吃饭,还是喝茶,视为友朋亲疏的接待标准,以喝茶为最高。从社会学意义上看,喝茶本身是没有危害的。然陶穀《舜名录》云:"(五代)和凝在朝,率同列递日以茶相饮。味劣者有罚,号为'汤社'。"如果工作时间成了品茶时间,自然要另当别论了。

工夫茶,一名功夫茶。《清稗类钞》云:"闽中盛行工夫茶,粤东亦有之。盖闽之汀、漳、泉,粤之潮,凡四府也。"划定了一个大致范围。"工"与"功",一字之别,有人认为指一回事,也有人写论文加以甄别,说工夫茶即茶叶,而功夫茶即泡茶方法。莫衷一是。浏览古籍,言及于此或"工"或"功",本文既因《揭阳日报》而起,在原文之外,权且从"工"。

了解工夫茶的人都知道,那是一种极其讲究的喝茶法,从茶具到茶艺。清俞蛟《潮嘉风月记》云:"工夫茶,烹治之法,本诸陆羽《茶经》,而器具更为精致。……壶出宜兴窑者最佳,圆体扁腹,努嘴曲柄,大者可受半升许。……炉及壶盘各一,惟杯之数,则视客之多寡。杯小而盘如满月。"施鸿保《闽杂记》云:"(工夫茶)器具精巧,壶有小如胡桃者,名孟公壶;杯极小者,名若深杯。……尚此茶,取其饮不多而渴易解也。"张心泰《粤游小识》云:"潮郡尤嗜茶,……以鼎臣制宜兴壶,大若胡桃,满贮茶叶,用坚炭煎汤,乍沸泡如蟹眼时,瀹于壶内,……每杯得茶少许,再瀹再斟数杯,茶满而香味出矣。"徐珂《清稗类钞》云:"其饷客也,客至,将啜茶,则取壶,先取凉水漂去茶叶尘滓,乃撮茶叶置之壶,注满沸水。既加盖,乃取沸水徐淋壶上,俟水将满盘,覆以巾。久之,始去巾,注茶杯中,奉客。"这几段描写,大致勾勒了工夫茶的装备及"制作"流程。

1993年夏余首次到潮州出差,算是第一次零距离正式接触正宗工夫茶,然只一盅余便退出"战阵",觉得太麻烦人家了。烫杯热壶,高冲低斟,刮沫淋盖,又什么"韩信点兵""关公巡城",忙乎了半天,咱"嗞"地一口没了。施鸿保云"饮必细啜久咀,否则相为嗤笑",这咱倒不怕,只是觉得喝那么点儿东西费那么大劲,过意不去。归根到底,是不习惯这种文化,深谙此道的则不然。

《潮嘉风月记》说梅州有个叫石姑的,"白如玉肪,眉目楚楚,饶有风致。曾随伧父,四年而寡。无所倚,遂返程江理故业",再当妓女。常州人陈云羁旅梅州,每逢月夜就招她和她的一个小姐妹来煮工夫茶,然"细啜清谈,至晓不及乱",真的只是喝茶而已。俞蛟云"如陈生者,堪称好色矣,非若登徒子徒有淫行也"。这当中,工夫茶的魅力也可窥一斑。《清稗类钞》说"闽人邱子明笃嗜工夫茶",他"先置玻璃瓮于庭,经月,辄汲新泉水满注一瓮。烹茶一壶,越宿即弃之,别汲以注第二瓮。侍僮数人,供炉火。炉以不灰木制之,架无烟坚炭于中。有发火机,以器焠之,炽矣"。这些只是准备工作,"其烹茶之次第,第一铫,水熟,注空壶中,荡之泼去。第二铫,水已熟,预置酌定分两之叶于壶,注水,以盖覆之,置壶于铜盘中。第三铫,水又熟,从壶顶灌其四周,茶香发矣"。又说潮州某富翁嗜工夫茶尤甚,某天来了个乞丐,"倚门立,睨翁而言":听说你们家的工夫茶很好,能给我来一杯吗?富翁说你懂喝吗?乞丐说,我原来也是富人,"以茶破家"罢了。富翁"因斟茶与之"。乞丐喝完,评价说茶不错,"惜未极醇厚,盖壶太新故也",我有个壶很好,"昔所常用,今每出必携,虽冻馁,未尝舍"。富翁看过,"不觉爱慕",要买下来。乞丐说收你一半价钱吧,这些钱我"取以布置家事,即可时至君斋,与君啜茗清谈,共享此壶,如何?"这可真的是迷之弥深了。宋朝何子华曾经感慨,"前世惑骏逸者为马癖,泥贯索者为钱癖,耽于子息者为誉儿癖,耽于褒贬者为《左传》癖",像陆羽这么爱茶的该叫什么癖呢?杨粹仲说,"茶至珍,盖未离乎草也。草中之甘,无出茶上者",应该叫甘草癖。

严格地说,整治机关单位"工夫茶"已经不是新鲜话题。前几年,长沙市雨花区在全市率先出台的一项"风雅"禁令,就是严禁在办公室摆放成套茶具。在机关单位叹工夫茶,无疑超越了个人爱好范畴,某种程度上折射出的却是作风问题。

2018 年 4 月 15 日

药酒

一场内蒙古警察前来广东的跨省抓捕,把"鸿茅药酒"推上了风口浪尖。起因在于拥有麻醉医学硕士学位的前医生谭秦东在网上发表了一篇文章:《中国神酒"鸿毛药酒",来自天堂的毒药》。鸿茅国药股份有限公司看到不干了,他们向所在地凉城县公安局报案称:有人对"鸿茅药酒"进行恶意抹黑,致多家经销商退货退款,给鸿茅国药股份有限公司造成重大损失。凉城县公安人员乃于1月10日奔赴广州,对谭秦东采取刑事拘留强制措施。不知道为什么,这一消息3个多月后才传出,而随即引发的舆论大哗,与"鸿茅"方面的预期恰恰相反,令自己陷入狼狈不堪的境地。

药酒,即用药材浸制的酒,用于治疗慢性疾病,这一传统得到了良好传承。"鸿茅药酒"处方正号称含有67味中药。从前最有名的药酒,莫过于虎骨酒。唐朝孙思邈《备急千金要方》已有记载,具有壮筋骨、强腰肾、祛风寒的功能。1993年我国加入联合国《保护迁徙野生动物物种公约》后,国务院颁发《关于禁止犀牛角和虎骨贸易的通知》,取消虎骨药用标准,虎骨酒才失去了合法身份。而探究药酒的历史,从唐朝至少可以上溯至汉朝。《史记·扁鹊仓公列传》载,汉文帝名医淳于意(仓公)家居时,"诏召问所为治病死生验者几何人也,主名为谁"。淳于意便自述了自己的威水史,其中说到治济北王的病,他用的就是药酒。其时,诊脉之后,"即为药酒,尽三石,病已"。济北王什么病?"风蹶胸满"。风蹶,就是外界的风、寒、湿气侵入体内,逆行于上所致。胸满呢,按淳于意的说法,这是"阴气入张,则寒气上而热气下,故胸满"。我是不大明白他在说什么,然湿气侵入体内,至少在岭南仍然常见,可惜淳于意过于强调疗效,没有给出药酒的具体配方。但鸿茅药酒的"祛风除湿",承继的显然不是其衣钵。

前人笃信药酒的功效。《本草纲目》里有大量的药酒方,在李时珍那里,有太多的东西可以入药,也有太多的东西可以制成药酒,"甘草酒""当归酒"不稀奇,"豆豉酒""大蒜酒"呢?他当然不是罗列药酒名称而已,强调的是"治"和"方"。比如"甘草酒",治"诸般痈疽",用"甘草三两,微炙切,以酒一斗同浸瓶中,用黑铅一片溶成汁,投酒中取出,如此九度。令病者饮酒至醉,寝后即愈也"。又如"豆豉酒",治"手足不随",用"豉一升微熬,囊贮渍三升酒中三宿。温服,常令微醉为佳"。这种对药酒的笃信不惟寻常百姓,皇帝与达官概莫能外。《梦溪笔谈》云,宰相王旦"气羸多病,(宋)真宗面赐药酒一注瓻,令空腹饮之,可以和气血、辟外邪"。王旦喝了后"大觉安健",真宗告诉他:"此苏合香酒也。每一斗酒以苏合香丸一两同煮,极能调五脏,却腹中诸疾,每冒寒夙兴则饮一杯。"在王旦之外,真宗还"各出数榼赐近臣。自此臣庶之家皆仿为之,苏合香丸盛行于时"。清朝《帝京岁时纪胜》讲到"十月,冬笋新来,黄虀才熟"时,京师流行药酒,"史国公、状元红、黄连液、莲花白、茵陈绿、橘豆青",名目繁多。

跨省抓捕的动机,主要在于网文中的"毒药"二字。有趣的是,在"药酒"词语的义项中,有一个正是"毒酒"。其来有自。《战国策·燕策一》载,苏秦"从齐来,而燕王不馆也",不用他。

苏秦明白有人在燕王面前挑拨离间了,就给燕王打个比方:"臣邻家有远为吏者,其妻私人。其夫且归,其私之者忧之。其妻曰:'公勿忧也,吾已为药酒以待之矣。'"——插一句,施耐庵在写作《水浒传》西门庆、潘金莲那一段时,不知是否受此启发。"后二日,夫至。妻使妾奉卮酒进之。妾知其药酒也,进之则杀主父,言之则逐主母,乃阳僵弃酒",假装倒地把酒泼了,"主父大怒而笞之"。然"妾一僵而弃酒,上以活主父,下以存主母也。忠至如此,然不免于笞,此以忠信得罪者也。"苏秦说他的遭遇,"适不幸而有类妾之弃酒也"。当然了,这是苏秦自己的表白,《史记》则说他"左右卖国,反覆之臣"。

"良药苦口利于病,忠言逆耳利于行。"众所周知乃孔子的名言,在西汉桓宽的《盐铁论·国疾》中,这话的前半句是"药酒苦口而利于病"。这不是桓宽的笔误,在该书《能言》中他明确:"药酒,病之利也;正言,治之药也。"此前,《韩非子·外储说左上》亦云:"夫药酒忠言,明君圣主之以独知也。"且"夫良药苦于口,而智者劝而饮之,知其入而已己疾也。忠言拂于耳,而明主听之,知其可以致功也。"劝而饮之,表明此"良药"亦为液体的药酒无疑了。这样来看,药酒的功效不仅局限于"保元固本,益寿延龄",还具有积极的社会学意义。

"鸿茅药酒"则不然。在被谭秦东发文指为"毒酒"之前,早已"劣迹斑斑":投放的广告曾被江苏、辽宁、山西、湖北等25个省市级食药监部门通报,有多达2630次广告违法和数十次被暂停销售的前科。"鸿茅"如果死掉,可谓"轻于鸿毛",死因看似由跨省抓捕这一偶然事件而引发,实则蕴含着必然。"假的就是假的,伪装应当剥去。"伟人的这句名言,永远不会过时。套用的话,"伪装迟早剥去"。

2018年4月22日

道士做法

早晨浏览新闻时看到,甘肃民勤县"钍基熔盐堆核能系统(TMSR)项目"的奠基现场,出现了贡品祭天、道士作法的荒唐一幕。从传出的图片看,现场设有供桌,上面放着祭品,一个道士打扮的人手持"法器",在做各种动作;最后,还烧了一堆"符纸"。事发后,民勤县委、县政府立即成立专门工作组,7名当时在场的公职人员被立案审查。

首先得承认,道士作法也是传统文化的一种,专有名词叫"打醮",目的是求福禳灾,在从前相当兴旺。《红楼梦》第二十九回,便对贾府在清虚观请道士打醮全过程进行了细腻描写,"贾母坐一乘八人大轿,李氏、凤姐儿、薛姨妈每人一乘四人轿,宝钗、黛玉二人共坐一辆翠盖珠缨八宝车,迎春、探春、惜春三人共坐一辆朱轮华盖车,……乌压压的占了一街的车"云云,浩浩荡荡的队伍,足见重视的程度。烧符纸,属于道教中的符箓派,还有一派叫丹鼎派,就是像葛洪那样在罗浮山炼丹而终其一生的那种。据说火药就是道士们在炼丹过程中发明的,算是一个意外收获或贡献。另一个副产品是成就了孙悟空的火眼金睛。孙悟空大闹天宫后被捉,太上老君自告奋勇,在他的八卦炉中把悟空给炼了,届时,"炼出我的丹来,他身自为灰烬矣"。没想到炼了七七四十九天之后,"开炉取丹"之时,被悟空"忽喇的一声,蹬倒八卦炉",连赶上来"抓一把"的老君,也"被他一摔,摔了个倒栽葱",全然弄巧成拙。

显而易见,民勤那里的作法承继的是符箓派的衣钵,无关丹药,只是念咒语和烧符纸嘛。事实上,丹鼎派早已日薄西山,因为它关心的只是少数贵族的命运,是那些显贵人物的长生不老。炼丹花费甚昂,也非一般百姓所能承受得起。并且,还有一个重要因素,就是费了九牛二虎之力炼出来的丹药,孙悟空吃起来没事,闹天宫的时候他在兜率宫偷吃的五个葫芦的金丹,正是给参加蟠桃会的各路神仙预备的,不是嘎嘣嘎嘣都给他嚼了,"如吃炒豆相似"吗?但别人吃了可不行。现实中,吃死的人很多,连皇帝都能数出好几个。《魏书·释老志》说得极妙:"太祖好老子之言,诵咏不倦。天兴中,仪曹郎董谧因献服食仙经数十篇。于是置仙人博士,立仙坊,煮炼百药,封西山以供其薪蒸。"但是,炼好的药怎么验证药效呢?"令死罪者试服之",让死囚充当小白鼠。结果,"非其本心,多死无验"。冷血至极,但仍然嘴硬得很:死囚们不信丹药,所以吃了也不灵,都死掉了。既知如此,又何必让人家去试验?因此,对普罗大众来说,道教更有吸引力的还是符箓派。东汉时的五斗米道、太平道,都是依靠这些来发展壮大队伍的。由民间巫术发展起来的符箓派,虽然也拿长生成仙作为宗旨,但主要宗教活动是符水治病,又提倡互助济困,对社会下层很有吸引力。

箓,通常是指记录有关天官功曹、十方神仙名属,召役神吏,施行法术的牒文。形态上,箓文由道气演衍而成,所谓"浩劫之初,浑茫之际,空中自结飞玄妙气,成龙箓之章",玄乎其玄。任继愈先生主编的《中国道教史》中讲到,隋唐以来,道士仍推崇符箓咒术,他们坚信奉受太上所传的法箓,背诵箓文中的天官功曹姓名,自然界的一切(包括日、月、星、山川、河泊等)均受治于我,天神保我,吏兵护我,凶邪不敢侵,疾病不能扰。因此,箓符成为道士法师辅正驱邪、治病救人、助国禳灾的主要手段。

《水浒传》开篇,乃仁宗嘉祐年间京师瘟疫,范仲淹提出"可宣嗣汉天师星夜临朝,就京师禁院修设三千六百分罗天大醮,奏闻上帝,可以禳保民间瘟疫"。仁宗采纳了,于是"急令翰林学士草诏一道,天子御笔亲书,并降御香一炷,钦差内外提点,殿前太尉洪信为天使,前往江西信州龙虎山"去请张天师。一百单八将中的入云龙公孙胜、混世魔王樊瑞,都是道士出身,高唐州知府高廉也深谙此道。面对梁山兵马,但落下风,高廉便"去背上掣出那口太阿宝剑来,口中念念有词,喝声道:'疾!'",然后便"卷起一道黑气",能够"飞沙走石,撼天摇地,括起怪风,迳扫过对阵来"。金圣叹就此评点:"念念有词喝声道疾八字,耐庵撰之于前,诸小说家用之于后,至今日已成烂熟旧语。"公孙胜降服高廉也是,"在马上早掣出那一把松文古定剑来,指著敌军,口中念念有词,喝声道:'疾!'只见一道金光射去",然后便打扫战场可也。我疑心,"疾"乃"急急如律令"的缩略版。不管怎么说吧,以此推论,民勤这里的道士嘴里叨咕些什么,未必有人听得明白。

《颜氏家训·治家》有云:"吾家巫觋祷请,绝于言议;符书章醮,亦无祈焉。并汝曹所见也,勿为妖妄之费。"据檀作文先生的翻译,这是说:我们家里从来不提请巫师向神鬼祈祷之事,也没有用符书设道场去祈求之举,这都是你们所看到的,切莫把钱花费在这些妖佞虚妄的事情上。南北朝时的颜之推已经有如此见解,今天还笃信这些的官员不该汗颜吗?并且,如甘肃此事,已经远远超出了"妖妄之费"的范畴,立案审查,的确很有必要。

2018 年 4 月 29 日

汶川

今天是汶川大地震10周年祭日。5月7日到10日,到汶川县实地走访了一下。当年,相关评论写了不少,却始终没有踏上过这片土地。此行先后去了水磨镇、映秀镇、绵虒镇和威州镇。映秀保留的漩口中学地震遗址,触目惊心。地震之后,汶川县由广东省对口重建,具体由某一个市对应某一个镇,如东莞市援建映秀镇、佛山市援建水磨镇、广州市援建威州镇、珠海市援建绵虒镇等。10年过去,除了刻意保留的那些地方,大抵旧貌皆变新颜,水磨镇更脱胎换骨,从原来的工业镇变身为旅游镇。

汶川,史书上很早就出现了这个名字。唐初李泰《括地志》有"汶川县"条,云"岷山在茂州汶川县";又云"茂州汶川县石纽山,在县西七十三里。《华阳国志》云今夷人共营其地,方百里不敢居牧,至今犹不敢放六畜"。强调石纽山,是因为神话传说中的大禹即被认为出生在那里。《括地志》是一部很重要的地理著作,在吸收《汉书·地理志》和顾野王《舆地志》两书编纂特点的基础上,创立了一种新的地理书体裁。其中说到的"夷人",即羌族百姓。如今离汶川县城威州镇不到10公里的萝卜寨,乃世界上最大、最古老的黄泥羌寨,震前已为著名旅游区,可惜"5·12"大地震将之几乎夷为平地,全村只有后移重建,原址辟为地震遗址保护区。

断壁残垣之外,有些人家的窗帘还挂在那里,更增添一抹悲凉。

茂州这个地方,李吉甫《元和郡县志》云"本冉駹国,汉武帝破南越,冉駹等皆震恐,请臣置吏,元鼎元年(前116)以冉駹为汶山郡,今州即汉蜀郡汶江县也"。而《资治通鉴》载,武帝平南越是在元鼎六年(前111)。汶川博物馆里的"建置沿革"正如此书写:汉武帝元鼎六年,置汶山郡,领五县,治绵虒县,故治即今威州姜维城台地。不过,再结合《资治通鉴》来看,"请臣置吏"未必是主动选择,而是当年"冬,发卒十万人,遣将军李息、郎中令徐自为征西羌,平之"的结果吧。又,《元和郡县志》云茂州只是"管县四",分别为汶山、汶川、通化和石泉,其中说到汶川县的沿革:"本汉绵虒县地,梁于此置汶川县,县西汶水,因以为名,仍于县置汶山郡。隋开皇三年罢郡,以县属汶州,六年又属会州。(唐高祖)武德中,改隶茂州。"还说县西北三里有座绳桥,"架大江水,篾笮四条,以葛藤纬络,布板其上,虽从风摇动,而牢固有余。夷人驱牛马去来无惧"。至于茂州的人口,玄宗开元时有"户二千五百四十",到宪宗元和时为"六百九十",不过百把年的功夫,锐减了差不多四分之三,不解何故。

宋祝穆《方舆胜览》介绍了茂州风俗和名胜。风俗方面有这么几点。一个是住房,"叠石为碉",这种房子"内以梯上下:货藏于上,人居其中,畜圈于下",高十余丈者"谓之碉",还有板屋、土屋。重建后的汶川遵循了这一传统,碉楼举目可见,水磨镇的"镇门口",就是一座碉楼。一个是"《诗》《书》之训阙如",百姓"好弓马,以勇悍相高"。再一个是"耕作者多,号为难理,并无两税"。至于名胜,则有大禹庙和江渎神。神话传说中,大禹即汶川人,这是另话。江渎神呢?《图经》云:"神姓姜,生于汶川。禹导江岷山,神佐之。"《山海经》亦云:"大禹生于石纽,江渎神生于汶川。"

江渎相当于大禹的助手。震后汶川在大禹身上做了不少文章,江渎神似无多大声息,敢是自己此行时间过短,没有见到相关庙宇之故?然倘若的确没有,就是大不该了,江渎神也是许多地方的一种普遍信仰,陆游有《江渎庙纳凉》诗,"天空作意怜饥客,乞与今年一夏凉"云云,说的大约是成都的江渎庙。作为"旗舰"所在,汶川这里没有缺位的道理。

祝穆没有道及的名胜,还有姜维城遗址,就在县城旁边,第六批全国重点文物保护单位之一。可惜此行无暇一览,成为憾事。《三国志·蜀书·姜维传》载,刘禅延熙六年(243),"汶山平康夷反,维率众讨定之"。姜维城的历史,显系与此相关。《旧唐书·地理志》亦载:"武德元年,白苟羌降附,乃于姜维故城置维州,领金川、定廉二县。"表明至少在唐初,姜维城已经颇成规模了。令史上汶川百姓铭记的官员,还有宋朝的赵抃。《宋史·赵抃传》载:"茂州夷剽境上,惧讨乞降,乃缚奴将杀之,取血以受盟。抃使易用牲,皆欢呼听命。"对此,苏轼所作之《赵清献公(抃谥)神道碑》叙述得更为清晰,造反的是鹿明玉等,"公亟遣部将帅兵讨之,夷人惊溃乞降,愿杀婢以盟",赵抃说:"人不可用,用三牲可也。"说时迟,那时快,时"已縶婢引弓,将射心取血,闻公命,欢呼以听。事讫,不杀一人"。这样的官员,百姓没理由不念兹在兹。

一场特大地震,令汶川举世瞩目。灾区是不幸的;但包括汶川在内的整个灾区,举全国之力而得到重生,实现跨越式发展,又何其有幸!在汶川,举目可见"感恩"二字。水磨镇有禅城桥,映秀镇有莞城大道,威州镇有广州亭,诸如此类,无不打上了广东各援建市的深深烙印。

2018年5月12日

禹（续）

汶川绵虒镇号称是大禹的故乡。当然了，这是见诸典籍的。比如《元和郡县图志》就说了："禹本汶山广柔人，有石纽邑，禹所生处，今其地名刳儿畔。"唐之前，那里是汶山郡广柔县；唐武德中，绵虒归为汶川县，改隶茂州。一种观点认为，那个石纽邑，就是今天绵虒镇高店村新店组与羊店村相交的那座高山，去看过的人说，山上有不知何时镌刻的"石纽山"三个大字。

"5·12"大地震后，对口援建绵虒的珠海市着力打造"大禹故里"品牌，于岷山之畔、石纽山腰新建了大禹祭台。余曾拾级而上，行至最引人注目的那尊气势恢弘的大禹铜像前，但见大禹左肩挎网罟，右手执耒锸，足登筟编芒鞋。旁边还复制了岣嵝碑即禹王碑，原碑在湖南岳麓山顶，碑文共 77 字，字形似缪篆又似符箓，苍古难辨，明代蜀人杨慎解读之，认为所记乃大禹治水之事。杨慎即今人熟知的"滚滚长江东逝水"的作者。据说当代郭沫若先生也只认识其中三个字。此外还有大禹殿、大禹书院等。惜整个景区除余等，不见其他一人。或附近并无聚居人家之故。

"夏有禹，商有汤。周武王，称三王。"夏朝是我国史书记载的第一个世袭制朝代，禹则是夏的奠基者。国家"九五计划"启动实施的"夏商周断代工程"在 2000 年已经结项，确定夏朝的时间为公元前2070—前1600年，自禹之后的启立国，共14代17王，凡470年。比较遗憾的是，目前还比较缺乏夏朝存在的实物佐证。刘莉、陈星灿新著《中国考古学》云，1959年在河南偃师二里头发现的大型青铜时代遗址，年代约为公元前1900年—前1500年，和文献记载的夏朝部分重叠，大多数中国考古学家都坚信二里头文化和夏朝晚期存在直接联系。即便如此，中期夏朝尚无法实证，遑论早期了。因而关于禹，还仅仅停留在神话传说阶段。20世纪40年代，教育部政务次长顾毓琇询问顾颉刚先生，禹的生日可考与否。顾回答，禹是神话中人物，尚不必有其人，何从考他的生日？循此逻辑，禹的故乡原本无从说起。不过，顾先生又说了："在川西羌人住居的松、理、茂、汶等地方，他们以六月六日为禹的生日，祭祀很热闹，这是见于那些地方志的。"那么，对禹的故乡的厘定，不妨也但信志书。

禹，我们都知道以治水闻名。用《左传·昭公元年》中刘夏的说法："美哉禹功！明德远矣。微禹，吾其鱼乎！"就是说，大禹治水的功劳太伟大了，否则的话，人早就成鱼虾了。自此之后，"微禹"也成为颂扬功德的套语。如《宋书·武帝纪下》有个诏曰，"夫微禹之感，叹深后昆，盛德必祀，道隆百世"云云；又如《陈书·衡阳献王昌传》有个"率百僚上表"，"故以功深于微禹，道大于惟尧，岂直社稷用宁，斯乃黔黎是赖"云云。白居易《自蜀江至洞庭湖口有感而作》诗，对禹同样赞誉有加："江从西南来，浩浩无旦夕。长波逐若泻，连山凿如劈。千年不壅溃，万姓无垫溺。不尔民为鱼，大哉禹之绩。"

大禹治水的民间传说，曾经"上会稽，探禹穴"的司马迁，在《史记·夏本纪》中有过系统梳理，"开九州，通九道，陂九泽，度九山……天下于是太平治"云云，前文已有道及。在"道九川"的过程中,司马迁写的是"汶山道江,东别为沱",然如今绵虒大禹祭台前的一块大石上,却分明凿着"岷山导江,东别为沱"八个大字,始而搞不清为何有此差别,后知出自《尚书·禹贡》。无论那四个字是什么吧,"道"即"导",亦即"疏",是禹的治水思路,不像父辈那样单纯地"堵"。白居易鉴于"每岁秋夏时,浩大吞七泽。水族窟穴多,农人土地窄",发出"我今尚嗟叹,禹岂不爱惜"的感叹。又鉴于斯时治水之难,白居易期冀"安得禹复生,为唐水官伯?手提倚天剑,重来亲指画。疏流似剪纸,决壅同裂帛。渗作膏腴田,踏平鱼鳖宅。龙宫变闾里,水府生禾麦"。白氏的这些句子,无疑是其诗当"为君、为臣、为民、为物、为事而作,不为文而作"的理念的具体例证。

  前秦王嘉《拾遗记》则对"禹凿龙关之山,亦谓之龙门"等片段,说得活灵活现。当其时也,"(禹)至一空岩,深数十里,幽暗不可复行,禹乃负火而进。有兽状如豕,衔夜明之珠,其光如烛。又有青犬,行吠于前。禹计可十里,迷于昼夜。既觉渐明,见向来豕犬变为人形,皆着玄衣。又见一神,蛇身人面。禹因与语,神即示禹八卦之图,列于金版之上"。这个神,原来是羲皇,其"探玉简授禹",禹"即执持此简,以平定水土"。刘邦的谋士张良,大抵也是这么得到兵书的。诸如此类,折射出的实际上是人们对他们作为的不可思议,以为非神人襄助而无以达成。

  即便是神话传说吧,大禹治水无疑在中华文明发展史上占有重要地位。《左传》中的"美哉禹功",是周景王使刘夏"劳赵孟于颍"时所云,《汉书·五行志》中亦有收录。刘夏以这四个字为铺垫,旨在规劝赵孟:"吾与子弁冕、端委,以治民、临诸侯,禹之力也。子盍亦远绩禹功而大庇民乎?"颜师古注曰:"言今服冠冕有国家,何不追绩禹功,而庇荫其人乎?"因为禹之治水,我们不仅没有成为鱼虾,而且还当了官,那就该像禹一样造福百姓啊。必须承认,刘夏的话今天听来仍振聋发聩。

2018 年 5 月 13 日

梦兆

5月14日,川航3U8633航班自重庆飞往拉萨的途中,因为驾驶舱右座前风挡玻璃破裂脱落而突发意外。机长刘传健凭着过硬的飞行技术和良好的心理素质,加上机组人员以及地面民航各保障单位的密切配合,飞机最终安全备降成都双流机场,其间只有右座副驾驶及一名乘务员受伤。业界人士指出,这次返航备降成功堪称"世界级"。在《南方人物周刊》随后对机上乘客的采访中看到一则趣事。她说5月12日做过一个梦,梦见鹅毛大雪从空中飘落,一朵一朵掉到她身上,惊醒之后摸出手机搜索,在"解梦"网页上到:"梦见身上的雪花或残雪不掉落,预示不久会有丧事或重大变故灾难发生。"因而她对是否搭乘飞机犹豫不决,正在这时得到了舅舅病死的消息,遂以为梦兆预示的灾难过去了……

读到这一段觉得非常新鲜。概梦兆之类,常见于典籍中,那是前人才笃信的事情。人人都做过梦,《酉阳杂俎》云有一种"梦草",乃"汉武时异国所献",这种草"昼缩入地,夜若抽萌。怀其草,自知梦之好恶。帝思李夫人,怀之辄梦"。那是有目的地做梦吧。一般来说,做梦不请自来,没这么复杂;且梦之好恶亦即吉凶,需要根据一定的占梦"规则"来阐释,所谓"自知"往往只能是想当然。占梦,即根据梦像来预卜做梦者在未来的吉凶。梦而划分吉凶,反映的是前人素朴、实用的价值观念。在前人的种种占卜迷信中,占梦具有一种特殊的神秘性和迷惑力,《汉书·艺文志》直截了当地说:"杂占者,纪百家之象,候善恶之证,众占非一,而梦为大,故周有其官。"周之占梦官,职责主要是"掌其岁时,观天地之会,辨阴阳之气,以日月星辰占六梦之吉凶",在"献吉梦"的同时,还要"赠噩梦",也就是负责把噩梦送走。

川航这名乘客做的梦正是噩梦,连她自己都知道属于凶兆,前人的这种意识就更强了。《晋书·王濬传》载,王濬"夜梦悬三刀于卧屋梁上,须臾又益一刀",也是吓醒了,"意甚恶之"。不料主簿李毅再拜贺曰:"三刀为州字,又益一者,明府其临益州乎?"这是预兆您老人家要去那里当官啊。事有凑巧,"及贼张弘杀益州刺史皇甫晏,果迁濬为益州刺史"。梦刀,就此成为官吏升迁之典。则该梦貌似凶兆,实为吉兆了。当然,更多的梦兆是泾渭分明的,凶便是凶,吉便是吉。如"梦白鸡",就是人之将死的征兆。《晋书·谢安传》载,谢安怅然谓所亲曰:"昔桓温在时,吾常惧不全。忽梦乘温舆行十六里,见一白鸡而止。乘温舆者,代其位也。十六里,止今十六年矣。白鸡主酉,今太岁在酉,吾病殆不起乎!"于是"上疏逊位"。

《国语·晋语二》云,虢公梦见"有神人面白毛虎爪,执钺立于西阿",吓得赶快就跑。神人说,别跑,天帝有命,"使晋袭于尔门",让晋国打你们。虢公吓醒了,召史嚚占梦,史嚚认为,这是上天要对我们有所惩罚。结果,虢公不仅把史嚚给抓了起来,"且使国人贺梦",他不爱听那些不好听的解释,硬要让坏事变成好事,化凶兆为吉兆。舟之侨知道后,告其族人赶快移民,他从虢公这种态度判断出,虢国离灭亡的那一天并不远了。

《枣林杂俎》云,崇祯皇帝也做过一个梦。那是癸未(1643)年五月,梦见有一人写了个"有"字。告诉大家后,有的说"此大有之祥",也有的说"臣窃以为非利",盖"有"字,则"大明"去其半矣。崇祯也是怒甚,先让近侍去查这是什么人说的,不果,又把任务给了锦衣卫。御史霍达说:"此即贼奸细也。"凑巧的是,崇祯吊死在煤山就发生在次年。言大明已去其半的人,虽然最终"迹之不得",到底没查出来是谁,但他讲那话未必是有先见之明,而是耳闻目睹的社会现实让他不能不生发感慨吧。可惜崇祯的态度,与虢公并无二致。

梦为什么会有预兆呢?朱熹的观点是:"人之精神与天地阴阳流通,故昼之所为,夜之所梦,其善恶吉凶,各以类至。"归结到了他的"天人感应"理论那里。然而,占梦虽有评判"标准"在那里,但也可以完全由人临场发挥。《三国志·孙皓传》中,裴松之引《吴书》注丁固曰,丁固为尚书时,"梦松树生其腹上",他觉得是好兆头:"松字十八公也,后十八岁吾其为公乎!"还有的占梦原则,本身就是采用双重标准。《潜夫论》有"今(同)事,贵人梦之即为祥,贱人梦之即为殃;君子梦之即为荣,小人梦之即为辱";《梦占逸旨》有"凶人有吉梦,虽吉亦凶,吉不可幸也;吉人有凶梦,虽凶亦吉,凶犹可避也"。诸如此类,几乎与没有原则、不讲道理同义。

占梦无疑有很多臆说和附会之处,但作为一种历史现象,一方面是传统社会心理的折射,另一方面也可以窥见时人的"三观"。如刘文英先生所指出,对梦的迷信,首先是一个宗教学的问题。由于它涉及到形神关系、心物关系以至天人关系,同时又是一个很特殊的哲学问题。无论如何吧,贾谊云:"天子恶梦则修道,诸侯恶梦则修政,大夫恶梦则修身。"对应的相关人等倘能以噩梦为契机而进行"整改",则积极意义还是不言而喻的。

2018 年 5 月 20 日

梦兆（续）

前文说了，梦兆中与凶兆对应的，是吉兆。即便是凶兆，前人也要千方百计将之"转释"为吉兆，更不要说意头本身就不错的了。

比如生育类。梦日、梦熊，都是生男孩儿的吉兆。梦日之说，源自《汉书·外戚传》。孝景王皇后还是王夫人的时候，怀孕了，"梦日入其怀"。她告诉太子，太子曰："此贵征也。"这个孕中的孩子，就是后来的汉武帝。干宝《搜神记》亦云："孙坚夫人吴氏孕而梦月入怀，已而生策。及权在孕，又梦日入怀，以告坚曰：'妾昔怀策梦月入怀，今又梦日，何也？'坚曰：'日月者，阴阳之精，极贵之象，吾子孙其兴乎！'"孙策，三国时吴国的奠基者之一，在《三国演义》里绰号"小霸王"；孙权，吴国的建立者，第一任皇帝。就后世的地位而言，孙权自然高过孙策，孙权登基后，追尊"兄讨逆将军策为长沙桓王"。则怀孕时梦月较之梦日，于此便见出了成色。

梦熊之说，源自《诗·小雅·斯干》，"吉梦维何？维熊维罴，维虺维蛇"云云。郑玄笺曰："熊罴在山，阳之祥也，故为生男。"相应地，"虺蛇穴处，阴之祥也，故为生女"。前面两个维是说"男子之祥"，梦到熊罴，预示会生男孩；后面两个维，是说"女子之祥"，梦到虺蛇，预示会生女孩。刘文英先生认为，这是占梦术"转释"梦象所采用的象征法。在气质上，熊罴具有阳刚之性，虺蛇具有阴柔之德,可能与史前的图腾崇拜与族外婚有关。运用此法的梦例和占例有许多,如《艺文类聚》所云"松为人君,梦见松者,见人君之征也",等等。前文王濬之"梦刀",则属于"转释"梦象所采用的解字法。

又比如文采类。《晋书·文苑列传》载,罗含"尝昼卧,梦一鸟文彩异常,飞入口中,因惊起说之"。别人给他解梦:"鸟有文彩,汝后必有文章。"当然是果然了,罗含"自此后藻思日新"。李冗《独异志》引《武陵记》说到东汉经学家马融,"梦见一林,花如绣锦,梦中摘此花食之。及寤,见天下文词,无所不知,时人号为绣囊"。罗含、马融,都是享誉后世的著名学者,后人用梦兆说事,以为非如此无以解释他们何以独步当时吧。

又比如当官类。《倦游杂录》云"有军伶人杂剧,称参军梦得一黄瓜,长丈余,是何祥也?"一伶贺曰:"黄瓜上有刺,必作黄州刺史。"一伶批其颊曰:"若梦见镇府萝卜,须作蔡州节度使?"正在看戏的范雍,怀疑是跟他有点儿别扭的卢押班故意让他们这么演的,所以"即取二伶杖背,黥为城旦"。生活中,这样的"真实"故事也可以信手拈来。《在园杂志》云,刘晓未达时落魄杭州,整天在西湖边上徘徊,"一日祈梦于少保(谦)庙,梦少保拱手者再,以米一勺置诸掌中"。醒来后,刘晓痛苦极了,以为自己"他日必乞食也",这是将来要沦为乞丐的征兆啊。后来,刘晓"赴广西傅将军军前,招抚有功,议叙补授浙江粮道",忽然对那个梦又恍然大悟了,"少保拱手者,敬公祖也;以米置掌中者,掌粮储也"。这种结果,则属于占梦术"反说"梦象。

必须看到,还有一个非常特殊"品种"的梦,即刘声木所说的"谬梦",就是为了达到某种目的而道出的根本就是子虚乌有的梦。

《水浒传》中,宋江回家去接父亲和弟弟上山而被官兵发现,仓皇之中躲在"玄女之庙"避难,不意因此梦见了九天玄女。人家口口声声叫他"宋星主",请他去作客;宋江喝了三杯仙酒,吃了三枚仙枣,还得到了三卷天书。玄女告诫他:"宋星主,传汝三卷天书,汝可替天行道:星主全忠仗义,为臣辅国安民;去邪归正;勿忘勿泄。"金圣叹指出:"只因此等语,遂为后人续貂之地。殊不知此等,悉是宋江权术,不是一部提纲也。"就是说,此"谬梦"犹如后面的"石碣",构成宋江愚弄梁山众兄弟以死心塌地追随之的手段罢了。《邵氏闻见录》云,文彦博年轻时"从其父赴蜀州幕官"。过成都,彦博"入江渎庙观画壁,祠官接之甚勤",祠官说,他"夜梦神令洒扫祠庭,曰:'明日有宰相来,君岂异日之宰相乎?'"彦博显然很受用,笑曰:"宰相非所望,若为成都,当令庙室一新。"宋江的、祠官的梦,无疑都是谬梦。

刘声木《苌楚斋随笔》云:"明吴与弼动称梦见文王、周公、孔子、朱子来访,谢榛动称梦见杜工部来访,茅坤动称梦见太史公来访。"声木认为,这三个梦也是谬梦,"一则自以为道德可与周孔侔,一则自以为诗文足与太史公、杜工部匹,故有此等谬悠之词,肆无忌惮,毫无凭证。凡能言之孺子,无一不能信口雌黄,满口鬼话。稍有知识之童子,亦未有信之者,何烦吴与弼、谢榛、茅坤等言之。果使夜夜真有是梦,亦万不可告于他人,况敢笔之于书乎!吾不知三人乃名人,何以胡涂荒谬至此"。声木进而指出:"明季士习之坏,真无奇不有,此等侮圣非法,倡言不讳,实为文字中之盗贼。孔子虽有梦见周公之语,岂他人所能刻划无盐乎!"

"纷纷辞客多停笔,个个公卿欲梦刀。"元稹《寄赠薛涛》中的句子。玩味之,不能不会心一笑,元稹似乎总结出了一条"普遍规律"。至于谬之与否,当然也是他们自己心知肚明的。

2018 年 5 月 22 日

家具

家里厨房的餐桌想要"升级",最近偶尔到家具店去逛逛,当然只是挑挑普通的。这些年明清家具比较吸引眼球,王世襄、朱家溍诸先生因而广为人知。从王著《锦灰堆》中看到,早在1957年,王先生就呼吁抢救保护古代家具。在他看来,就中国古代家具的精品而论,结构的简练,造型的朴质,线条的利落,雕饰的优美,木质的精良,都达到了登峰造极的程度。

家具,即家用器具,溯其源,可至史前。杨泓先生指出,史前家具的发现,最值得注意的是山西襄汾陶寺遗址出土的资料。1978年以来,在那里的一些大中型墓葬中发现了木案的残迹。1957年河南信阳长台关1号墓与1986年湖北荆门王杨村包山2号墓出土的漆木床、案、几、俎等,则可以视为先秦时期家具实物的重要考古发现。从前的人席地起居,家具形成完整的组合发生在在汉代,这些家具的造型,或无足或只附有矮足,即所谓低型家具。这个时候,有许多今天看来十分新鲜的品种,重要的比如隐几。

隐几,就是席地而坐时身体倚靠的一种家具。隐者,凭也;几者,案也,亦作"机"。借用它,可以缓解久坐的疲劳。从出土文物或前人绘画作品中,可以一窥隐几的各种形制。比如在南朝墓葬中,陶隐几就几乎是家具模型的标配。在现实生活中,《庄子·齐物论》开篇云:"南郭子綦隐机而坐,仰天而嘘。"《长生殿·雨梦》第四十五出,明皇"自幸蜀还京,退居南内,每日只是思想妃子",某夜长吁短叹至"漏鼓三交",侍从催他睡觉了,他才"且自隐几而卧"。南宋袁燮《竹几》诗有云:"偃仰隐背稳,提挈才指从。儿曹莫轻毁,此物便老翁。"陆游也有"世事无端自纠纷,放翁隐几对炉熏"。隐几与前人尤其是宋朝以前的人们的生活,须臾不可分离。

扬之水先生指出,由席地而坐转为高坐具上的垂足坐,是中国家具发展史中的一次大变革。转变的节点,大抵是在唐宋时期。1955年西安发掘的高元珪墓壁画,绘有墓主坐在椅子上的画像,时为天宝十五载(756),这是迄今考古发掘中所见最早的纪年明确的椅子图像,而墓主的身份明确,亦表明当时较高级的官员家中已经使用这种新式高足坐具。而1951—1952年发掘的河南禹县白沙宋墓,壁画中有"赵大翁夫妇"宴饮图,夫妇对坐在椅子上。赵大翁是个地主,表明桌椅等高足家具进入了殷富的百姓之家。在高足家具中,同样挑一件比较重要的说说,比如太师椅。

太师椅,是那种比较宽大,有靠背和扶手的椅子。太师,指的是秦桧。张端义《贵耳集》云:"今之校椅,古之胡床也,自来只有栲栳样,宰执侍从皆用之。因秦师垣在国忌所,偃仰片时坠巾,京伊吴渊奉承时相,出意撰制荷叶托首四十柄,载赴国忌所,遣匠者顷刻添上,凡宰执侍从皆有之,遂号'太师样'。"太师椅之外,按陆游《老学庵笔记》的说法,还有几个"太师"冠名的物件。"蔡太师作相时,衣青道衣,谓之'太师青';出入乘樱顶轿子,谓之'太师轿子'。秦太师作相时,裹头巾,当面偶作一折,谓之'太师错';折样第中窗上下及中一二眼作方眼,余作疏棂,谓之'太师窗'。"其中的蔡太师,是北宋蔡京。宋朝这俩奸相,倒比较习于引领社会时尚。

从席地而坐到椅子上,相应的待客礼仪也发生了变化。《鸡肋编》云:"古人坐席,故以伸足为箕倨。今世坐榻,乃以垂足为礼,盖相反矣。"箕踞,一种轻慢、不拘礼节的坐的姿态。即随意张开两腿坐着,形似簸箕。用清朝江永《乡党图考》的话说:"古人之坐,两膝著席而坐于足,与跪相似,但跪者直身臀不著地,又谓之踣危而坐安。若坐而舒两足则如箕也。"庄子老婆死了,惠子去吊唁,"庄子则方箕踞鼓盆而歌"。《论语·宪问下》有"原壤夷俟",结果,孔子很生气,不仅说了"老而不死,是为贼"的重话,而且"以杖叩其胫",用手杖敲他的小腿。为什么呢?原壤,鲁人,孔子故旧。孔子来看老朋友,这没问题,问题出在"夷俟",前人释"夷"曰"踞"、"俟"曰"待"。孔子之所以生气,也就很清楚了,正是因为原壤的坐姿。在孔子看来很不礼貌,所以他连说带敲,告诉原壤不可以这样。《史记·郦生陆贾列传》载,陆贾作为汉之说客抵达南越,赵佗一开始也是"魋结箕倨见陆生"。

高坐具出现之后,伸足即垂足成为正常现象。但在过渡时期,有的人还一下子转不过弯来。《旧唐书·敬羽传》载,"太子少傅、宗正卿、郑国公李遵,为宗子通事舍人李若冰告其赃私",诏命敬羽按之。宗室嘛,敬羽比较客气,与李遵"各危坐于小床"。敬羽小瘦而李遵丰硕,坐一会儿"请垂足"。敬羽不高兴了:"尚书下狱是囚,羽礼延坐,何得慢耶!"敬羽把垂足仍然视为箕踞,李遵因此笑得不能自持。

"闻君迁新居,应比旧居好。复此假布囊,家具何草草。"梅尧臣的句子。搬新家而更新好一点儿的家具,是正常不过的现象。然《晋书·王述传》载:"初,述家贫,求试宛陵令。"就是在这个任上,王述"颇受赠遗,而修家具,为州司所检,有一千三百条"。置办家具到了贪赃枉法的地步,颇有些匪夷所思了。

2018 年 5 月 28 日

公主

上周在北京参加培训,住处毗邻"公主坟"。这个地方以前经常路过,北京地铁最早的一号线,这里便设有一站。公主,往往是帝王之女,但也可以是诸侯之女的称号,还可以是对某些妇女的尊称。如《搜神记》云:"汉礼,皇后采桑,祀蚕神,曰:'菀窳妇人,寓氏公主。'公主者,女之尊称也。"更多的,当然还是指皇帝的女儿。公主坟,顾名思义是埋葬公主的所在。北京公主坟的"主人",资料上说是庄敬和硕公主与庄静固伦公主,分别为嘉庆皇帝的第三、第四个女儿。

即便是皇帝的女儿,历史上的公主也数不胜数,著名的也有不少,唐朝太宗时奉命和亲而远嫁吐蕃的文成公主、玄宗时试图发动政变的太平公主,明朝时被父亲崇祯挥泪斫臂的长平公主,等等。当然了,和亲的公主每每不是皇帝的亲生女,文成公主就是李唐远支宗室人家的女儿。《旧唐书·玄宗本纪》载,开元五年(717),"契丹首领松漠郡王李失活来朝,以宗女为永乐公主以妻之";开元十四年(726),"以国甥东华公主降于契丹李召固",摆明也都是亲戚甚至是远亲类。所以,乾元元年(758)肃宗"以幼女封为宁国公主出降"回纥,因为这回是"天子真女,又有才貌",至于"蕃酋欢欣"。不过,宁国公主和亲之前已在国内嫁了两回,只是都很快做了寡妇。

说到公主出嫁,众所周知有句歇后语:"皇帝的女儿——不愁嫁。"事实上怕不尽然,从皇帝和神仙的各一句话中,可窥其端倪。

皇帝的话是唐宣宗说的:"我怪士大夫不欲与我为亲。"事见《幽闲鼓吹》。"驸马郑尚书之弟颢,尝危疾,上使讯之"。人回来了,玄宗问,万寿公主有没有去探病,没有;那她在哪里?"在慈恩寺看戏场。"宣宗大怒的同时,发出了那句感叹。然后他"命召公主,公主走辇至,则立于阶下,不视久之"。公主吓坏了,"涕泣辞谢"。

神仙的话是张果说的:"娶妇得公主,甚可畏也。"事见《明皇杂录》。张果是什么来路?"隐于恒州条山。常往来汾晋间,时人传有长年秘术,耆老云为儿童时见之,自言数百岁矣。唐太宗、高宗屡征之不起,则天召之出山",他却"佯死于妒女庙前",因为"时方盛热,须臾臭烂生虫",武则天才信他死了。有一天,秘书监王迥质、太常少卿萧华一起来拜访他,他忽然笑着冒出了那一句。两位客人面面相觑,"未谕其言",未几宫里来人了,告张果:"上以玉真公主早岁好道,欲降于先生。"张果有言在先,"大笑,竟不承诏",那两位也"方悟向来之言"。

皇帝的女儿愁嫁,因素有许多,刁蛮应该是一个侧面。

《朝野佥载》云,唐朝宜城公主驸马裴巽"有外宠一人,公主遣阉人执之,截其耳鼻,剥其阴皮漫驸马面上,并截其发,令厅上判事,集僚吏共观之"。许多地方戏剧的保留曲目《打金枝》,说的是郭子仪的儿子郭暧跟老婆——升平公主吵架。故事并非杜撰,《资治通鉴》第二百二十四有文字记载。郭暧一定是给升平公主的刁蛮气坏了,才会说出"汝倚乃父为天子邪?我父薄天子不为"的话。公主一听,马上"奔车奏之",向父亲告状,赖代宗开明,承认郭暧说得对,"彼诚如是,使彼欲为天子,天下岂汝家所有邪?"

然后"慰谕令归",当然,郭子仪可是吓坏了,虽代宗曰:"鄙谚有之:'不痴不聋,不作家翁。'儿女子闺房之言,何足听也!"他回到家,还是"杖暧数十"。

明朝时这种情况没有好多少,且驸马的地位相当低下。《五杂组》云,本朝驸马"尚主之后即居甲第,长安邸中,锦衣玉带,与公侯等,其父封兵马指挥、文林郎,母封孺人",但是,"驸马虽贵为禁脔,然出入有时,起居有节,动作食息不得自由"。《万历野获编》云,其时"蔑视驸马如奴隶"。那些看上去风风光光的驸马,"出居于王府,必捐数万金,遍赂内外,始得讲伉俪之好"。万历皇帝爱女寿阳公主,"为郑贵妃所出者,选冉兴让尚之",两夫妇关系倒是不错,"伉俪甚笃,无间言"。但是有一天,驸马回来晚了,"传呼开邸中门",管家婆梁盈女,正"与所耦宦官赵进朝酣饮",驸马也是喝多了,"排闼而入",踹门就进来了,还把来晚了的梁盈女给打了。结果,驸马"翌日入朝奏闻,盈女率其党数十人伏阙下,要而殴之几死"。万历不知道个中缘由,"且怒都尉狂率,冉遂弃衣冠,从间道归里"。万历更气了,"遣缇骑迹之,夺其父母爵禄,廷中大小臣工力谏,俱不报"。这件事,前两书中俱载,这里综合了一下。在《万历野获编》中,条目就叫做"驸马受制"。斯时公主之难嫁,不是也可窥一侧面吗?

《明史纪事本末》"甲申之变"条云,李自成攻入北京,崇祯"登万岁山,望烽火烛天,徘徊踌时",绝望之际,安排家人出路。其中,把年仅15岁的次女长平公主召至,叹曰:"尔何生我家!"然后"左袖掩面,右挥刀断左臂,未殊死,手栗而止"。黄宗羲名作《明夷待访录》开篇之《原君》提及了此事,以为崇祯之语,"痛哉斯言"。亡国公主的悲惨命运,恐怕没有逾于长平公主的了。

2018年6月11日

飞

在京培训期间,有一天是中国载人航天工程总指挥、总设计师周建平院士辅导"航天梦中国梦"。航天,化雅为俗的话则曰"飞天",由此不免想到人类之"飞"。钱锺书先生《管锥编》云,当代一个被他"惜忘其名"的法国文学家说过:"有史以来,世人心胸中即为梦想三端所蟠据:飞行也,预知未来也,长生不死也。"此语权威性如何不甚知晓,然倘以我们的典籍来征之"飞行"梦想,可知其所言不虚。

《楚辞·远游》已有"仍羽人于丹丘兮,留不死之旧乡"的句子,汉王逸注曰:"《山海经》言:有羽人之国,不死之民(田注:三梦想已占其二,一笑)。或曰:人得道,身升毛羽也。"宋洪兴祖补注曰:"羽人,飞仙也。"四川彭县出土的汉画像砖中即有羽人图像:鸟一样的人在展翅飞翔。有学者研究,受东夷文化影响,自战国兴起于燕齐的神仙方术概念中,"仙人"形象就是背后生有双翅、遍体生毛、鸟嘴的人的形象。仙人之外,长于飞行的还有诸多凡人,飞行的方式五花八门。

张华《博物志》卷二讲到"羽民国",云"民有翼,飞不远,多鸾鸟,民食其卵"。这是径直生出翅膀,还有一种是借助耳朵。干宝《搜神记》卷十二言"秦时,南方有落头民,其头能飞",又云"吴时,将军朱桓,得一婢,每夜卧后,头辄飞去。或从狗窦,或从天窗中出入",婢头飞行时,"以耳为翼",钱先生征引他著,认为"语诞而有理"。段成式《酉阳杂俎》云:"岭南溪洞中往往有飞头者,故有飞头獠子之号。头将飞一日前,颈有痕,匝项如红缕,妻子遂看守之。其人及夜,状如病,头忽生翼,脱身而去,乃于岸泥寻蟹蚓之类食之。将晓飞还,如梦觉,其腹实矣。"这一种又是脑袋上长出翅膀。此外,我们都知道孙悟空也是会飞的,他是念口诀,祖师传的:"这朵云,捻着诀,念动真言,攒紧了拳,将身一抖,跳将起来,一勐斗就有十万八千里路哩。"至于口诀的内容,大约只有他们师徒知道,连吴承恩落笔时也不敢道出其详嘛。顺便提及,《酉阳杂俎》中的"飞头"还有两则:其一引梵僧菩萨胜讲的故事:"阇婆国中有飞头者,其人目无瞳子,聚落时有一人。"其二引王嘉《拾遗记》云:"汉武时,因墀国使言,南方有解形之民,能先使头飞南海,左手飞东海,右手飞西泽。至暮,头还肩上,两手遇疾风,飘于海水外。"头离开身体而飞,荒诞不经,却为什么还屡屡不绝于此说呢?张增祺先生认为,或者与傣族自古流行的"丢包"游戏有关,或者与古代民族戴鸟冠的习俗有关。此是另话。

"人得道,身升毛羽",道士追求的是飞升成仙,所以其别称又有羽人、羽士、羽衣等等。羽,正含有飞升之意。《西游记》第七十三回,唐僧师徒走到"一处楼阁重重,宫殿巍巍"的所在,但见二门上有一对春联:"黄芽白雪神仙府;瑶草琪花羽士家。"悟空马上就看出来了,笑道:"这个是烧茅炼药,弄炉火,提罐子的道士。"走进去,果然"东廊下坐着一个道士,在那里丸药"。遗憾的是,道士飞天者众,却没留下经典形象;而谈到飞天,跳入人们脑海的首先是表现佛教修行的敦煌壁画。在敦煌壁画中,那些飞向佛国世界的美女,画工们仅勾勒出两条轻盈的飘带,就使观者产生了"天衣飞扬,满壁风动"的幻觉,不像欧洲教堂中的那些天使,还停留在《山海经》的层次。据统计,莫高窟的492个洞窟中,几乎一半的洞窟都画有飞天,尤其第209窟,达4500余身。飞天却并非敦煌独有的艺术形象,《洛阳伽蓝记》云城东景兴尼寺,"有金像辇,去地三尺,施宝盖,四面垂金铃七宝珠,飞天伎乐,望之云表",那里就有,但是毫无疑问,飞天形象是敦煌壁画中典型的、最美的形象,"霓裳曳广带,飘拂升天行"(李白句),成就了敦煌艺术的永恒魅力。

航天意义上的飞天,不少外国专家认为我们明朝的Wan Hoo(万户)是"真正的航天始祖"。据说,万户当年坐在一辆捆绑着四十七支火箭的蛇形飞车上,手持两个大风筝,然后命仆人点燃火箭,以期升上天空,结果火箭在空中爆炸……20世纪70年代,国际天文联合会将月球背面一座环形山命名为"万户山"。殊为可惜的是,迄今在我们这里并没有第一手史料予以印证。中国科学院自然科学史研究所编著的《中国古代重要科技发明创造》属于"十三五"国家重点出版物出版规划项目,在"火箭"一节中,明确"火箭"一词出自《三国志·魏略》;作为现代火箭先声的反冲式火箭,与北宋汴京流行的烟火杂戏有关,南宋时宋军还将之投入实战。但是,并没有提到万户。

明末广东诗人邝露有部《赤雅》,钱锺书先生说该书"自述桂游,备载风土,好奇捣鬼,至耳闻木客之吟诗,目击猩猩之饮酒,身遭短狐之射影,谈之津津,卷上即亲睹獠头以耳为翼,飞而食蚓",然他人以"更喜奇痴邝居士,时时妄语破闲愁"来调侃之。如今,我国载人航天的成就,不仅将前人的"妄语"亦即"飞行"梦想变为现实,而且奠定了世界航天大国的地位,这是足令国人自豪和骄傲的。

2018年6月13日

艾草

今天是端午节。划龙舟、吃粽子之外,端午还有若干民俗。如唐朝的送扇。贞观十八年(644)端午,太宗谓长孙无忌等:"五日旧俗,必用服玩相贺,今朕各遗卿飞白扇二枚,庶动清风,以增美德。"飞白,书法的一种。庶,当作"幸"解,希冀之词;清风,自然不是寻常的那种流动空气。太宗不知道在扇子上写了些什么,但从"以增美德"来推断,该是希望他们扇扇子的时候想起那些文字吧。

"清明插柳,端午插艾。"如今,以扇相遗早已成为史书中的记载,说是湮没无闻也不为过,而端午节的艾草,却从来没有淡出人们的视野。从前过端午,人们每将艾草编成人形或虎形,或者用艾叶剪成相应样子,然后把"艾人""艾虎"悬挂或钉、插在门上,用以避邪。因此,端午时的对联,如"绿艾悬门漆藻彩;青蒲注酒益芬芳",跟春节时的"天增岁月人增寿;春满乾坤福满堂"一样,都比较常见。如今采来艾草插或挂在门上,还是许多地方的常见做法。在我以前生活过的富拉尔基,人群来自全国各地,习惯五花八门,然在端午采挂艾草方面有着惊人相似的一致。

套句流行的俗话问:为什么是艾草?无他,艾草作为一种植物,前人很早就发现它有祛病之效。《诗·王风·采葛》有"彼采艾兮,一日不见,如三岁兮",此中的"艾",朱熹云"蒿属,干之可以灸,故采之"。《孟子·离娄上》中,孟子告诫天下打算称王的人,得其民当得其心,"今之欲王者,犹七年之病求三年之艾也",这是不行的,"苟为不畜,终身不得;苟不志于仁,终身忧辱,以陷于死亡"。按照杨伯峻先生的译文,这是说今天这些人不然,譬如害了七年的病要用三年的陈艾来医治,如果平常不积蓄,终身都得不到。如果无意于仁政,终身都会受忧受辱,以至于死亡。孟子也知道,艾草可以治病。

艾草之治病与端午又有什么关联呢?前文《端午节》(载《今古一凭栏》)曾经道及,端午这天在古人眼中是恶月恶日。用金元之际著名文学家元好问的话说:"古今俗忌,以五月为恶月,端午为恶日,赴官者顿不敢发,生子者弃不敢举。不幸而与祸会,故一切以俗忌为当然。"艾草与端午的关联,正在这里:祛邪,镇恶。

艾草在端午节的表现形式有多种,综合起来看,一曰以艾草为人虎。前面已略有说到,此外,南朝《荆楚岁时记》云:"五月五日,采艾以为人,悬门户上,以禳毒气。"清《燕京岁时记》云:"端午日用菖蒲、艾子插于门旁,以禳不祥,亦古者艾虎蒲剑之遗意。"又云:"每至端阳,闺阁中之巧者,用绫罗制成小虎及粽子、壶卢、樱桃、桑椹之类,以彩线穿之,悬于钗头,或系于小儿之背。"古诗之"玉燕钗头艾虎轻",说的就是这个意思。用艾作虎或剪彩为虎,粘艾叶,是为了戴之以辟邪。

还有一种艾草为人,宋《岁时广记》说是做成张天师。"端五都人画天师像以卖。又合泥做张天师,以艾为头,以蒜为拳,置于门户之上"云云。艾草为头,难以想象,恐怕是为须,胡子吧。《梦粱录》亦云,杭都风俗,自初一日至端午日,"以艾与百草缚成天师,悬于门额上"。当时想来也是极盛,苏辙诗有"太医争献天师艾,瑞雾长萦尧母门";魏元履词有"挂天师、撑着眼、直下觑,骑个生狞大艾虎,闲神浪鬼,辟煤他方远方,大胆底、更敢来上门下户"。

二曰采艾浸酒。亦见《岁时广记》:"洛阳人家端午造术羹艾酒,以花绿楼阁插鬓,赐辟瘟扇、梳。"以艾草泡酒,是为了饮之以祛邪。

三曰采艾制糕。《辽史·礼志六》载:"五月重五日,午时,彩艾叶和绵著衣,七事以奉天子,北南臣僚各赐三事,君臣宴乐,渤海膳夫进艾糕。以五彩丝为索缠臂,谓之'合欢结'。"又以彩丝宛转为人形簪之,谓之'长命缕'。"宋叶隆礼《契丹国志·岁时杂记》的记载差不多,"五月五日午时……国主及臣僚饮宴,渤海厨子进艾糕"云云,看起来,这习俗应该是北方传来的。

《东京梦华录》中的端午习俗,大致相类:"自五月一日及端午前一日,卖桃、柳、葵花、蒲叶、佛道艾,次日家家铺陈于门首,与粽子、五色水团、茶酒供养,又钉艾人于门上,士庶递相宴赏。"伊永文先生说,佛道艾即伏道艾,因产于河南汤阴伏道故称。李时珍说,"宋时以汤阴复(伏)道者为佳"不假,然"自成化以来,则以蕲州者为胜,用充方物,天下重之,谓之蕲艾"。时珍父亲李言闻还写过《蕲艾传》,"产于山阳,采以端午。治病灸疾,功非小补"云云。看起来,艾草也有名牌,也在争高下呢。今年央视端午节目大做了寻艾专题,巧妙地借用了那首大家耳熟能详的歌曲:《特别的"艾"给特别的你》。为此,他们去了号称"艾草之都"的河南南阳;此前,他们也去过李时珍的家乡湖北蕲春,那里则号称"中国艾都"。有趣的是,汤阴隶属安阳,与南阳在地域上"南辕北辙",未知何时以及为何被南阳抢去了品牌。

"仁孝自应禳百沴,艾人桃印本无功。"东坡的句子,使自家扮演了"皇帝的新衣"中的小男孩的角色。然而,"指桑骂槐"可也,与人们的文化心理较劲是毫不必要的。

2018年6月18日

辟谷

前几天与两个小师弟聚会一回。菜就要端上来了,其中一个忽然郑重其事地宣布:自己从头一天开始已经辟谷,要一周时间,所以今天只是看大家吃,自己不动筷子,更不会喝酒,虽然很有诱惑。

辟谷,即不食五谷。今天有今天的用意,从前乃道教修炼术的一种,以为不食五谷,服药行气,便可以飘然成仙。这种认识很早就产生了。《楚辞·远游》有"餐六气而饮沆瀣兮,漱正阳而含朝霞",李颐注曰:"平旦为朝霞,日中为正阳,日入为飞泉,夜半为沆瀣,天玄地黄为六气。"司马彪说:"六气,阴阳风雨晦明也。"《庄子·逍遥游》有"藐姑射之山,有神人居焉,肌肤若冰雪,淖约若处子。不食五谷,吸风饮露。乘云气,御飞龙,而游乎四海之外",也是说神仙都不吃东西,服六气就行了,照样想去哪就去哪,且说到就到。反过来似乎可以推断,吃五谷的则成不了神仙。

《史记·留侯世家》载,张良功成求身退,"愿弃人间事,欲从赤松子游耳"。他想通了,别看刘邦一口一个"子房子房"的亲热叫着,这个人可患难不可同安乐,自己还是溜之乎也,当个神仙算了,"乃学辟谷,道引轻身"。《南史·隐逸传》载,陶弘景"十岁,得葛洪《神仙传》,昼夜研寻,便有养生之志"。终于在齐武帝永明十年(492),"脱朝服挂神武门,上表辞禄",不干了,专事养生。武帝不仅诏许之,而且"赐以束帛,敕所在月给伏苓五斤,白蜜二升,以供服饵"。后来陶弘景又学习"辟谷导引之法,自隐处四十许年,年逾八十而有壮容"。当然了,梁武帝大同二年(536),他还是"卒"了,"时年八十五"。回推一下,陶弘景是在 41 岁的壮年离开官场的,决心不可谓不大。再当然,陶弘景没有成仙,不等于别人也没有。陈鹄《西塘集耆旧续闻》里有开封李长卿女名秀萼,人家就成了,怎么成的呢?"父任邑令,随侍而至,偶遇真人,授丹砂,辟谷有年,身轻于羽,蓬莱虽远,一念至,则瞬息间耳",于是,"若青城、紫府、桃源、天台,吾游息之所也",天南地北,想去哪里比孙悟空都方便,他还得念口诀呢,她这里只需动下念头。

从后世的一些记载来看,辟谷不等于只服六气,还是吃东西的,避开五谷就是。《家世旧闻》中,陆游说他的高祖陆轸,"辟谷几二十年,然亦时饮,或食少山果"。《广东新语》中,屈大均说他找到了储藏荔枝法,"就树摘完好者,留蒂寸许蜡封之,乃剪去蒂,复以蜡封剪口。以蜜水满浸,经数月,味色不变,是予终岁皆有鲜荔支之饱,虽因之辟谷可矣",不吃粮食没问题。《本草纲目》引孟诜的话说:"青粱米可辟谷。以纯苦酒浸三日,百蒸百晒,藏之。远行,日一餐之,可度十日;若重餐之,四百九十日不饥也。"严格起来,吃这个该算是伪辟谷,虽然吃一点儿可以顶很大的事,毕竟吃了,而"百蒸百晒"的东西,说不定是压缩饼干的祖先呢。

比较而言,超越了长寿、成仙的辟谷,对世人更具警示意义。如《湘山野录》云,前蜀先主王建"犹恶盗贼,犯者赃无多少皆斩"。有一年蜀闹饥荒,"有三盗糠者止得数斗",要杀头,"至庭覆谳"的时候,时户部侍郎、蔡国公、道士杜光庭"方论道于广殿"。王建"视三囚殆亦恻隐",希望杜能"一言见救",而杜却"卒无一语,但唯唯而已。势不得已,遂斩之"。回到自家道院,杜见"三无首者立于旁",向他哭诉为何"忍不以一言活我",杜乃"悔责惭痛,辟谷一年"。

再看张良,其辟谷封留实际上是为远离祸患作打算。明朝开国功臣刘基也是这样。《冷庐杂识》云,刘基告老还乡,"惟棋酒度日,盖即子房辟谷之意",但是,张良虽为吕后"强食之",到底是善终;而刘基,却"不免于胡惟庸之毒害",令陆以湉感慨万千。

《东坡志林》中,苏东坡有一种天真的想法。他说晋武帝时有人掉下一个深不可测的洞穴,出不来,饿坏了,"见龟蛇无数,每旦辄引首东望,吸初日光咽之,其人亦随其所向,效之不已,遂不复饥,身轻力强"。他因而认为:"辟谷之法以百数,此为上。"他为什么要讲这个呢?"元符二年,儋耳米贵,吾方有绝粮之忧,欲与过子共行此法,故书以授之"。忍俊不禁之余,要借用钱锺书先生的一句话:公真顽皮。

前人不少笃信辟谷的不假,但不屑一顾的也不乏见。曹植《辩道论》就说了,不少方士给他爸爸曹操招至跟前,如"能行气导引"的甘始、"晓房中之术"的左慈、"善辟谷"的郄俭,等等,"悉号数百岁"。招来干什么呢?"诚恐斯人之徒,接奸诡以欺众,行妖慝以惑民,故聚而禁之也"。宋人罗大经《鹤林玉露》提到了这件事:"范晔作东汉史,为方士立传,如左慈之事,妖怪特甚,君子所不道,而乃大书特书之,何其陋也。"而曹植之论,"其识过范晔远矣"。罗大经还说:"汉武帝刻意求仙,至以爱女妻方士,可谓颠倒之极。末年乃忽悔悟曰:'世岂有仙者?节食服药,差可少病耳。'此论却甚确。"

"但闻方士腾空去,不见童男入海回。无药能令炎帝在,有人曾哭老聃来。"宋刘潜夫句。后人尤其今人之辟谷,作为锤炼意志品质的一种方式未尝不可,舍此则勿作他想为妙。

2018 年 6 月 22 日

手信·贽

路过广州塔下,见到一间叫作"广州手信"的店铺,本地人一望而知是卖广州特产的,外地人则未必然。以本人来说,手信这个方言词,在落籍广州之前便不曾听闻。后来才知道,就是出远门回来时捎给亲友的小礼物。为什么这么叫,不大清楚,文化残存基础上的演变吧。

礼物,是人们相互间赠送的物品。作为人类学的一个研究命题,从礼物的流动中可窥人际间的相互关联,每被嵌入"人格之文化建构"过程中。礼尚往来,我们都耳熟能详,此语出自《礼记·曲礼》,紧接着还有"往而不来,非礼也;来而不往,亦非礼也"等国人同样熟稔的句子。从前的学宫中,《仪礼》《周礼》《礼记》都是必读经典。从周代开始,礼乐文明就成为中华文明的主要特征。官修二十四史里,《礼乐志》《礼仪志》等的出现频率也相当之高,那是当时社会一切活动的准则。因此,钱穆先生说:"要了解中国文化,必须站到更高来看到中国之心。中国的核心思想就是'礼'。"

手信,无疑乃礼的一种,大抵相当于从前的"贽"。当然了,二者没有对等的必要,但手信由之演变而来是可能的。从贽的义项看,有初次见面时所执礼物、执物以求见、见面礼等等意思。

《仪礼》讲到"士相见之礼",有"不以挚,不敢见"之谓。按孙贻让的说法,"贽即挚之俗"。相见不是遇见,是专门拜访,所以隆而重之。该拿些什么呢,"冬用雉,夏用腒",野鸡或干腌的鸟肉。腒,即鸟腊,夏天嘛,东西别放坏了。用雉、腒作贽,与屈大均说的"崖州左右旷野,亦多麂鹿。黎人谒州守者,必以为贽",大抵还不是一回事。盖《白虎通》云:"士以雉为挚者,取其不可诱之以食,慑之以威,必死不可生畜,士行威介,守节死义,不当移转也。"因此,用彭林先生的话说,以雉为见面礼,取其不受引诱、不惧威慑、宁死不屈的特点,有隐喻自己节操的考虑。面对礼物,主人要客套一下:"闻吾子称挚,敢辞挚。"来客这时就说了:"某不以挚,不敢见。"

士相见是这样,学生见老师、拜孔子也是这样。欧阳修《记襄州谷城县夫子庙》云:"古之见师,以菜为(挚),故始入学者,必释菜以礼其先师。"屈大均《广东新语·事语》云"吾粤善司教者有六公",前两位对"贽"的态度都非常鲜明。第一个是海瑞,其"以朱子白鹿洞五规乡愿忠信廉洁之,以孔子刚者之辩,孟子不见诸侯之守,日与诸生讲明"。他要求学生"相见拜揖外,不许将一物为贽"。再一个是杨守道,"诸生执贽见者受之,随以食诸生之贫而有志者,又以所余俸,置学田三百五十亩,以赡诸生"。一个坚决不收,一个取之于学生而用之于学生。两种态度异曲同工,均堪为后世老师之楷模。

《西游记》第十七回,孙悟空给黑风山的黑熊怪也送了一回"见面礼"。那是他要夺回被黑熊怪"趁哄打劫"的宝贝袈裟,请观音菩萨变成被他一棒打死的道人——苍狼精;再把缴获的道人炼制的两粒仙丹"吃了一粒,变上一粒,略大些儿",请菩萨"就捧了这个盘儿、两粒仙丹,去与那妖上寿,把这丸大些的让与那妖"。

在悟空的计策中,这两粒仙丹"便是我们与那妖魔的贽见"。然后,"待那妖一口吞之,老孙便于中取事:他若不肯献出佛衣,老孙将他肚肠就也织将一件出来"。顽皮悟空嘴里的见面礼,完全是反话正说。观音菩萨也有没办法的时候,"只得也点点头儿依他"。

赟,未必都是吃的、用的这些实用品。《东轩笔录》云,吴孝宗拜见欧阳修,就是"贽其所著《法语》十余篇",拿的是文章。结果欧阳修"读而骇叹",问之曰:"子之文如此,而我不素知之,且王介甫、曾子固皆子之乡人,亦未尝称子,何也?"还赠其一首长诗,"吴生始见我,袖藏新文编。忽从布褐中,百宝薄在前"云云。《巢林笔谈》云:"何义门曾执贽于翁司寇,及翁章论汤公,何诣翁索贽,士论伟之。"何焯当初不知道给翁叔元送了什么,能再要回去,显见也非吃的用的。为什么要回去,《清稗类钞》"何义门请削门生籍"条或可作为补充。在朝廷下诏求言的前提下,"董汉臣上书指斥时事,下九卿议。执政惶恐,与同列囚服待罪"。汤斌说话了:"董言虽妄,无死罪。大臣不言,小臣言之,吾辈当自省。"明珠揭发,汤斌还说过"惭对汉臣"的话。于是,"传旨诘问"。结果汤斌"具疏引罪",耿介"以疾乞休"。翁叔元等则"受要人旨",弹劾耿介身体根本就没有病,耿介是汤斌举荐的,"汤妄荐"。翁氏等言论即出,"举朝多不平",因此何焯致书于翁,不仅索贽,而且"请削门生籍"。

明焦竑《玉堂丛语》云,王恕为官时在家门口贴了个告示:"宋人有言,受任于朝者,以馈及门为耻,受任于外者,以苞苴入都为羞。今动曰贽仪,而不羞于入,我宁不自耻哉!"王恕的自律,收到"一时帖然"之效,亦可见其时贽仪风气之烈。从时间关系上看,这一段可能抄自《四友斋丛说》,《四友斋丛说》又可能抄自《治世余闻》。大家传抄的结果,表明官员中的正直之士视之为歪风邪气。因为此种赞仪何以入官员的家门,双方都心知肚明。

2018 年 7 月 7 日

歌手

央视"星光大道"节目是个造就百姓歌手的舞台,从中走出来的"草根"数不胜数,西单女孩、阿宝、凤凰传奇、玖月奇迹、草帽姐、李玉刚等等。正是其"草根"的属性吧,感觉上这个节目一直颇受欢迎。歌唱是一门艺术,也是一种娱乐,古人便很喜欢以唱歌的形式进行表达。

举几个著名的例子。其一,《论语·微子上》云,孔子适楚,"楚狂接舆歌而过孔子曰:'凤兮凤兮!何德之衰?往者不可谏,来者犹可追'"云云。前人释曰,接舆"闻孔子将之楚,故歌以迎之;思孔子之不必适楚,故歌以止之",全都用唱歌来解决。其二,《史记·项羽本纪》载:"项王军壁垓下,兵少食尽,汉军及诸侯兵围之数重。夜闻汉军四面皆楚歌,项王乃大惊。"刘邦的军队用高唱楚歌的方式,达到了瓦解项军斗志的目的。其三,《汉书·高帝纪》载,当上皇帝的刘邦衣锦还乡,"置酒沛宫,悉召故人父老子弟佐酒"。酒到深处,刘邦"击筑自歌",唱出了那首收入中学课本的《大风歌》。

接舆、刘邦他们充其量算是"玩票",历史上还有许多职业歌手。宋朝王灼《碧鸡漫志》"古人善歌得名不择男女"条有个归纳:"战国时男有秦青、薛谈、王豹、绵驹、瓠梁,女有韩娥。……汉以来男有虞公、李延年、朱顾仙、朱子尚、吴安泰、韩法秀,女有丽娟、莫愁、孙琐、陈左、宋容华、王金珠"。这里面,我们熟悉的自然非李延年莫属了。《汉书·佞幸传》载,李延年"坐法腐刑,给事狗监中",负责给皇帝养狗,因为嗓子好,"善歌",且"每为新声变曲,闻者莫不感动",而汉武帝"方兴天地祠,欲造乐,令司马相如等作诗颂",结果李延年不仅自己发迹了,妹妹也连带成了"孝武李夫人"。《汉书·外戚传》载,李延年有回唱的是"北方有佳人,绝世而独立,一顾倾人城,再顾倾人国。宁不知倾城与倾国,佳人难再得",令武帝叹息曰:"善!世岂有此人乎?"平阳主说有啊,就是他妹妹,"上乃召见之,实妙丽善舞。由是得幸,生一男,是为昌邑哀王",这个昌邑王就是前两年南昌发掘的海昏侯墓墓主刘贺他爹。在这些歌手中,李延年的身份是明确的,另一个我们熟悉的莫愁,在今天还面临地域之争,究竟梁武帝萧衍"河中之水向东流,洛阳女儿名莫愁"中的莫愁,是不是南京莫愁湖的那个莫愁,还待存疑。

唐朝文化高度发达,音乐歌舞皆盛况空前,歌手更有相当之众。《碧鸡漫志》便罗列了十五大男歌手和十八大女歌手,男歌手即"陈不谦、谦子意奴、高玲珑、长孙元忠、侯贵昌、韦青、李龟年、米嘉荣、李衮、何戡、田顺郎、何满、郝三宝、李可及、柳恭",女歌手即"穆氏、方等、念奴、张红红、张好好、金谷里叶、永新娘、御史娘、柳青娘、谢阿蛮、胡二姊、宠姐、盛小丛、樊素、唐有态、李山奴、任智方四女、洞云"。王灼还特别补充了一句"今人独重女音,不复问能否,而士大夫所作歌词亦尚婉媚",或可一窥其时的歌坛状况。

在这些歌手中,因为杜甫的"落花时节又逢君",李龟年乃众所周知。还有一些,从当时的笔记、诗歌中可以领略其风采。比如李衮。《唐国史补》云:"李衮善歌,初于江外,而名动京师。崔昭入朝,密载而至。乃邀宾客,请第一部乐,及京邑之名倡,以为盛会。"崔昭假装说李衮是他表弟,先令其"弊衣以出,合坐嗤笑";酒过一巡,崔昭说想请表弟唱歌,"坐中又笑"。结果李衮一亮嗓子,大家都听傻眼了。又比如米嘉荣。刘禹锡有《与歌者米嘉荣》传世,"唱得《凉州》塞外声,旧人唯数米嘉荣。近来时世轻先辈,好染髭须事后生"云云。但刘禹锡并非只是"米粉",《全唐诗》里还有《与歌者何戡》《与歌童田顺郎》等等,"旧人唯有何戡在,更与殷勤唱《渭城》",以及"九重深处无人见,分付新声与顺郎"云云,表明了二人斯时的歌坛地位。再比如永新娘,《开元天宝遗事》"歌直千金"条云:"宫妓永新者善歌,最受明皇宠爱。每对御奏歌,则丝竹之声莫能遏。"玄宗曾经对左右说过:"此女歌直千金。"

玄宗本人实际上也是歌手。《明皇杂录》云,其从四川避难回京,"夜阑登勤政楼,凭栏南望,烟云满目",自己便开了唱,"庭前琪树已堪攀,塞外征夫久未还"云云。唱罢问道:"有旧人乎?逮明为我访来。"第二天,高力士果然找到了几个当时的梨园子弟。夜里,玄宗又"乘月登楼",这回他是让贵妃侍者红桃唱贵妃所制的《凉州词》,自己"亲御玉笛为之倚曲",越唱越伤心,"曲罢相睹,无不掩泣",与昔日的其乐融融,全然南辕北辙的凄惨景象。

《朝野佥载》云:"洛阳县令宋之逊性好唱歌,出为连州参军。刺史陈希古者,庸人也,令之逊教婢歌。"于是,宋之逊"每日端笏立于庭中,呦呦而唱,其婢隔窗从而和之,闻者无不大笑"。宋之逊历史评价不高,驸马王同皎"与一二所亲"议论武三思等,"每至切齿",被他听到后告了密,时人以"之问(之逊兄)等绯衫,王同皎血染也"。然《大唐新语》又云:"武三思干纪乱常,海内忿恚。张仲之、宋之逊、祖延庆等,谋于袖中发铜弩射之,伺便未果。"历史有时候当真是迷雾一团。

2018年7月15日

药神·药王

文牧野导演的电影《我不是药神》，公映之前已经引起了不小轰动，公映之后更有剑指年度票房冠军之势。故事取材于慢性粒细胞白血病患者陆勇代购抗癌药的真实事件，讲的是失意又失婚的中年男子程勇，如何开辟出一条去印度买药做"代购"的新事业，做起了治疗慢粒白血病的印度仿制药独家代理商，因之而成为"药神"。

历史上似乎没有药神，倒是有药师或药王。当然，佛教里的"同名"菩萨不在本文议论之列。《帝京景物略》云明朝北京天坛北侧有座"药王庙"，供奉伏羲、神农、黄帝，视这三位为药王，"而秦汉来名医侍"。有哪些呢？药王们左边是孙思邈，右边是韦慈藏，侧面则是十位不同历史时期有代表性的名医，即"三皇时之岐伯、雷公，秦之扁鹊，汉之淳于意、张仲景，魏之华陀，晋之王叔和、皇甫谧、葛洪，唐之李景和"。这当中，韦慈藏、王叔和、皇甫谧、李景和等相对陌生，然得以配享，显见亦皆一时之选。如王叔和，精研方脉，著有《脉经》《脉诀》《脉赋》等。

不过，历来比较公认的药王一般是另外三位：神农、扁鹊和孙思邈。前一位是神话传说中的人物，后两位生活于现实世界，但半人半神。

神农,神化的人。其"斫木为耜,揉木为耒",又"尝百草,日遇七十二毒,得茶而解之"。换言之,农业与医药皆其发明。钱穆先生说,开天辟地时"最精粹的东西都集结在他们几个人(还有黄帝、伏羲)身上",进而幽默地指出:"先民的传说质朴无文,他们形容一个人……话虽不多,一下子就说过了度。富于幻想的述说者,把古代伟人说成神;着重实际的述说者,把他们说成圣;一切文明的产物都归功于他们。"因此,混沌时期总会出现一位药王,作为先民感戴的心灵寄托。

扁鹊,《史记》记载了他不少药到病除的案例,以望齐桓侯而知其病况最为人们耳熟能详,就是"君有疾在腠理""有疾在血脉""有疾在肠胃间"那一件,看见桓侯一次,就觉得他的病加重一回,劝告他"不治将深""不治恐深"。但桓侯本人不以为意,甚至认为扁鹊是在没事找事,说什么"医之好利也,欲以不疾者为功"。结果众所周知,等他病入骨髓,"使人召扁鹊",扁鹊已经跑掉了,因为他觉得自己对桓侯的病已经无能为力。这类故事展示了扁鹊医术高超的一面,而其医治赵简子之类,司马迁一方面在借题发挥,另一方面也是在神化扁鹊。

扁鹊在民间的地位不亚于神农,因其为"人",更能触手可及。高士奇《扈从西行日录》是他陪同康熙皇帝巡幸时所作,记载了沿途的山川地理、古迹风俗。其中在"舟行过保安城"时,高士奇遥望鄚州城遗址,说"城东北有药王庄,为扁鹊故里",城外的"药王庙专祀扁鹊,香火最盛"。盛到什么程度?简直就是个民间节日。"每年四月,河淮以北,秦晋以东,各方商贾辇运珍异菽粟之属,入城为市,妙技杂乐,无不毕陈,云贺药王生日。鄚帝遍野,声乐震天,每日搭盖席蓬,尺寸地非数千钱不能得。贸易游览,阅两旬方散"。高士奇还写道,"明万历间,慈圣太后出内帑增建神农、轩辕、三皇之殿,以古今名医配食",扩充了扁鹊庙的内涵,"自是药王之会弥加辐辏",更加热闹非凡了。

孙思邈,早在邮电部1962年发行的《中国古代科学家(第二组)》邮票中就已经成为国家名片,"待遇"高于神农、扁鹊。因为等到扁鹊"亮相",已经是2002年该套邮票系列的第四组;神农好像还没有见到,1998年发行的《炎帝陵》邮票,按照将炎帝等同于神农的那派观点,算是沾了一点儿边。今天视孙思邈为科学家,《旧唐书》则将其归入"方伎",《新唐书》里他又去了"隐逸",折射出时代对他的"定性"。不论分类在哪里吧,孙思邈医术高超是无疑的,"医药无不善"嘛。所以说他也是半神半人,因为他的"阴阳、推步"同样十分了得,且"询之乡里,咸云数百岁人"。因此,"魏徵等受诏修齐、梁、陈、周、隋五代史,恐有遗漏,屡访之,思邈口以传授,有如目睹"。

孙思邈还堪称哲学家。他的著名学生卢照邻"有恶疾,医所不能愈,乃问思邈",先问他"高医(如何)愈疾",孙思邈就是从哲学角度予以解答和阐发,得出"形体有可愈之疾,天地有可消之灾"的结论,意谓没有治不好的病,也没有治理不好的社会。卢照邻又问养性之要,他说:"养性必先知自慎也。慎以畏为本,故士无畏则简仁义,农无畏则堕稼穑,工无畏则慢规矩,商无畏则贷不殖,子无畏则忘孝,父无畏则废慈,臣无畏则勋不立,君无畏则乱不治。"以言说养性为由头,又是在为社会治理提供哲学思考。此前,西汉刘向《说苑·君道》中的药言之论,正是这样由现象看本质。从"药言(劝诫之言)献于贵,然后闻于卑,道也",刘向认为"是以明王之言,必自他听之,必自他闻之,必自他择之,必自他取之,必自他聚之,必自他藏之,必自他行之"。

古之药王备受推崇,因其悬壶济世;今之"药神"赢得青睐,则因其有办法让患者用到相比国内价格低廉得多的进口特效药,殊途同归而有本质区别。那么,"药神"聚焦了人们热切关注的"病有所医"问题,引起了强烈共鸣,恐怕是其赢得热捧的关键吧。

2018 年 7 月 21 日

公筷

广州人在酒楼里吃东西,很早就已经使用公筷,也就是往自己碗里夹的和往自己嘴里送的筷子,是两副,前一个即公筷。公者,区别于后者的"私用"吧。

筷子,是国人再熟悉不过的东西,一日三餐,几乎须臾不可或缺,具有鲜明的中国特色。如果"老外"会使用筷子,不啻热爱中国文化的一个举动。筷子从前叫箸。《荀子·解蔽篇》云:"从山下望木者,十仞之木若箸。"今天的高速公路两侧——至少在去粤东的路上,每能见到笔直的成片桉树,情景应该相去不远。当然,荀子那里是打个比方,他要说的是"求箸者不上折也,高蔽其长也"。

筷子作为国人吃饭时的用具,桌上有之,实在寻常不过,但在某些或曰个别时候,吃饭预备筷子与否却是一种信号。《汉书·周亚夫传》载,汉景帝"召亚夫赐食。独置大胾,无切肉,又不置箸。亚夫心不平,顾谓尚席取箸"。尚席,即宴席的操办负责人。景帝看见了,笑曰:"此非不足君所乎?"请人家吃饭,肉都不切开不说,还不备筷子,又要笑人家索要筷子,显见景帝有刻意的因素。对此,后人是这样解读的。如三国时魏人孟康曰:"设胾无箸者,此非不足满于君所乎?嫌恨之也。"同时期的如淳不同意这种说法,认为"非故不足君之食具,偶失之也",漏了而已。唐人颜师古则曰:"孟说近之。帝言赐君食而不设箸,此由我意于君有不足乎?"从周亚夫后面的结局看,确是景帝有意为之。"居无何,亚夫子为父买工官尚方甲楯五百被可以葬者。取庸苦之,不与钱。庸知其盗买县官器,怨而上变告子,事连污亚夫",就是这么一件事,周亚夫被安了个要造反的罪名。亚夫辩解:"臣所买器,乃葬器也,何谓反乎?"办案人反诘:"君纵不欲反地上,即欲反地下耳。"

应当承认,前人普遍不大重视筷头上的清洁。《清稗类钞》有"饮食之卫生"条,讲的不是食物以及用餐时的干净与否,而是"当珍馐在前,则努力加餐,不问其肠胃胜任与否,而惟快一时之食欲",但"人身所需之滋养料,亦甚有限,如其量以予之,斯为适当。若过多,徒积滞于肠胃之间,必至腐蚀而后已"。所以,它讲的主要是"食时之方法",如"凡遇愤怒或忧郁时,皆不宜食",又如"食时宜从容不迫,午餐、晚餐之前,必休息五分时,餐后至少休息十分"云云。但是我们也必须看到,在一些人群中很早也有了公筷意识并见之于行动。

南宋范成大《桂海虞衡志》讲到"自杞"这个族群,"性好洁,数人共饭,一盘中植一匕,置杯水其旁,少长共匕而食"。吃的时候呢,"探匕于水,钞饭一哺放,抟之拌,令圆净,始加之匕上,跃以入口,盖不欲污匕妨他人"。这里的匕,古代即指勺、匙之类的取食用具。《三国志·蜀书·先主传》载,曹操跟刘备说"今天下英雄,唯使君与操耳",结果"先主方食,失匕箸",就是把勺子和筷子都给吓掉了。《华阳国志》打圆场说"于时正当雷震",并不是因为曹操的话的缘故。显然,自杞族群的人就有"公筷"意识,知道把匕涮一涮再给别人用,干净。

明朝田汝成《西湖游览志馀》云,宋高宗赵构在得寿宫,"每进膳,必置匙筯(箸)两副,食前多品,择其欲食者,以别筯取置一器中,食之必尽,饭则以别匙减而后食"。皇后曾经问他为什么这么做,他说:"不欲以残食与宫人食也。"这意味着,赵构吃饭前都准备两副勺子和筷子,先用"公筷"及"公匙"将食物取置到自己的容器中,再用另一副筷匙食用。这里,公筷的运用已然相当明显了。

  清朝有识之士认为:"欧美各国及日本之会食也,不论常餐盛宴,一切食品,人各一器。我国则大众杂坐,置食品于案之中央,争以箸就而攫之,夹涎入馔,不洁已甚。"因此,公筷在一些地方出现,已成必然。《清稗类钞》中至少有这样两则。其一,光、宣间之筵席,"颇有以风尚奢侈,物价腾踊,而于宴客一事,欲求其节费而卫生者。则一汤四肴,荤素参半。汤肴置于案之中央,如旧式……惟案之中央,必有公碗公箸以取汤取肴。食时,则用私碗私箸,自清洁矣"。其二,无锡胡彬夏女士"以尝游学于美,习西餐,知我国宴会之肴馔过多,有妨卫生,且不清洁而糜金钱也,乃自出心裁,别创一例",她的方法是,"食器宜整齐雅洁,案上有布覆之。每座前,杯一,箸二,碟三(一置匙,一置酱油,一置醋),匙三(以一置碟中),巾一(食时铺于身,以防秽且拭口)。凡各器,食时宜易四次"。

  筷子从前叫箸,但"箸"在什么时候成了"筷子"?不大清楚,原因则可能是因为忌讳。《菽园杂记》云:"民间俗讳,各处有之,而吴中为甚。"且举例说明,如舟行讳"住"、讳"翻",乃以"箸"为"快儿","幡布"为"抹布";讳"离散",乃以"梨"为"圆果","伞"为"竖笠";如此等等。但他认为"此皆俚俗可笑处",便是漠视人们的文化心理了。另,其"吴中为甚"亦不知依据为何,广州这方面俗讳就很多,讳"肝"为"润",讳"舌"为"脷","空"因为与"凶"同音而讳为"吉",数不胜数。

  公筷的历史就是这样有趣,余所见些许,识者可续补之。

2018 年 7 月 29 日

书香（续）

一年一度的南国书香节，昨天在广州琶洲会展中心落下了帷幕。始办于1993年的这项活动，以往都是来看看热闹，这次跟自家有了关联。由中山大学出版社主办，拙作《天淡云闲》与《匆匆时事如许》亦即"报人读史札记"系列六集、七集假其一隅，举行了新书分享会。对余而言，迄今已出书14册，举办分享会还是头一遭。

书香，读书风气的美称。始而实指，后来成为代指。所谓实指，是前人为了防止蠹鱼咬噬书籍，在书中放置芸香草，而芸香草能散发一股清香之气。杨巨源诗曰："芸香能护字，铅椠善呈书。"梅尧臣诗曰："请君架上添芸草，莫遣中间有蠹鱼。"说的都是这个道理。蠹鱼，是一种身体极小的虫，有银白色细鳞，以尾分二歧似鱼而得名。蠹鱼"长于"蛀蚀书籍、衣服，我在母校中山大学图书馆借阅过若干线装书，领教了蠹鱼之害。它好像特别喜欢吃线装书，又往往从第一页起齐刷刷地穿透到最后一页，弄得纸上满是沟回，肉麻得很。关键是如白居易所云，"今日开箧看，蠹鱼损文字"，很多文字给它吃了半边或全吃了，严重影响阅读。而放了芸香草之后，既防蠹鱼，又香气袭人，因而"书香"在当初完全是"纪实"的情形。衍申开来，倘若某个家庭有读书的习尚，这个家庭就是书香人家；倘若某个家族世代都有这种习尚，这个家族就是书香门第或书香世家。杜甫家族就是这样。他的远祖杜预不仅是西晋灭吴统一战争的主帅之一,而且还是个了不得的学者。自称有"《左传》癖"的他,所著《春秋左氏经传集解》,是现存最早的关于《春秋左氏传》的注释。杜甫的爷爷杜审言则是武则天时的著名诗人,"独有宦游人,偏惊物候新。云霞出海曙,梅柳渡江春"云云,被明朝学者胡应麟赞为初唐五律第一。

芸香草又是什么呢? 一种多年生草本植物。《梦溪笔谈》云:"芸,香草也,今人谓之七里香者是也。叶类豌豆,作小丛生,其叶极芬香,秋后叶间微白如粉污,辟蠹殊验。南人采置席下能去蚤虱。"他说他在昭文馆的时候,"曾得数株于潞公(文彦博)家,移植秘阁后"。秘阁是藏书之所,显见是就地取材、随取随用的打算。《墨庄漫录》云,文彦博为相时"赴秘书省暴书宴,令堂吏视阁下芸草,乃公守蜀日以此草寄植馆中也"。以此可知文彦博的芸香草是从四川带过来的。彦博当时咨询大家:"芸辟蠹,出何书?"结果"一坐默然",最后是苏子容"对以鱼豢《典略》"。这部书早已失传,所知只有鱼豢乃三国魏人,事迹也无从可考。

因为芸草的辟蠹功能,芸与书便发生了千丝万缕的关联。比如"芸香阁""芸署"成了秘书省的代称,秘书省司典图籍嘛。元稹说过:"野人性僻穷深僻,芸署官闲不似官。"又比如,"芸香吏"成了校书郎的别称。白居易说过:"前年题名处,今日看花来。一作芸香吏,三见牡丹开。"其他还有"芸窗""芸馆"指代书斋,等等。周杰伦有首歌径直就叫《七里香》,方文山作词,却是"你突然对我说,七里香的名字很美,我此刻却只想亲吻你倔强的嘴"之类回味初恋,更无蠹鱼元素,估计是对芸香的功能茫然无知吧。如今保护线装书为什么不用芸草了呢? 想来那只是古人的一种无奈做法,功效未必有多神奇。《穆天子传》云:"仲秋甲戌,天子东游,次于雀梁,蠹书于羽陵。"郭璞注曰:"蠹书,谓暴书中蠹虫。"就是说,前人去蠹还有曝晒法。到宋代,"岁于仲夏曝书,则给酒食费,谏官、御史及待制以上官毕赴",君臣去馆阁观书,已逐渐演变为一年一度的类似南国书香节性质的文化盛会。

前人读书,真的是比今天不知辛苦多少的事情,蠹鱼的侵蚀仅是一个侧面,对眼睛的伤害尤甚。东晋张湛有一篇游戏之作《嘲范宁》,概范宁常患目疾,问张湛怎么办,张湛就给他一个药方,"损读书一,减思虑二,专内视三,简外观四,旦晚起五,夜早眠六,凡六物……修之一时,近能数其目睫,远视尺捶之余。长服不已,洞见墙壁之外,非但明目,乃亦延年"。钱锺书先生说,"六物"中首举"损读书",终归"夜早眠",就是"于学人之手不释卷、膏以继晷对症下药"。不要看那么多书,眼睛自然就得到保健了。范宁即《后汉书》作者范晔的祖父,本身也是著名学者,其《春秋穀梁传集解》是今存最早的《穀梁传》注解。张湛也是,今人研究列子,一定要参考他的《列子注》。

黄庭坚的眼睛也因为读书出了问题,其《病目和答子瞻》云:"请天还我读书眼,欲载轩辕乞鼎湖。"叶梦得说自己"平生用目力常数倍于他人,安得不敝",比别人看了那么多书,眼睛怎么能不出问题。至于读书条件差,如匡衡般"凿壁偷光"的,如苏颋般"吹火照书"的,"每欲读书又患无灯烛",视力就更不会好到哪去了。

苏东坡说过,他小时候父亲"驱率读书",他"初甚苦之,渐知好学,则自知趣向,既久则中心乐之,既有乐好之意,则自进不已"。南国书香节固然是"引领",然亦不妨视为一种"驱率",关键还是在于"乐好",尤其是对青少年而言,要能够嗅到"书香"而不是"手机香"。就手机这柄"双刃剑"而言,其害的一面怕与当年的鸦片有过之而无不及。

2018 年 8 月 15 日

豆腐（续）

上一周休假，照例去了贵阳花溪。1990年夏天第一次来的时候，就很喜欢吃这里的烤豆腐果。彼时的烤锅呈穹庐状，涂上食用油，将发酵后的片状豆腐贴在上面；两面烤到一定程度，用神似抹玻璃腻子的工具切成1厘米见方；再烤一下，就可以四面蘸上辣椒面进口了。我特别喜欢这种小吃，今日依然。到过花溪旅游的人留神一下不难发现，那里擅长做豆腐文章：烤的、煎的、炸的，撕开吃的，往里面塞折耳根的……

豆腐的发明，据说始于汉高祖刘邦的孙子刘安，炼丹不成，后世因之发明了火药，刘安则先期发明了豆腐。虽然迄今难以找到刘安发明豆腐的直接证据，但不妨碍人们将此功绩归之于他。李时珍《本草纲目·谷四·豆腐》言之凿凿地断定："豆腐之法，始于汉淮南王刘安，凡黑豆、黄豆及白豆、泥豆、豌豆、绿豆之类，皆可为之。"无论刘安在其中起了多大的作用吧，豆腐的发明，极大地丰富了人们的饮食品种。

《梦粱录》云，南宋都城临安的酒肆，"更有酒店兼卖血脏、豆腐羹、熬螺蛳、煎豆腐、蛤蜊肉之属，乃小辈去处"。小辈，底层民众。在许多情况下，豆腐都有浓厚的"底层"色彩。《万历野获编》云，吴中伟去见恩师刘东星，刘"留款坐话旧。良久，因留之饭。又良久,忽若自失者",让手下人问厨子,"今日是买肉日期乎?抑买豆腐日也?"得知"当买豆腐",刘乃揖曰:"果如此,今日不敢奉留矣。奈何?"不好意思,今天家里轮到吃豆腐,拿不出手,你还是走吧。刘东星乃"清修名臣",他当工部尚书时,有天刑部尚书李桢在他家吃饭,吃的就是那种脱粟饭即粗米饭,兵部尚书沈思孝正巧也来了,乃"劝沈同进",沈说已经吃饱,刘哂曰:"沈兄素豪侈,不能啖此粗粝,但我无从觅精酱,奈何?奈何?"

明朝苏平《咏豆腐》诗云:"传得淮南术最佳,皮肤褪尽见精华。一轮磨上流琼液,百沸汤中滚雪花。瓦缶浸来蟾有影,金刀剖破玉无瑕。个中滋味谁知得,多在僧家与道家。"然纵观历史长河,与豆腐关联的人与事,不独僧道界,折射出世相百态。

吃豆腐可以表示"恩遇之隆"。《郎潜纪闻二笔》引《西陂类稿》云,康熙对巡抚颁赐食品,内臣传谕云,"宋荦是老臣,与众巡抚不同,著照将军、总督一样颁赐。计活羊四只、糟鸡八只、糟鹿尾八个、糟鹿舌六个、鹿肉干二十四束、鲟鳇鱼干四束、野鸡干一束"。又特别指出:"朕有日用豆腐一品,与寻常不同,因巡抚是有年纪的人,可令御厨太监,传授与巡抚厨子,为后半世受用"。陈康祺因此感慨:"此世俗深朋密戚之所希闻,而以万乘至尊,垂念人臣哺啜之需,乃至纤至悉如此,宜身受者举箸不忘也。"

吃豆腐可以是豪侈的象征。《竹叶亭杂记》云,乾隆时的贪官王亶望喜欢吃驴肉丝,为此"厨中有专饲驴者,蓄数驴肥而健",吃的时候,"审视驴之腴处,刲取一脔烹以献。驴刲处血淋漓,则以烧铁烙之,血即止"。这样的人吃豆腐是怎么样的呢?厨子要"杀两鸭煎汤,以汤煮豆腐献之"。王亶望不能善终,得其所哉。

与王亶望相反,从前更多的吃豆腐则如刘东星,是清廉的同义语。《郎潜纪闻二笔》另有两例。其一说的是汤斌,其抚吴,"民间有三汤之目:曰豆腐汤,曰黄莲汤,曰人参汤"。不是汤斌爱喝这三种汤,而是民间借其姓氏对之赞美有加,"谓其清苦而有益元气也"。其二说的是于成龙,其"自江防迁闽臬,舟将发,趣人买萝卜至数云"。有人笑了,这么便宜的东西,买这么多干什么?于成龙说:"我沿途供馔,赖此矣。"其"自北直赴江宁也,与幼子赁驴车一辆,各袖钱数十文,投旅舍,未尝烦驿递公馆也"。在官衙里,平时就是吃青菜,所以江南人或呼为"于青菜",连吃块豆腐都特别节省,其"官楚时,长公子将归,署中偶有腌鸭,刲半与之",民间因有"于公豆腐量太狭,长公临行割半鸭"之谣。当然,于成龙之值得称道,"不仅以廉俭见,特公之清操苦节,夷险一致,尤为人所难能"。设想一下,作为一名大臣,虽然"能却苞苴、安澹泊",然而"于国计民生,坐视其窳败惰偷而绝无补救",就还不如在堂上放个木偶了,木偶"并水不饮,不更愈于只饮杯水者乎"?

后世从美食出发吃豆腐,自然与前述世相不可相提并论。梁章钜《浪迹续谈》"豆腐"条,说自己"每治馔,必精制豆腐一品,至温州亦时以此饷客,郡中同人遂亦效为之,前此所未有也,然其可口与否,亦会逢其适,并无相传一定之方"。他读宋荦的书,可惜他没有把康熙的豆腐"制法附载书中"。他读《随园诗话》,发现蒋戟门也有此种秘方。蒋在家招待宾客,"珍羞罗列",忽问袁枚:"曾吃我手制豆腐乎?"听到没有,他"即着犊鼻裙,亲赴厨下,良久擎出,果一切盘餐尽废"。袁枚当场求教,人家也口授了方子,袁枚过后还实践了,确实不错。但令老梁倍感遗憾的是,袁枚"亦未详载制法"。

《扬州画舫录》在说到"烹饪之技,家庖最胜"时举例说了"如吴一山炒豆腐""文思和尚豆腐",以为"风味皆臻绝胜"。不知那是一种什么小吃了,迄今未到过扬州,亦不知还有没有这些吃法。

2018年8月17日

医师

8月19日是首个中国医师节。医师,在今天是指受过高等医学教育或长期从事医疗卫生工作的人员,也就是医生;在古代,医师则是执掌医务的官。

《周礼·天官冢宰·医师》载:"医师掌医之政令,聚毒药以供医事。凡邦之有疾病者、有疕疡者造焉,则使医分而治之。"对这段文字,前人有过阐释:前两句是说医师一方面"掌众医疗治齐和之政及命令",另一方面"委人及山虞、泽虞等敛聚(毒药),入之医师,储以待用也"。这里的毒药,当然不是潘金莲给武大郎吃了致其毙命的那种,而是药的"气性酷烈之谓",且"药之物恒多毒"。彼时医非分科,然有疾医、疡医、食医、兽医之别,"医各有能",医师来负责调配。这样来看,医师的职能趋近管理,似乎更接近于今天的卫健委。

今天的医生,在典籍中有诸多称谓,医人、医工、医士、医家,医术极精的则是医王。而从前的医生却是学生,从官学中学医肄业的学生。《元典章·礼部五·医学》云:"各处有司广设学校,为医师者,命一通晓经书良医主之,集后进医生讲习《素问》《难经》、仲景、叔和脉诀之类。"前人早已认识到了医的专业性和重要性。宋人刘斧说:"夫医之为道,尤难于他术,从来久矣。方其疾也,虽金玉满堂,子弟骨肉环围,莫能为计,必得良医以起之。即医之为功非小焉,主执人之性命者也。此所以良医患少,而庸医患多也。"清人冯班显得偏激:"君子不可不知医。不知,则为庸医所欺,害至于杀身。读农、黄之书,操生死之权,或以为贱业,何哉?但不精,亦误人,学之须审耳。"二程更把知医与否上升到了慈孝与否的高度:"病卧于床,委之庸医,比之不慈不孝。事亲者亦不可不知医。"

必须承认,庸医是一个客观存在,不过在前人眼中,未必医术不佳的才是庸医,医术高但心肠坏了的同样包括在内。《括异志》云,宋神宗熙宁四年(1071),屯田郎中张景晟"奉朝请于京师,忽疡生于手,痛不可忍",御医仇鼎"专治创痏,呼视之,遂取少药傅其上",然张郎中"既而苦楚尤甚",至于"痛不能已,数日而卒"。临死前他诅咒说:"仇鼎杀我,必诉于阴府,不汝致也!"果然,一个月后,"仇坐药肆中,见二人,一衣绯一衣绿,入鼎家,手持符檄",所谓二人实则二鬼来捉他了。仇鼎辩解:"张郎中病疽而死,何预我事。"来鬼并不理会那么多,只是"奉命相逮"。仇鼎哀求,二鬼答应再给他三天,但要"记之而去",就是在他膝下盖了个印,然"所印之处即肿溃,创中所出如膏油,痛若火灼。后三日而死"。张师正说,仇鼎知道张家有钱,"欲先以毒药溃其创,然后加良药愈之,以邀重赂,遂至不救"。在他看来,庸医的这种惯常手法,"倘尽若张君之显报,则小人之心庶几乎革矣!"

前人笔下的这些志怪故事,尽管时间、地点、人物十分明确,仍然可认为是臆想,目的在于恫吓若干从医者隐藏着的小人之心。但知医,终究是件十分专业的事情。《礼记·曲礼下》云:"医不三世,不服其药。"三世,历来见解不一。一种观点认为"谓其父子相承至三世也",还有观点认为指三部医学著作:黄帝《针灸》、神农《本草》和素女或夫子《脉诀》。清人孙希旦认为,这是说"医者之用药也,其效可以愈病,其误足以杀人",因而"医不三世,则于其业或未必精,故不服其药"。沈括觉得即使读了这3部也不够:"医之为术,苟非得之于心,而恃书以为用者,未见能臻其妙。"

有意思的是,《周礼》中对医师的考核办法,即所谓医官之官计,年底的时候,"稽其医事,以制其食"。按照贾公彦的解释,就是你一年来治的病,"有愈有不愈,并有案记,今岁终总考计之"。具体标准呢?"十全为上,十失一次之,十失二次之,十失三次之,十失四为下",十失其五的,大概要吊销资格了。食禄分出五等,旨在使"功适中者守本禄,功高者益之,功下者损之,欲勉励医者"。这个考核办法对今天不知有没有借鉴意义。

同样是从医者,《千金方》划分出了三个层次:"上医医国,中医医人,下医医病。"中山大学北校区门楣上有副对联,"救人救国救世　医病医身医心",乃戴季陶任中山大学校长时所拟,想来正从此中化成。医国之医,显见已非医生之医。范仲淹的良相良医说,阐述更加具体。

《能改斋漫录》云,范仲淹未显达时,"尝诣灵祠求祷",问自己将来能不能得到相位;如果不行,则"愿为良医"。结果对面应该是泥菩萨吧,先后来了个"不许""亦不许",也不知是怎么明确的。仲淹乃叹曰:"夫不能利泽生民,非大丈夫平生之志。"他的志愿是,要么当良相,要么当良医。有人很看低良医:"大丈夫之志于相,理则当然。良医之技,君何愿焉?无乃失于卑耶?"仲淹不同意:"能及小大生民者,固惟相为然。既不可得矣,夫能行救人利物之心者,莫如良医。果能为良医也,上以疗君亲之疾,下以救贫民之厄,中以保身长年。在下而能及小大生民者,舍夫良医,则未之有也。"

良相与良医,无疑在任何时候都深受爱戴。不如人意的是,庸相与庸医,每每如影随形。

2018 年 8 月 20 日

处暑

一大早就有好多人发同质内容的朋友圈,关于处暑。如今,二十四节气每到一个,朋友圈中都有此类转发。不用看日历,便知道今天是处暑了。不过,那些抄来抄去、大同小异,转发者也可能不明其详的东西几人认真去看,就不知道了。平心而论,节气里的文化史知识,真值得国人咀嚼再三。

处暑,望文生义的话是处于盛暑,其实恰恰相反,是"出暑",炎热离开。《月令七十二候集解》云:"处,止也,暑气至此而止矣。"孔颖达说:"处暑,暑将退伏而潜处。"那么,处暑作为一个过渡节气,反映的是气温的变化,温度下降的转折点。处暑的到来,不仅预示着气温由炎热趋向凉爽,而且意味着即将进入气象意义上的秋天。宋人诗云:"处暑无三日,新凉直万金。"

《诗·豳风·七月》中著名的"七月流火,九月授衣",指的实际上就是处暑时节,天气要变凉了,该准备做过冬的衣服了。如此,则当年唐僧之收服沙僧,大约也发生在处暑前后。《西游记》第二十二回开篇即道:"话说唐僧师徒三众脱难前来,不一日行过了黄风岭,进西却是一脉平阳之地。光阴迅速,历夏经秋,见了些寒蝉鸣败柳,大火向西流。正行处,只见一道大水狂澜,浑波涌浪。"这里的"大火向西流",说的就是"七月流火";那道"大水",即流沙河。彼时,把骷髅骨挂在脖子上当项链的"沙僧",正过着悠闲而残忍的尘世生活,"饱时困卧此山中,饿去翻波寻食饷。樵子逢吾命不存,渔翁见我身皆丧"。

从物候方面看,处暑之三候也传递着秋天的气息:一候鹰乃祭鸟,二候天地始肃,三候禾乃登。《七修类稿》释义"鹰乃祭鸟"云:"鹰,义禽也,秋令属金,五行为义,金气肃杀,鹰感其气,始捕击诸鸟,然必先祭之,犹人饮食,祭先代为之者也;不击有胎之禽,故谓之义。"释义"天地始肃"云:"秋者,阴之始,故曰天地始肃。"释义"禾乃登"云:"禾者,谷连藁秸之总名,又稻秫菰粱之属,皆禾也,成熟曰登。"这些文绉绉的话说白了就是:老鹰开始大量捕猎鸟类,像人准备祭祀仪式的用品一样,以待慢慢享用;天地间呈现肃杀之气,万物开始凋零;农作物渐渐成熟,丰收的时节就要到来了。处暑之后是秋分,6月份国务院新闻办已经明确,自2018年起,将每年农历秋分设立为"中国农民丰收节",这是有道理的。

像其他节气一样,处暑也相应地产生了民俗以及官俗。民俗方面,如《清嘉录》云,清朝苏州有"处暑十八盆"之谚,什么意思呢?"以处暑后天气犹暄,约再历十八日而始凉",所以还要沐浴十八天。又以处暑这天宜雨,俗谚云"处暑若还天不雨,纵然结实也难收"。《广东新语》亦云:"广七月七夕有雨,则八月无雨。处暑无雨,则白露有雨。"白露有雨就惨了,"白露雨谓之苦雨,禾沾之白飐,果生虫,蔬菜味苦。"广州这几天下的是台风雨,动辄突如其来,此处暑之雨适用屈氏所言之有雨乎?开玩笑。

官俗方面,如《燕京岁时记》"换葛纱"条云:"每至六月,自暑伏日起至处暑日止,百官皆服万丝帽、黄葛纱袍。"过了处暑,官员的服装也得换季了。黄葛,布之一种。这种布做出来的衣服,春秋时的吴王夫差就喜欢穿。《吴越春秋》云,勾践被吴国释放回国后,"翼翼小心,出不敢奢,入不敢侈",不是吓坏了,而是"念复吴仇",因此有"悬胆于户,出入尝之"之举。在自己充分准备的同时,勾践还想到了麻痹对手的一招:"吴王好服之离体,吾欲采葛,使女工织细布,献之以求吴王之心。"手下都说好啊,勾践"乃使国中男女入山采葛,以作黄丝之布"。做好衣服,贡使还没出发,已经收效了,"吴王闻越王尽心自守,食不重味,衣不重彩,虽有五台之游,未尝一日登玩",感动得一塌糊涂,却不知道人家卧薪尝胆正是为了对付他,还"赐之以书,增之以封"。

《国语·楚语上》载,楚灵王修筑陈国、蔡国、不羹的城墙,派子皙去询问范无宇。问什么呢?"诸夏不服吾而独事晋,何也?唯晋近我远也。今吾城三国,赋皆千乘,亦当晋矣。又加之以楚,诸侯其来乎?"那三个原本都是国家,被楚国灭掉之后成了楚之别都。子皙后面的意思是说,这么一来二去,诸侯们该来归附了吧。但范无宇不认同这种做法,他说,"夫边境者,国之尾也,譬之如牛马,处暑之既至",牛虻也聚得多了,"而不能掉其尾"。此处暑,三国孟康曰"于夏为七月,于商为八月,于周为九月",正指节气无疑。处暑到来之前,是不是牛虻就多,我还真不大清楚。范无宇打这个比方是想说,"国为大城未有利者",如此将尾大不掉,"使诸侯之心惕惕焉"。

《五杂组》云:"麦秋至,麦至是熟。凡物之熟者,皆谓之秋耳。"但是,"今俗指麦间小虫为麦秋,可笑也";可笑就罢了,他还说这种叫法"亦犹北人指七月间小蜻蜓为处暑耳"。这倒是闻所未闻,余亦"北人",他说的是哪一夯虬儿?

"强起披衣坐,徐行处暑天。上阶来斗雀,移树去惊蝉",陆龟蒙郊居时的句子,似乎情趣盎然,然度全诗语意,流露出的当是怀才不遇的灰暗心态,"明时如不用,归去种桑麻"嘛。不知诗人在那个处暑时节遇到了什么。

2018年8月23日

无赖

从济南始发到北京的高铁列车上,新近出了一桩咄咄怪事。一名女乘客上车后发现自己的座位上坐着一名男子。男子也是有座位的,但他非要坐在这里,要女乘客要么坐他的座位,要么就站着,而他与女乘客座位周围的乘客也并不认识。乘务员与男子沟通,甚至列车长和乘警都来了,该男子也依然拒绝让座,说自己站不起来;问他到站怎么办,他要列车员"找个轮椅呗"。

该男子的言语及行为逻辑,相信义愤填膺的人们首先想到的就是:无赖。所谓无赖,就是那种有着强横无耻、放刁、撒泼等恶劣行为作风的人。视频曝光后,该男子旋即被网友"人肉"搜索,竟然还是个在读博士生,其同学还列举了该人先前留下的斑斑劣迹。

必须看到,无赖有许多义项,阅读古籍时不可望文生义。比如它有"无用"的意思。《史记·高祖本纪》中记载了刘邦当上皇帝后的洋洋自得。那是未央宫落成之际,"高祖大朝诸侯群臣,置酒未央前殿"。席上,刘邦奉玉卮在给父亲祝寿的同时,敞开了心扉,或曰未忘心中一直梗着的一个疙瘩吧:"始大人常以臣亡(无)赖,不能治产业,不如仲力。今某之业所就孰与仲多?"您老人家以前老是说我不如老二,现在看看怎么样?在这里,裴骃集解引晋灼曰:"许慎曰:'赖,利也。'无利入于家也。"

《史记·张释之传》另载,释之有次陪同汉文帝视察上林苑虎圈,文帝对着"诸禽兽簿"问了上林尉十几个问题,结果"尉左右视,尽不能对",倒是虎圈啬夫(掌虎圈的人)解了围,"从旁代尉对上所问禽兽簿甚悉,欲以观其能口对响应无穷者"。文帝因有感慨:"吏不当若是邪?尉无赖!"乃诏释之拜啬夫为上林令。在这里,裴骃集解又引张晏曰:"无赖,才无可恃。"文帝认为上林尉不称职,草包一个,所以要把啬夫来个破格提拔。

当年,刘邦话音刚落,"殿上群臣皆呼万岁,大笑为乐",遭到揶揄的老父想来羞愧难当。"龙种"刘邦,当然是不会顾及父亲的感受的。楚汉相争时,项羽要烹了他父亲,他不是说过届时分他一杯羹嘛。张释之呢,不同意文帝的"超授"做法,他没有看好啬夫,认为"秦以任刀笔之吏,吏争以亟疾苛察相高,然其敝徒文具耳",空具其文而无其实,于秦之危害已然不浅,现在还搞这套,"臣恐天下随风靡靡,争为口辩而无其实"。张释之的思绪飞去了前朝的教训,推断来看,要么他了解上林尉的真实水准,要么是他对当时"以口辩而超迁"的现象借题发挥,行进谏之实。无论真实情况如何吧,"无赖"在这些语句中是不中用的意思。

又比如,无赖还可以是"无聊"或"无奈"。前者如徐陵有"惟憎无赖汝南鸡,天河未落仍争啼"句,陆游有"多情幽草沿墙绿,无赖群蛙绕舍鸣"句,道得分明。后者如《三国志·魏书·华佗传》载:"彭城夫人夜之厕,蚤螫其手,呻呼无赖。"手给蝎子类的毒虫咬了一口,无计可施,华佗乃"令温汤近热,渍手其中,卒可得寐,但旁人数为易汤,汤令暖之,其旦即愈"。

比较不可思议的是,无赖的义项以贬为主,却也可以似憎而实爱,含有亲昵的意思。辛弃疾的"最喜小儿亡(无)赖,溪头卧剥莲蓬",人们耳熟能详,说的是在这幅山居农家乐的生活图景中,最有趣的是那个最小也最顽皮的儿子,正躺在小溪边剥着莲蓬呢。此外,他的《浣溪沙》中还有"啼鸟有时能劝客,小桃无赖已撩人",一鸟一花,无不悦目赏心,跃然纸上。

然而,时至今日,"无赖"中的亲昵成分已然演化得踪影皆无,完全定格成了负面用词,一如形容某人为"缩头乌龟",除了想到骂人而不会想到其他一样。类似高铁"占座男"这种,适合的正是"无赖"义项中被定格了词义的那一类人。这样的无赖,历史上同样一抓一把。别说他只是个在读博士生了,不少王公贵族甚至皇帝在登基前也是这种无赖。

《宋书·始安王休仁传》载,宋文帝19个儿子之一的晋平王休祐,平生就是"狠抗无赖",其之"贪愚,为天下所疾",处死之,形同"为民除患"。五代十国的皇帝中也有几个这样的人物。如梁之朱温,《新五代史·梁文惠皇后王氏传》载:"太祖壮而无赖,县中皆厌苦之。"又如前蜀的王建,《前蜀世家》载,王建"少无赖,以屠牛、盗驴、贩私盐为事,里人谓之'贼王八'"。再如南平的高从诲,《南平世家》云其常常掠取假道本地的去别国供奉的财物,"而诸道以书责诮,或发兵加讨,即复还之而无愧",来硬的他就软,因此他国的人都叫他"高赖子"。无赖形象最生动的,当推《水浒传》中落魄的杨志卖刀之时前来纠缠的牛二。他先是出口不逊:"甚么鸟刀!要卖许多钱!我三十文买一把,也切得肉,切得豆腐!你的鸟刀有甚好处,叫做宝刀?"再紧揪住杨志:"我偏要买你这口刀!""你要买,将钱来!""我没钱!……你好男子,剁我一刀!"

当世无赖男被"人肉"之后,发了道歉视频,表示了悔恨和自责,但看上去颇欠诚意。最新的消息说,铁路方面的处理结果是:

处治安罚款200元,并在一定期限内限制购票乘坐火车。观诸新闻,在高铁列车上耍无赖的,正有增多的趋势,对高铁方面的软弱管理无疑提出了新课题。

2018年8月26日

白马

前两天到内蒙古自治区锡林浩特市开会。因为头一回踏足内蒙古的土地,颇为新鲜,且了解了不少新知识。始知该市有"中国马都"之谓,始知这个"马背上的民族"尊崇白马。期间所观看的大型室内实景剧《蒙古马》,即以"神马降临"为序曲,在灯光所营造出的时空隧道中,迎面而来的正是一匹白马。位于西乌珠穆沁旗的成吉思汗瞭望山的得名,是基于一个美丽传说:征战之余的成吉思汗在此地休息,醒来时发现自己心爱的两匹白马不见了,登上山峰才惊讶地眺望到那两个骁勇调皮的家伙正在远处悠闲地吃草,遂为此山赐名,寻常的一座山峰因之成为圣地。

相对而言,汉民族对马的颜色的推崇似乎倾向于红色。"人中有吕布,马中有赤兔",国人对此想必都耳熟能详。《三国志·吕布传》载:"布有良马曰赤兔。"裴松之作注时,引了《曹瞒传》记录的当时的这句俗语。经过《三国演义》的演绎,这匹马"浑身上下,火炭般赤,无半根杂毛",并且能够"日行千里,渡水登山,如履平地"。罗贯中还说,赤兔马始而属于董卓,为收买吕布而忍痛割爱;吕布也果然投桃报李,杀死了义父丁原。吕布被曹操缢杀之后,曹操又试图以赤兔马收买被俘的关羽,然关羽在拜谢之余,马照收,走照旧,声称"若知兄长下落,可一日而见面矣",未为所动。

"白马饰金羁,连翩西北驰。借问谁家子,幽并游侠儿。"曹植《白马篇》中的句子。汉民族对白马也有非常欣赏,甚至赋予其圣洁品质的一面。洛阳白马寺供奉的,就是东汉时从印度驮回佛经的白马。《水浒传》第六十回,段景住盗了大金王子的坐骑打算献给梁山,那匹马就"雪练也似价白,浑身并无一根杂毛",并且"一日能行千里,北方有名,唤做'照夜玉狮子马'"。现实中,也有不少骑白马的才俊猛将,如东汉时的张湛和公孙瓒。《后汉书·张湛传》载:"光武临朝,或有惰容,湛辄陈谏其失。"张湛就"常乘白马",因此光武每见到他,辄言"白马生且复谏矣"。又《公孙瓒传》载,公孙瓒"常与善射之士数十人,皆乘白马,以为左右翼,自号'白马义从'。乌桓更相告语,避'白马长史'",见到他得赶紧躲开,否则性命不保。又如五代时的王审知。《新五代史》其本传载:"审知为人状儿雄伟,隆准方口,常乘白马,军中号'白马三郎'。"当然了,那是他受后梁封为闽王之前;成为割据一方的霸主之后,不用自己上阵搏杀,想必出行也该是另一番姿态了。

导致南朝由盛而衰的"侯景之乱"的主角侯景,"所乘白马,每战将胜,辄踶躅嘶鸣,意气骏逸"。《南史》其本传载:"先是,大同中童谣曰:'青丝白马寿阳来。'"侯景涡阳败后,"求锦,朝廷所给青布,及是皆用为袍,采色尚青。景乘白马,青丝为辔,欲以应谣",后世因称侯景为"白马小儿",李白就讥讽过他:"白马小儿谁家子,泰清之岁来关囚。"而"青丝白马",就此成了作乱的代名词。

在抽象意义上,汉民族中的白马亦喻贤人、隐士。《诗·小雅·白驹》有"皎皎白驹,食我场苗。絷之维之,以永今朝。所谓伊人,于焉逍遥"。曹植认为:"彼朋友之离别,犹求思乎白驹。"朱熹云:"驹,马之未壮者,谓贤者所乘也。"又该诗有"皎皎白驹,在彼空谷。生刍一束,其人如玉。毋金玉尔音,而有遐心",意谓骑白驹的伊人已去,隐于空谷。通观全诗,程俊英、蒋见元先生认为,这位品德如玉的客人,纯洁高贵,不幸生于衰乱之世,君无道,既不可匡辅,又不肯依违,所以产生了遁世之心。

但汉民族对白色动物的心态颇有些矛盾,一方面以罕见白色禽兽等的突然出现为不祥之兆。比如白虎,从前便被视为凶神。《警世通言·三现身包龙图断冤》中,"精通《周易》,善辨六壬"的算卦先生李杰给押司孙文算命,"卦象不好",具体就是"白虎临身日,临身必有灾"。而另一方面,又每每将白色动物视之为祥瑞,包括白狼、白兔、白雉、白雀、白象、白鹿、白龟等,莫不如是。如《宋书·福瑞志中》载,文帝时老是看到白鹿、白象、白龟,地方大员们要么"以闻",要么"以献"。为什么会出现这些?以白鹿而言,"王者明惠及下则至"。《新唐书·张知謇传》载,知謇兄弟五人,"皆明经高第,晓吏治,清介有守,公卿争为引重",他家就出现了"白雀巢其廷"的景象。翻开历代志书中的"祥瑞"部分,可以发现诸如此类,不胜枚举。

对于此等祥瑞,前人也并非完全认同。唐高宗李治就说过:"凡厥休祥,虽云美事,若其不实,取笑后人。"贞元八年(792)正月,鄂州观察使何士幹献白鹿,唐德宗也说:"朕初即位,即止祥瑞,士幹致白鹿,其谓我何?还之,彼当惭惧;留之,远近复献。"竟不视,遂放于苑中焉。《万历野获编》云,嘉靖朝"凡呈祥瑞者,必命侍直撰元诸臣及礼卿为贺表,如白龟、白鹿之类,往往以此称旨,蒙异眷,取卿相"。在沈德符看来,这是"大臣谄媚"。

蒙古族崇尚白马,自有其背后的文化意涵。锡林浩特市西乌珠穆沁草原以盛产白骏马而闻名,在此种现实的基础上衍生出各种白马传说,不仅是可能的,而且是自然而然的。

2018 年 9 月 2 日

正当防卫

8月27日发生在江苏省昆山市震川路的于海明致刘海龙死亡案,备受社会舆论关注。不同角度的监控视频,都清清楚楚地记录了案件的发生过程:刘海龙驾驶的宝马轿车突然拐向自行车道,与同向骑自行车的于海明发生争执。未几,刘海龙从车中取出一把砍刀连续击打于海明,许是用力过猛之故,砍刀落地,被于海明捡起反击,致使刘海龙身受重伤,经抢救无效死亡……

孰是孰非,正常人都有判定。而人们关注的焦点,在于于海明的行为是正当防卫还是防卫过当。这就是个相当专业的问题了。刑法第二十条对"正当防卫"如此定义:"为了使国家、公共利益、本人或者他人的人身、财产和其他权利免受正在进行的不法侵害,而采取的制止不法侵害的行为,对不法侵害人造成损害的,属于正当防卫,不负刑事责任。"然而,接下来的"正当防卫明显超过必要限度造成重大损害的,应当负刑事责任,但是应当减轻或者免除处罚",以及"对正在进行行凶、杀人、抢劫、强奸、绑架以及其他严重危及人身安全的暴力犯罪,采取防卫行为,造成不法侵害人伤亡的,不属于防卫过当,不负刑事责任"等规定,在现实中究竟该如何拿捏,即便在律师中也呈现两派意见。

9月1日,昆山市公安局终于一锤定音:于海明的行为属于正当防卫,不负刑事责任,公安机关依法撤销于海明案件。消息传出,举国上下莫不拍手称快。在视频甫一曝光之际,刘海龙被自己的砍刀结果了性命,便为广大网友所揶揄,大抵有"不可思议"的意味在内吧。殊不知,历史上早有似曾相识的一幕。

《史记·陈涉世家》载,陈胜吴广起义爆发之前有一段导火索,讲的是"吴广素爱人,士卒多为用者"。彼时,"将尉醉,(吴)广故数言欲亡,忿恚尉,令辱之,以激怒其众"。这个尉果然上当了,"笞广",紧接着的"尉剑挺,广起,夺而杀尉",颇值得玩味。训诂学家陆宗达先生指出,"尉剑挺"中的"挺"字,一般书上将之释为"拔",因而"剑挺"就成了"剑拔出鞘",但这个解释和当时情境并不不符,因为尉是在鞭打吴广,没有要杀他的意思,何必拔剑呢。陆先生说,如果核证训诂材料,会知道"挺"是"失"的借字,也就是"跌落"。那么,那句话实际上是说,那个喝醉了的逼向吴广的尉,身上的佩剑不小心掉在地上,被吴广捡起,把尉给反刺死了。那么,倘若剑是在尉的手里掉落,那情形跟今天简直就一模一样了。

就正当防卫而言,业界人士也已指出,中国古代无正当防卫之名,而有正当防卫之实。这从相关典籍中不难窥见。

《周礼·秋官·朝士》便明确了这样两种情形,一,"凡盗贼军,乡邑及家人,杀之无罪";二,"凡报仇雠者,书于士,杀之无罪"。对前一种情形,东汉郑众以汉法为况,认为这是说"盗贼群辈若军共攻盗乡邑及家人者,杀之无罪",就像现在"无故入人室宅庐舍,上人车船,牵引人欲犯法者,其时格杀之,无罪"一样。对后一种报仇的情形,清朝孙诒让认为是报仇的人与杀人的仇家相遇,"则得杀之",但有个前提条件,"必先告之于士官,书其姓名于簿籍;不得不告而杀,所以申其情而禁其专擅也",先要备个案。可以自己动手,是因为仇家杀人首先是不义,"罪本当杀,或逃匿,官捕之未得,则报者得自杀之"。在美国西部片中,此类情节倒是不绝如缕,"人同此心"之故吧。

此外,像东汉"无故入人室宅庐舍"则"杀之无罪"一样,唐律中也有这样的规定:"诸夜无故入人家者,笞四十。主人登时杀者,勿论;若知非侵犯而杀伤者,减斗杀伤二等。"这个"若知非侵犯",疏议曰:"谓知其迷误,或因醉乱,及老、小、疾患,并及妇人,不能侵犯,而杀伤者。"在西方诸多国家的法律中,如今也有这样的条款:未经允许而进入私人领地,主人可以开枪,只要枪支拥有合法。早些年,美国有桩震惊世界的案例:一个日本留学生误入一家美国人的前园,结果被房主枪杀了,法庭最后判决房主正当防卫。有了"若知非侵犯"的前提,可见我们前人的这一法条更加人性化。

《旧唐书·刑法志》载,穆宗长庆二年(822)四月,刑部员外郎孙革奏:"京兆府云阳县人张莅,欠羽林官骑康宪钱米。宪征之,莅承醉拉宪,气息将绝。"康宪14岁的儿子康买得,"以莅角抵力人,不敢执解,遂持木锸击莅之首见血,后三日致死"。按照律条,"父为人所殴,子往救,击其人折伤",这个可以,不过把人打死了可不行。但孙革说:"买得救父难是性孝,非暴;击张莅是心切,非凶。以髫卯之岁,正父子之亲,若非圣化所加,童子安能及此?"给皇帝扣顶高帽子来求情。果然穆宗说:"康买得尚在童年,能知子道,虽杀人当死,而为父可哀。若从沉命之科,恐失原情之义,宜付法司,减死罪一等。"不比不知道,比对一下会发现,这一案件与2016年4月发生在山东聊城的于欢案,何其相似乃尔?

看起来,古代所谓"人治社会"中的法条,对"法治社会"未必没有值得借鉴的一面。昆山市公安局既符合刑法又顺应民心的一锤定音,对今后对"正当防卫"的认定,无疑将具有标本性的示范意义。

2018 年 9 月 9 日

秋分

明天就是秋分了。《春秋繁露·阴阳出入上下篇》云:"至于中秋之月,阳在正西,阴在正东,谓之秋分。秋分者,阴阳相伴也,故昼夜均而寒暑平。"我们都知道,太阳在这一天几乎直射地球赤道。因此秋分的到来,既意味着当天昼夜平分,又表示平分秋季。秋分过后,北半球各地开始昼短夜长,与春分正好相反。

前人比较重视二分:春分、秋分。表现之一是要祭祀。如《燕京岁时记》载:"春分前后,官中祠庙皆有大臣致祭,世家大族亦于是日致祭宗祠,秋分亦然。"表现之二是百官有假期。如赖瑞和《唐代基层文官》云,汉代官员五日一休,唐代则十日一休,韦应物因有"九日驱驰一日闲,寻君不遇又空还"句。但除了旬休之外,唐朝官员还有不少假日,二十四节气中的"四立"、夏至冬至、春分秋分等都在内。春分、秋分,"给假一日"。刘禹锡《监祠夕月坛书事》诗曰:"西崦司分昼夜平,羲和停午太阴生。锵锵揖让秋光里,观者如云出凤城。"描写的就是彼时秋分的祥和画面。宋朝也是这样,秋分日百官放假。

秋分的三候为:雷始收声,蛰虫坏户和水始涸。什么意思呢?《七修类稿》里有大略的解释。雷始收声,是说"雷二月阳中发声,八月阴中收声,入地则万物随入也"。前人认为,雷是因为阳气盛而发声,秋分后阴气开始旺盛,所以不再打雷了。蛰虫坯户,这里的坯,即"淘瓦之泥,细泥也"。《礼记》有"坯益其蛰穴之户,使通明处稍小,至寒甚乃墐塞之也",意谓由于天气变冷,蛰居的小动物开始藏入穴中,并且用细土将洞口封起来以防寒气侵入。水始涸,则"水本气之所为,春、夏气至故长,秋、冬气返故涸也",是说此时降雨量开始减少,一些沼泽及水洼处便处于干涸之中。这是前人的生活经验、对自然的观察,再加上自身"三观"所得出的结论。

围绕秋分的文化现象亦值得一提。先看唐朝一正一野的两件事情。

正史如《旧唐书·于志宁传》载,高宗永徽二年(651),于志宁监修国史,"时洛阳人李弘泰坐诬告太尉长孙无忌,诏令不待时而斩决"。李弘泰诬告长孙无忌什么呢,谋反。但对高宗的立命斩之,于志宁不同意,因有上疏切谏。他首先肯定"陛下情笃功臣,恩隆右戚",且"以无忌横遭诬告,事并是虚,欲戮告人,以明赏罚,一以绝诬告之路,二以慰勋戚之心。又以所犯是真,无忌便有破家之罪,今告为妄,弘泰宜戮不待时"。然而,他又说,现在是春天,"时属阳和,万物生育,而特行刑罚,此谓伤春"。因此,"若欲依律,合待秋分"。秋决,至少是从汉代开始就已经形成的传统,除了谋大逆的,其他一概"秋后算账",所谓顺应天意,皇帝是天的儿子,就要按天意、天时行事嘛。实际上,高宗诏令的"不待时",已经明确了这一点。于志宁再引经据典进行了一番强调:"窃案《左传》声子曰:'赏以春夏,刑以秋冬。'顺天时也。又《礼记·月令》曰:'孟春之月,无杀孩虫。省囹圄,去桎梏,无肆掠,止狱讼。'又《汉书》董仲舒曰:'王者欲有所为,宜求其端于天道。天道之大者在阴阳。阳为德,阴为刑,刑主杀而德主生。阳常居大夏,而以生育养长为事;阴常居大冬,而积于空虚不用之处。以此见天之任德不任刑也。'"如此等等,于志宁建议高宗"使举动顺于天时,刑罚依于律令,阴阳为之式序",气坏了归气坏了,事情该怎么办还得怎么办。"疏奏,帝从之"。

野史如《朝野佥载》云:"则天好祯祥。"祯祥,即所谓吉兆。武则天对吉兆迷信到了什么程度?"拾遗朱前疑说梦云,则天发白更黑,齿落更生,即授都官郎中",立马老朱得到了提拔。她的这一软肋尽人皆知吧,狱囚也充分利用了这一点。"司刑寺囚三百余人,秋分后无计可作,乃于圜狱外罗墙角边作圣人迹,长五尺。至夜半,三百人一时大叫",一问,狱囚们说看见圣人了,"身长三丈,面作金色";圣人还发话了:"汝等并冤枉,不须怕惧。天子万年,即有恩赦放汝。"狱卒"把火照之",果然看到一个大脚印,武则天"即大赦天下",且将年号"改为大足元年"。当然,这类故事只有姑妄听之了。

再看清人说的一件事情。

《竹叶亭杂记》云,秋分时节,和阗采玉最好。和阗玉今天也极负盛名,在五个产玉的地方中,"惟出玉陇哈什、哈喇哈什二河中者美"。嘉庆年间,"充贡之地皆罢采",唯有玉陇哈什河那里依旧,而"采恒以秋分后为期",彼时"河水深才没腰,然常浑浊",就在"秋分时祭以羊,以血沥于河,越数日水辄清,盖秋气澄而水清。彼人遂以为羊血神矣"。到了开采的那一天,"叶尔羌帮办莅采于河,设毡帐于河上视之。回人入河探以足,且探且行。试得之,则拾以出水,河上鸣金为号。一鸣金,官即记于册,按册以稽其所得。采半月乃罢"。看起来,秋分的这一指导作用远远超出了农业生产的范畴。

寒来暑往,周而复始,秋分也是一样,而今年的秋分又稍有些不同寻常。早前,有关方面已经宣布,自2018年起,将每年秋分设立为"中国农民丰收节"。这是我国第一个在国家层面专门为农民设立的节日,这一设立,无疑也为传统节气注入了新的时代内涵。

2018年9月22日

丰收

从今年起,传统节气"秋分"被赋予了新的时代内涵:中国农民丰收节。丰收,意谓农作物收获丰盈。"年谷丰稔,百姓安乐",唐太宗的观点。

前人极其重视农业生产,视之为一切之"本"。成语"舍本逐末"比喻抛弃事物根本、主要的部分,而去追求枝节、次要的部分。此中之"本",原初意义即指农耕,"末"指工商。《汉书·食货志》载,贡禹有言:"铸钱采铜,一岁十万人不耕,民坐盗铸陷刑者多。富人臧钱满室,犹无厌足。民心动摇,弃本逐末,耕者不能半,奸邪不可禁,原起于钱。"他觉得,应该"使百姓壹意农桑"。当然,到成语"本末倒置"问世的时候,"本""末"又分别成了树根和树梢。

对农业生产的重视程度,还在于天子的"示范"推动。《礼记·月令》云,孟春亦即春季首月,"天子乃以元日祈谷于上帝",开年即有此举,意谓岁事莫重于农。届时,"择元辰,天子亲载耒耜,措之参保介之御间,帅三公、九卿、诸侯、大夫,躬耕帝藉",耕地的家伙都自己"亲载"。但这终究只是一种仪式,所以"天子三推,三公五推,卿诸侯九推",象征一下就可以了,推,"以耜入土也"。仪式结束,则"执爵于大寝,三公、九卿、诸侯、大夫皆御,命曰劳酒",开怀畅饮一番。接下来的事要具体落实,则"王命布农事,命田舍东郊"。田,田畯,主农事之官,这时要住在当地,靠前指挥,举凡"修封疆,审端径、术。善相丘陵、阪险、原隰土地所宜,五谷所殖,以教道民,必躬亲之"。天子的"示范"传统一直得到延续,北京见存的先农坛,是明清两代帝王躬耕之时的载体。

如果说这些是实操,那么属于"三观"层面的,还有祭社。社,土地神。《国语·鲁语上》云:"共工氏之伯九有也,其子曰后土,能平九土,故祀以为社。"《孝经纬》云:"社者,土地之主。土地广博,不可遍敬,故封土为社而祀之,报功也。"所谓报功,就是祭社,每年两次,一般在立春、立秋后第五个戊日。如甲乙丙丁等干支计日一样,戊日也是每隔11天便有一个,第五个,意味着是第45天。推算下来,春社时值春分,秋社时值秋分。就是说,既要在春耕以前祈求社神的保佑,也要在秋收以后感谢社神的恩情。鲁迅先生的《社戏》,描写的是清末绍兴乡间祭祀土地神时,如何上演酬神祈福之戏。

土地神亦称社公。《后汉书·费长房传》载,费长房遇一老翁,给了他一杖一符,长房"遂能医疗众病,鞭笞百鬼,及驱使社公",土地神都听他的。长房"或在它坐,独自恚怒,人问其故,曰:'吾责鬼魅之犯法者耳。'"不过,对土地神最不恭敬的还是孙悟空,简直就是呼来喝去。《西游记》里,悟空每到一地遇到挫折,首先要找的往往就是土地。如第七十二回,唐僧给抓去盘丝洞,悟空不知道蜘蛛精吐出的丝绳是什么东西,许是比较生气的缘故,不是叫出来了事,而是"捻一个决,念一个咒,拘得个土地老儿在庙里似推磨的一般乱转",搞得连土地婆也看不过眼了。钻出来后,土地"战兢兢的,跪在路旁,叫道:'大圣,当境土地叩头!'"。

前人从来不掩饰对丰收的渴望,适时来场冬雪,亦呼之"瑞雪",认为"兆丰年"。一旦丰收,报功也便成为必然。《诗·周颂·丰年》云:"丰年多黍多稌,亦有高廪,万亿及秭。为酒为醴,烝畀祖妣。以洽百礼,降福孔皆。"描述的就是丰收之后大报的情形。"万亿及秭",郑玄认为"以言谷数多"。秭,郭璞注《尔雅》曰:"今以十亿为秭。"十亿未必确数,而是形容丰收之年粮食之多。程俊英、蒋见元先生认为,这一首是秋天丰收后祭祀时所唱的乐歌,其中,"为酒为醴"是诗眼,前此三句说明酿酒醴的原因,后此三句说明酿酒醴的目的,"寥寥数语,朴实无华,却将祭祀的原因、目的、对象和祭品等都道尽无遗"。

《游山西村》是南宋诗人陆游的名篇,"莫笑农家腊酒浑,丰年留客足鸡豚。山重水复疑无路,柳暗花明又一村"云云,表现出的是丰收之年农村的宁静、欢悦气象,诗人的心情也相当开朗明快。接下来的"箫鼓追随春社近,衣冠简朴古风存",则说到过完这个好年之后,春社又快到了,该向土地神祭献了,流露出对这个古老乡土风俗的赞美。对末两句,"从今若许闲乘月,拄杖无时夜叩门",诗人申述了因为主人待客殷勤,自己想随时乘月而往的心愿,金性尧先生指出:"但亦只有年成好才能这样。"

《后汉书·明帝纪》载,永平十年(67)诏曰:"昔岁五谷登衍,今兹蚕麦善收,其大赦天下。方盛夏长养之时,荡涤宿恶,以报农功。百姓勉务桑稼,以备灾害。吏敬厥职,无令怨堕。"表明前人已将丰收之后的报功关联并提升到了国家治理的高度。王符《潜夫论》更阐发了一个理论:"君臣法令善则民安乐,民安乐则天心慰,天心慰则阴阳和,阴阳和则五谷丰。"接下来,"五谷丰而民眉寿,民眉寿则兴于义,兴于义而无奸行,无奸行则世平,而国家宁、社稷安,而君尊荣矣"。这些由顶真句式引申出来的阶段性目标,逻辑上层层递进,前者是后者的前提和基础,而"法令善"最为根本。以丰收来倒推,未尝不是前人借助天谴来实现主张的一种策略。

2018年9月28日

滥竽充数

前几天有段视频热传一时,关联我所出生和工作过的黑龙江省齐齐哈尔市。

那里的一台中秋晚会上有个集体合吹葫芦丝的节目,站在最中间的女演员虽然表演时异常陶醉,葫芦丝却拿倒了;旁边同样在表演的大叔发现后试图纠正,她则赶快躲开,且流露出明显的不满。旋即知道,该演员还是齐市民族民间文化艺术交流协会主席。何以如此不专业?她这么说的:黑幕中换场,工作人员把葫芦丝给递倒了,为了保证舞台效果,她就没顺过来。识者指出,无论周边亮度如何,葫芦丝拿倒没有,一摸即知。那么,网友一边倒地讥之为现实版滥竽充数,不算过分。

滥竽充数,比喻没有真才实学的人,冒充有本领,混在行家里充数。现实版,是因为对应着古典版,众所周知那出自先秦韩非的一则寓言。《韩非子·内储说》云:"齐宣王使人吹竽,必三百人。南郭处士请为王吹竽,宣王说之,廪食以数百人。宣王死,湣王立,好一一听之,处士逃。"同时期的韩昭侯也遇到过同类问题,他问:"吹竽者众,吾无以知其善者。"怎么辨别谁吹得好呢?田严对曰:"一一听之。"

竽,古代的一种竹制簧管乐器,与笙相似而略大,今日似已不

滥竽充数　135

存。但在从前的演奏中占有相当重要的地位，否则，齐宣王那里也不会养着好几百吃皇粮的吹竽人。《韩非子·解老》另外说到："竽也者，五声之长者也，故竽先则钟瑟皆随，竽唱则诸乐皆和。"竽，俨然有领头"乐"的意味。

竽是个什么样子呢？《周礼·春官·笙师》云："笙师掌敎（吹）竽、笙、龠、箫、篪、篷、管、舂牍、应、雅，以教祴乐。"这里的舂牍，东汉时已未见过，不知道是什么乐器了。然这些乐器总的特点，如孙贻让所说："皆乐器之有孔者，故经并谓之敎。"东汉郑玄具体指出："竽，三十六簧。笙，十三簧。"唐贾公彦注《通卦谚》"竽长四尺二寸"说："竽，管类，用竹为之。形参差，象鸟翼。"按郑玄的理解，竽的这个尺寸是非常有讲究的，它不是"象鸟翼"嘛，"鸟火禽，火数七，冬至之时吹之，冬，水用事，水数六，六七四十二，竽之长，盖取于此也。"有没有道理？可以聊备一说吧。

如果这些描述仍然无助于对竽的形象认识，则1972年长沙马王堆一号汉墓中出土的一件保存相当完好的竽，正可以弥补这一点。那是竽在我国考古发掘中的首次发现。鉴于此间不能配图，还得依据当年主持马王堆汉墓发掘的熊传薪先生的文字：竽嘴为圆管形，用独木制成，但未钻通，首端嵌有宽1厘米许的角质口缘，尾端缠以1厘米的箍；竽斗为椭圆形，由两块木头拼制而成，内无气槽；前面正中开一圆孔，以与吹嘴对接……

至于滥竽充数的南郭处士，有姓而无名，寓言嘛，未必实有其人。当然，话也不能绝对，叶公好龙里的"叶公子高"，据说就实有其人，前几年有人撰文还要给他平反，说是寓言污蔑了他。"处士"用在南郭先生身上，颇有讽刺意味，须知彼时处士，是指德才兼备而隐居不愿做官的人，而南郭先生的表现却恰恰相反。《晋书·刘寔传》中，刘寔有篇《崇让论》，针对其时"世多进趣，廉逊道阙"而作。在他看来,因为"让道废",汉魏以来乃"令众官各举所知"。但是,谁都说自己举荐的是贤良之人,"加之高状,相似如一",实际上"参错相乱,真伪同贯"。导致这种状况的出现,在于"举者知在上者察不能审,故敢漫举而进之",那么,"虽举者不能尽忠之罪,亦由上开听察之路滥"。说到这里,刘寔就援引了滥竽充数的典故,以为"嗣王觉而改之,难彰先王之过"。因此,他认为"推贤之风不立,滥举之法不改,则南郭先生之徒盈于朝矣。才高守道之士日退,驰走有势之门日多矣。虽国有典刑,弗能禁矣"。南郭先生,自问世后便成为无其才而居其位的代名词,名之"处士",不是天大的嘲讽吗?

竽在战国迄汉,大抵朝野间都非常风行。《史记·苏秦列传》载,苏秦游说六国共同抗秦,对齐宣王是这么说的:"临菑甚富而实,其民无不吹竽鼓瑟,弹琴击筑,斗鸡走狗,六博蹋鞠者。"此外,"临菑之涂,车毂击,人肩摩,连衽成帷,举袂成幕,挥汗成雨,家殷人足,志高气扬。"那么,"夫以大王之贤与齐之强,天下莫能当。今乃西面而事秦,臣窃为大王羞之。"这当中,苏秦的话也有令人不解之处,光是临淄吹竽的群众基础就这么好,南郭先生究竟是怎么混进去的呢?

《梁书·庾肩吾传》载,鉴于"近世谢朓、沈约之诗,任昉、陆倕之笔,斯实文章之冠冕,述作之楷模。张士简之赋,周升逸之辩,亦成佳手,难可复遇",还是太子的萧纲主张推崇这类文字,树立标杆,与弟弟萧绎一道,借此拯救当时文坛的丽靡之风,以期"辩兹清浊,使如泾渭;论兹月旦,类彼汝南。朱丹既定,雌黄有别,使夫怀鼠知惭,滥竽自耻。譬斯袁绍,畏见子将;同彼盗牛,遥羞王烈"。事实上,韩非编写出那则寓言,也并非针对文艺界,而是提醒方方面面都要严格把关,都要提防招摇撞骗的人。这样的人,在今天也举目可见,虽未吹竽但帽子上罩着光环就是。

"峰峦帐锦绣,草木吹竽籁。"王安石的句子。竽的声音想必相当美妙,可惜的是因为南郭先生而与"滥"有染,蒙上了一层灰尘。

2018 年 10 月 12 日

守时

昨天参加一个会,过了约定时间半小时也没开始,等台上坐着的人来。我们国度的人不遵守时间,是一种太普遍的现象了,似乎不值得大惊小怪。然对爱较真的人来说,总要愤懑一下,愤懑之余又难免胡乱想去。

前人是推崇守时的,鸡被称为"五德之禽"便可窥一斑。"一声警露君能薄,五德司晨我用多。"白居易《鸡赠鹤》中的句子,典出西汉韩婴《韩诗外传》。"田饶事鲁哀公而不见察",要离哀公而去,哀公不解。田饶举例说明,其中说到了鸡,"首戴冠者,文也;足傅距者,武也;敌在前敢斗,勇也;得食相告,仁也;守夜不失时,信也。"田饶所归纳出的这五点,就是鸡的"五德"。最后的"守时"这一德,更被提升到了诚信的高度。

鸡之展示"守时不失",在鸡鸣。鸡鸣,《诗经》中已构成一种文化意象。如《郑风》之"女曰鸡鸣,士曰昧旦。子兴视夜,明星有烂";另,"风雨凄凄,鸡鸣喈喈。既见君子,云胡不夷?"如果说,这些表现的还是和睦的家庭生活以及夫妻间的真挚感情,那么《齐风》之"鸡既鸣矣,朝既盈矣",涉及的就是上班时间了。那是妻子对丈夫说,鸡已经打鸣,上朝的人都该到齐了。古代的国君每于清晨接见朝臣,《尚书大传》云:"鸡鸣……,然后应门击柝,告辟也。然后少师奏质明于陛下,然后夫人入庭立,君出朝。"郑玄注曰:"应门,朝门也。辟,启也。"逻辑上推断,这大约该是计时工具发明之前的情形,利用鸡鸣这种出于生物本能的"报时器"。如我们所见,前人也很早便发明出了各式各样的计时工具,日晷、漏壶等等。

日晷,由晷盘和晷针组成,晷盘是一个有刻度的盘,中央装有一根与盘面垂直的晷针。针影随太阳运转而移动,投射在刻度盘上的不同位置来显示不同的时刻。北京故宫太和殿前的日晷是明代原物,清华大学校礼堂前大草坪南端的那个来自圆明园遗址,北京大学西门内也有一座,到过这些地方的人们都不难见到。日晷的安装是有些讲究的,且不论晷盘需倾斜安放以平行于赤道面,晷针需指向南北极方向,晷盘上的"子丑寅卯"也需对准。不久前媒体报道,西安南门月城里的日晷,不仅晷盘装反了,且摆放的位置和朝向都不对,正午时晷针所指,居然是"子时"!意在复原文化,却又闹出笑话。关键还在于,一年前有人已经指出问题,不知为何一直得不到改正。

再看漏壶。王安石《夜直》诗有"金炉香烬漏声残,翦翦轻风阵阵寒",苏轼《黄州定慧院寓居作》诗有"缺月挂疏桐,漏断人初静",这里的"漏声残""漏断",说的是一个意思:漏壶里的水快漏完了,时间已经很晚了。漏壶是古代的另一种计时器,利用滴水的多寡来计量时间。它的工作原理是:在漏壶中插入一根标杆,称为箭;箭下有箭舟相托,伏在水面,水流出或流入壶中时,箭下沉或上升,借以指示时刻,因而漏壶亦称漏刻。《周礼·夏官》有"挈壶氏,下士六人、史二人、徒十有二人",设官职以掌,可见漏壶历史也相当悠久。与水漏相应的,还有沙漏,以沙代水。广州时下的若干餐馆,如"渔乐现场""西贝",每在餐桌上置一沙漏,以示顾客等候时间。这种复古既实用,又颇具趣味性。

顺便插一句,安石吟是诗,乃其正常值夜班,彼时翰林学士都要轮流值夜,住宿在学士院里,所以他在"漏声残"之际抱怨"春色恼人眠不得",有佯嗔的意味;而东坡刚从乌台诗案解脱出来,所以"时见幽人独往来,缥缈孤鸿影"。此中缺、疏、断、独、孤等铺垫用字,表达了其凄凉的心境。不是吗?夜深人静,"惊起却回头,有恨无人省。拣尽寒枝不肯栖,寂寞沙洲冷"啊。

必须看到,尽管前人可以相对准确地掌握时间,但不守时的现象俯拾皆是。《元史·赵孟頫传》载:"桑哥钟初鸣时即坐省中,六曹官后至者,则笞之。"有一天,赵孟頫传——就是那个享誉后世的大书画家——迟到了,"断事官遽引孟頫传受笞",按规矩要揍他。赵孟頫传不干,他的申辩理由是:"古者,刑不上大夫,所以养其廉耻,教之节义,且辱士大夫,是辱朝廷也。"这一招很奏效,"桑哥亟慰孟頫传使出,自是所笞,唯曹史以下",只打官阶低的。这算是一桩名人趣事吧。

因为不守时而最悲催的,当推春秋时的庄贾,以至于丢了性命。《史记·司马穰苴传》载,齐景公时,"晋伐阿、甄,而燕侵河上,齐师败绩"。这时,晏子推荐穰苴,说他"文能附众,武能威敌,愿君试之"。景公与穰苴面谈之后,"大说之,以为将军,将兵捍燕、晋之师"。穰苴提出一个条件,自己地位低,"加之大夫之上,士卒未附,百姓不信,人微权轻,愿得君之宠臣,国之所尊,以监军,乃可"。景公于是派了庄贾,穰苴与庄贾约定第二天中午"会于军门"。届时,穰苴"立表下漏待贾",结果"夕时,庄贾乃至"。穰苴问他为什么来这么晚,庄贾说:"不佞大夫亲戚送之,故留。"穰苴召军正问曰:"军法期而后至者云何?"对曰:"当斩。"庄贾吓坏了,"使人驰报景公,请救"。结果,人还没回来呢,穰苴已"斩庄贾以徇三军"。

这样的个案或许有些极端,然对积重难返之事,非极端做法亦不能收到整肃之效。今人开会对迟到不以为意,实质上正形同庄贾,他们不是不知道时间,而是根本没有遵守时间的意识。

2018 年 10 月 19 日

桥

10月24日,港珠澳大桥正式通车。这是连接香港、珠海和澳门的超大型跨海通道,为全球已建最长跨海大桥。自2009年12月15日开始动工,大桥建设者先后攻克了人工岛快速成岛、深埋沉管结构设计、隧道复合基础等十余项世界级技术难题,不啻于中国从桥梁大国走向桥梁强国的里程碑之作。

桥,架在水中或空中以便通行的建筑物。水中的桥都不陌生,空中的从影视中则见得多。《墨子·备城门》云:"断城以板桥,邪穿外,以板次之。"孙诒让阐释说:"连板为桥,架之城堑,以便往来。"说白了,就是吊桥。自己人进来后,把桥的一端拉起;想出去,再放下。话题既因港珠澳大桥而起,此处还是单看水中的桥。在我们历史上,鼎鼎大名的这一类桥能够列出不少,像灞桥、枫桥、赵州桥、卢沟桥、湘子桥等等。位于西安的灞桥,我还没有领略其遗址风姿,亦不知见存与否,以其于典籍中每每遇到,毫无陌生之感。赵州桥、卢沟桥前已专文道及,不再赘述。

《三辅黄图》云:"霸(灞)桥,在长安东,跨水作桥。汉人送客至此桥,折柳赠别。"《雍录》云:"此地最为长安冲要,凡自西东两方而入出崤、潼两关者,路必由之。"《初学记》云"凡桥有木梁、石梁、舟梁谓浮桥",而灞桥至少在王莽时代还是木梁,时"霸桥灾,数千人以水沃救不灭"嘛。灞桥的魅力在唐朝仍然不减,有人统计,《全唐诗》中直接描写或提及灞桥或灞水、灞陵的有100多首(一说200多),如李商隐之"灞水桥边倚华表,平时二月有东巡",岑参之"初程莫早发,且宿灞桥头"等等。《北梦琐言》云,人问郑綮"近有新诗否",对曰:"诗思在灞桥风雪中驴子上,此处何以得之。"郑綮的回答或有双关意味,但行经灞桥每能触动诗人灵感,怕也是事实。文人墨客的生花妙笔,令灞桥又有"情尽桥""折柳桥"之谓。《唐诗纪事》云,雍陶典阳安,"送客至情尽桥,问其故,左右曰:送迎之地止此,故桥名情尽"。雍陶不认同,改之为折柳桥,且赋诗一首:"从来只有情难尽,何事名为情尽桥?自此改名为折柳,任它离恨一条条。"

枫桥,1992年5月我在江浙一带游学时慕名去过,倘若没有张继的《枫桥夜泊》,实际上它也就是一座寻常的石拱桥。不过,陈尚君先生指出,一首唐诗,因为题目不同,常可有不同的文本解读。所举之例,便有此诗。陈先生考证,此诗诗题当为《夜宿松江》,又寒山寺之名起自明初,枫桥畔的普明禅院始建于五代,因而张继是诗全非今人想象的地点与意境,其时所宿之处,附近既没有寺庙,也没有桥,只有月落乌啼,江枫渔火,以及荒寒的远山间传来隐约的梵钟。

位于广东潮州的湘子桥,始建于宋代,为中国乃至世界上第一座启闭桥。湘子,即韩愈之侄,八仙之一,其所以从寻常人物位列仙班,陈先生亦有考证,过程颇为意外或偶然。20世纪90年代初我第一次到潮州,见湘子桥与当代钢筋水泥的寻常桥梁无异。历史上的那座,不知毁于何时,盖王兰若先生创作于1956年的国画《潮州柑市》中,湘子桥形象还清晰可见。前几年再去潮州,见湘子桥已得到复建,仍然采用梁桥与浮桥相结合的基本格局,"十八棱船二十四洲,二十四楼台二十四样",因而重现人们的视野。

《初学记》说到的浮桥,是在并列的船、筏、浮箱或绳索上面铺设木板而形成的桥,湘子桥的中间部分就是浮桥。1997年5月,我在山西运城参观过出土的黄河开元铁牛,还在深坑里,只是搭了四面透风的简陋棚子,为四位铁人和四头铁牛遮蔽下日晒或雨水。铁牛每尊高约1.9米,长约3米,宽约1.3米,伏卧,两眼圆睁,呈负重状,形象逼真,其中一个牵牛人还穿着翻领西装。铁人、铁牛正为稳固唐朝当时建造的蒲津浮桥,以维系秦晋交通。唐太宗有一首浮桥诗,"岸曲非千里,桥斜异七星。暂低逢辇度,还高值浪惊"云云,则不知写的是哪座。

至于建设跨海大桥,传说中秦始皇曾跃跃欲试,即建造所谓秦桥。《初学记》卷六引《三齐记》云:"青城山(青州城阳山之脱误),秦始皇登此山,筑城造石桥,入海三十里。"卷七注云:"东海有石桥,秦始皇造,欲过海也。"又引《齐地记》云:"秦始皇作石桥,欲渡海观日出处。旧说始皇以术召石,石自行,至今皆东首,隐轸似鞭挞瘢,势似驰逐。"所谓"以术召石",是说"于时有神人能驱石下海,石去不速,神人辄鞭之,皆流血,至今石悉赤"。《水经注》还引用一种说法:"始皇于海中作石桥,海神为之竖柱。始皇求与相见,神曰:'我形丑,莫图我形,当与帝相见'。乃入海四十里,见海神。左右莫动手,工人潜以脚画其状。神怒曰:帝负约,速去!始皇转马还,前脚犹立,后脚随崩,仅得登岸。画者溺死于海。"不用再说什么了,海神竖柱、神人驱石的秦桥,纯属十足的神话传说。

前人有建设跨海大桥之心,而无建设跨海大桥之力,只有寄望于神人的襄助,虽然神乎其神,却只能停留于幻想层面,只有在科技昌明的今天才可能化为现实。港珠澳大桥的建成通车,不仅极大缩短了香港、珠海和澳门三地间的时空距离,而且代表了中国桥梁的技术水准,还是国家综合国力的具体体现。

2018 年 10 月 25 日

武侠小说

昨天，一代武侠小说泰斗金庸先生在香港逝世，享年94岁。从20世纪50年代末至70年代初，金庸共写了15部武侠小说，他自己曾经取其中14部作品名称的字首，概括为"飞雪连天射白鹿，笑书神侠倚碧鸳"，外加的一部是《越女剑》。这些作品进入内地之后，可谓影响了几代人。上世纪末，余亦曾通读一过。

武侠小说，即以武侠为主题的小说。武侠，从前指有武艺、讲义气、专门打抱不平的人，就像电视剧《水浒传》里唱的："路见不平一声吼，该出手时就出手。"当然了，就梁山好汉而言，武侠恐怕只能限于鲁智深诸辈，多数还只是以打劫杀人为乐事。按陈平原先生的梳理，"侠"这一概念，最早见于《韩非子·五蠹》，"儒以文乱法，侠以武犯禁"云云，后者特征为"聚徒属、立节操以显其名，而犯五官之禁"。到《史记·游侠列传》，对"侠"乃有了较为明晰的勾勒："其行虽不轨于正义，然其言必信，其行必果，已诺必诚，不爱其躯，赴士之厄困，既已存亡死生矣，而不矜其能，羞伐其德，盖亦有足多者焉。"元稹说得更简单："侠客不怕死，怕死事不成。"

唐传奇，被公认为武侠小说之滥觞。浏览如《聂隐娘传》《虬髯客传》《红线》等篇，都不难发现栩栩如生的侠客形象。因为侯孝贤的电影，人们对聂隐娘该有些许印象。《虬髯客传》中，虬髯客诛杀了"衔之十年"的"天下负心者",以其心肝为下酒物。《红线》说的是,节度使薛嵩家的婢女红线,在"主公一月,不遑寝食"之际,挺身而出,提议以盗取田承嗣枕边金盒、次日送归的办法,来打消其进犯之意。然而,田承嗣"募军中武勇十倍者,得三千人,号外宅男,而厚恤养之。常令三百人夜直州宅",取之谈何容易?且薛嵩担心"然事若不济,反速其祸",红线回答:"某之行,无不济者。"但见她,"入闺房,饰其行具,梳乌蛮髻,攒金凤钗,衣紫绣短袍,系青丝轻履,胸前佩龙文匕首",未几便"不敢辱命",且全过程毫无杀伤。就是说,为了强调侠客的武功高超,从开始的时候起,他们就被神秘化了。再举聂隐娘来说,她不是既能"白日刺其人于都市,人莫能见",又能"化为蠛蠓,潜入仆射肠中听伺"吗?

甚至唐传奇中以爱情为主题的那些篇目,也有侠客的身影。如《霍小玉》中"衣轻黄纻、挟弓弹"的豪士,把薄情的李益"挽挟其马,牵引而行",硬是给拖去了小玉的家。

有学者曾经指出,更直接、更深广地塑造民族心态的过程中,通俗文学起到了不可估量的作用,如佛、道思想对民族素质的影响,其经典未必发挥了多大作用,而农村起房造屋破土时的"姜太公在此,百无禁忌"一类,却是出自《封神演义》。武侠小说到清代发展成为长篇小说,突出"清官""侠客""义士"的作用,甚至将侠客与清官统而为一,形成"公案侠义"这样一个新的小说品种。如《施公案》《三侠五义》等,让展昭、欧阳春什么的大显身手,并不是受到《史记》《汉书》中的游侠影响,源头正是唐宋传奇之类。

古龙、梁羽生、温瑞安、卧龙生……谈起当代响当当的武侠小说作家,人们可以开列长长的一串。钱锺书父亲钱基博先生也是名学者,在《版本通义》《经学通志》等著作之外,也曾出版过一部《武侠丛谈》,收录自家所作《秦大秦二》《老嫖客》《潘五先生》等武侠小说。不过,"凡是有华人的地方,就一定有金庸的武侠小说",意谓是金庸先生将武侠小说推向了一个新的高峰,达到了一个新的高度。

金庸武侠小说之所以受到社会各个阶层的青睐,想来如同鲁迅先生所云《红楼梦》,"经学家看见《易》,道学家看见淫,才子看见缠绵,革命家看见排满,流言家看见宫闱秘事……"在金庸作品中,有人可能看到了历史。传奇作家已然如此,他们往往把虚幻的豪侠故事,安放在具体的历史背景下,并让其与实有的历史人物发生联系,甚至提供证人或注明出处,造成一种凿凿有据的假象。薛嵩、田承嗣、李益,都实有其人。《射雕英雄传》的历史背景是"靖康耻";《天龙八部》的历史背景是大理段氏政权。有人可能看到了文化内涵,陈平原先生就说了,倘若有人想借助文学作品初步了解佛、道,不妨从金庸的武侠小说入手。盖佛、道思想乃《天龙八部》《笑傲江湖》的基本精神支柱。有人可能领略了文字的魅力,信手翻翻,"令狐冲试奏《碧霄吟》,虽有数音不准、指法生涩,但琴韵中洋洋有青天一碧、万里无云的空阔气象",隽永之美跃然纸上。有人可能出于一种纯粹的心理需求。明人张潮说:"胸中小不平,可以酒消之;世间大不平,非剑不能消之。"武侠小说不会随着朝代的更替或社会形态的转变而失去魅力,端在于平民百姓要求社会公正平等的强烈愿望一旦受挫,他们就会把这种愿望寄托在身怀绝技而又行侠仗义的武侠身上。

有人曾经问金庸先生:"人生应如何度过?"他的回答是:"大闹一场,悄然离去。"大闹,自然是他的谐谑,实际上乃是大干。退而言之,孙悟空大闹天宫,成就的也是一番惊天动地的伟业。人生即便"小闹"一场,亦不枉走一遭,断不可碌碌而为就是。

2018 年 10 月 31 日

铸造

1978年11月3日,是我初中毕业后到第一重型机器厂技工学校报到上学的第一天。弹指间,整整过去了40年。我所学的是铸造专业。第一课,班主任如何介绍专业内容不记得了,却清楚地记得他说,司母戊鼎是铸造工人的骄傲。司母戊鼎,我那个时候的中学课本已经收录,知道它是当时出土的世界上最大、最重的青铜礼器,反映了前人的高超工艺和艺术水平。得知其原来就是铸造而成,专业自豪感陡然增强了不少。

铸造,俗名翻砂,就是把金属熔炼成符合一定要求的液体并倒入砂型或模子里,凝固之后得到有预定形状、尺寸和性能的铸件的工艺工程。《管子·任法》云:"昔者尧之治天下也,犹埴之在埏也,唯陶之所以为;犹金之在炉,恣冶之所以铸。"管子是打个比方,说明尧那个时候的百姓,就像黏土在模具里、金属在熔炉里一样,任凭陶工去制造、铸工去铸造。这个比方形象地道出了铸造的基本原理。铸造工人的工作,就是根据范——模子——来制造砂型(亦称铸型)。范,原来多是陶制,现代则主要是木型。我们那届有5个班,铸造、车工、钳工、锻造之外,还有一个就是木型班,对应着厂里专门的木型车间,主要制作铸件木型。

铸造是人类掌握较早的一种金属热加工工艺,世界范围来看，美索不达米亚在公元前3200年就出现了铜青蛙铸件。我国古代对铸造工艺贡献良多。前几年，中国科学院在全球视野下盘点了"中国古代重要科技发明创造"，总共推选出88项，其中属于铸造的就有两项：块范法和叠铸法。简言之，铸造青铜器等采用块范法，铸造钱币等采用叠铸法。前者是中国青铜时代占统治地位的金属成形工艺，后者在东汉发展成熟，均有大量遗址发掘为佐证。

按《史记·封禅书》的说法，先有"黄帝采首山铜，铸鼎于荆山下"，后有"禹收九牧之金，铸九鼎"。铸鼎，因而成为政权的象征，九鼎更有至高无上的寓意。吃饭的时候，"天子九鼎，诸侯七、大夫五、元士三"，天子之外，别人用了九鼎那是僭越。鼎之外，铸造出品的种类也数不胜数，如乐器、兵器等等。《左传·昭公二十一年》有"天王将铸无射"，这里要铸的是钟。最有代表性的当推湖北曾侯乙墓出土的编钟，这套六十多件的编钟集先秦音乐之大成，不仅音调准确，而且纹饰极为精细，表明商周时期对青铜模具的制造技术运用极为熟练。并且，编钟在铸造时，铜、锡、铅的含量达到了最合理的比例，使编钟除了美观，还呈现了它的声学特点，表明春秋战国时期，人们已经对合金成分与乐钟性能的关系有了精确的认识。再看《昭公二十三年》，有"莒子庚舆虐而好剑，苟铸剑，必试诸人，国人患之"，这里要铸的是剑，杀人以试剑之利钝，庚舆之虐可窥一斑。《开元天宝遗事》"肉腰刀"条云，"李林甫妒贤嫉能，不协群议，每奏御之际，多所陷人，众谓林甫为肉腰刀"，这个人还有个特点，就是"以甘言诱人之过，潜于上前"，大家都知道，所以互相提醒："李公虽面有笑容，而肚中铸剑也。"这个铸剑，无疑已是社会学意义上的了。

关于铸造，还有两事值得一说。一个是《左传》中的"铸刑书"和"铸刑鼎"。前者见《昭公六年》,发生在郑国,"三月,郑人铸刑书";后者见《昭公二十九年》,发生在晋国,"铸刑鼎,著范宣子所为刑书焉"。杜预注曰:"铸刑书于鼎,以为国之常法。"就是把法律铸在铜鼎上,让大家都能看到。但是,郑国之举受到叔向的批评;晋国之举受到孔子的批评,记得"批林批孔"那会儿,那是孔子的罪状之一。叔向认为如此则"民知争端矣,将弃礼而徵于(刑)书,锥刀之末,将尽争之"。后面这话,说的实际上就是铸造工艺,铸刑书、刑鼎均需刻字于范,锥刀是刻字工具,那么锥刀之末,指代了刑书的每字每句。晋国铸刑鼎的前提是赵鞅、荀寅"帅师城汝滨,遂赋晋国一鼓铁,以铸刑鼎",鼓是计量单位,杨伯峻先生考证即"当时之四百八十斤"。因此,这件连重量都具备了的刑鼎,被认为是世界上最早见于文字记载的铸铁件。

再一个是西汉吴王濞"铸山煮海"。《史记·吴王濞列传》载,吴有豫章郡铜山,"濞则招致天下亡命者铸钱,煮海水为盐,以故无赋,国用富饶"。景帝继位,晁错主张削藩,说吴王濞的行为是谋作乱,"今削之亦反,不削之亦反。削之,其反亟,祸小;不削,反迟,祸大"。不料,吴王濞发动"七国之乱"的借口,却正是"请诛晁错,以清君侧"。叛乱的资本,能够铸钱是为其一。

器物可铸,"人可铸与?"《法言·学行》中有人发此一问。扬雄答曰:"孔子铸颜渊矣。"汪荣宝先生阐释说:"'孔子铸颜渊'者,司马云:'借令颜渊不学,亦常人耳。遇孔子而教之,乃庶几于圣人。'"意谓颜回得孔子陶冶而成大器。铸颜,后因泛指培养人才。这是铸造引申出的另一层社会学意义了。

"车钳铣,心欢喜;要翻砂,就回家。"当年的俗谚折射了铸造行业在工厂的低下地位,虽然铸造工艺是机械制造工业的基础。第一重型机器厂有三个大型铸造车间,铸钢、铸铁和有色金属铸造,一应俱全。前两个,我在技校实习时各干过三个月。在铸钢车间适逢为葛洲坝电站制造转子叶片,地坑造型,三班倒,昼夜不停。多年过去,那种热火朝天的情景仍历历在目,也每有曾经出了份力的自豪感。

2018 年 11 月 3 日

凤爪·鸡跖

粤式早茶里有一道豉汁蒸凤爪比较出名,说是老广叹茶必点也不为过。

凤爪其实就是鸡爪。鸡之名凤,犹"龙虎斗"中蛇之名龙、猫之名虎,这种动辄"高攀"的做法,取其形近或神似的缘故吧,总之是一种传统文化心理,不必非议。凤爪的制作过程,是将鸡爪经过炸与蒸,发得泡而松软,再加上诸味调和的酱料。吃过的人都知道,吮之脱骨,齿颊留香,别看没什么肉,咀嚼之不失为一种乐趣。营养呢,据说因为凤爪富含胶质,可以保持皮肤的滋润,有养颜之效。

古代很早就有人喜欢吃凤爪了,早到什么程度呢?至少可以溯至春秋战国,不过,那时候不叫凤爪,而叫鸡跖或鸡蹠。跖,足跟或脚掌。《说文解字》释"跖"为"足下也",段玉裁注"足下",即"今所谓脚掌也"。记得自己最早知道"跖",是在"批林批孔"之际,彼时绘画、文字每有"柳下跖痛斥孔老二"的题材。那个"跖"是人,所谓大盗,先秦典籍中一概称为"盗跖"。比喻各为其主的成语"跖狗吠尧",就关联了他,源自《战国策·齐策六》。貂勃说:"跖之狗吠尧,非贵跖而贱尧也,狗固吠其非主也。"那个痛斥故事,则据说是从《庄子·盗跖篇》中衍生出来的,"鲁人孔丘,闻将军高义,敬再拜谒者",而"谒者入通,盗跖闻之大怒,目如明星,发上指冠"嘛。

最早记载的吃凤爪的人大概是齐王,可惜不知道齐什么王。那是《吕氏春秋·用众》在谈到学习时打的比方:"善学者,若齐王之食鸡也,必食其跖数千而后足,虽不足,犹若有跖。"这段文字,毕沅说"正文难晓",且怀疑"不"字为衍文,但还是给出了大致意思:善于学习的人就像齐王吃鸡一样,一定要吃几千只鸡爪才感到够,"虽足而犹若有跖未尽食者。此则学如不及,唯恐有闻为足,以形容好学者贪多务得之意耳"。李宝洤不同意他的说法,认为这是"言齐王食鸡,以跖为美。善学者亦当如其爱鸡跖,必数千乃足,即不足数千,犹必有跖之可取。此以跖喻学之精者"。前人惜墨如金,想来不会有最终定论,然以吃鸡跖喻学习、鸡跖乃美味值得广泛摄取,这一点显然还是有共识的。北宋宋祁有《鸡跖集》,书名之义即取"学务博而始有成"之意。

至于齐王究竟吃了多少,不同典籍里面又是一笔糊涂账。《淮南子·说山训》云:"天下无粹白狐,而有粹白之裘,掇之众白也。善学者若齐王之食鸡,必食其蹠,数十而后足。"杨树达先生说,"食蹠数十,不足为多",这个"十"应当是"千",形近之误。但何宁先生认为,食蹠数千,多则多矣,然似亦夸饰近诬;且鲍廷博本《太平御览》所引《吕氏春秋》中,"数千"也是"数十"。话说回来,即便一次吃"数十"凤爪,也是有些惊人了。不管齐王究竟吃了多少吧,他因此吃出了名气不会错。"狂言虽寡善,犹有如鸡跖。鸡跖食不已,齐王为肥泽"云云,三国时魏之应璩作《杂事》诗时还想着他呢。"朝来地碓玉新舂,鸡跖豚肩异味重。便腹摩挲更无事,老人又过一年冬。"陆游的句子,不难想见其时吃得何等惬意,这要归结齐王的带动之功吧。

段成式《酉阳杂俎·酒食》云,南朝梁刘孝仪某日一边食鲭鲊,一边谈吃,赞叹"邺中鹿尾,乃酒肴之最",最好的下酒菜。崔劼表示同意:"生鱼熊掌,《孟子》所称;鸡跖猩唇,《吕氏》所尚。鹿尾乃有奇味,竟不载书籍,每用为恨。"这里的"恨",《太平广记》"刘孝仪"条引《酉阳杂俎》则作"恨"。那么好吃的东西,前人都没有提及,可不遗憾?孝仪曰:"实自如此,或是古今好尚不同。"以前没把它当好东西。这一点倒不难理解,今天老广吃得津津有味的濑尿虾,据说改革开放之前是用来当作肥料的!

《酉阳杂俎续集·支动》还有一则,云"威远军子将臧平者,好斗鸡,高于常鸡数寸,无敢敌者。威远监军与物十匹强买之,因寒食乃进。十宅诸王皆好斗鸡,此鸡凡敌十数,犹擅场怙气。穆宗大悦,因赐威远监军帛百匹",看到这里都很明白,然"主鸡者想其躩距,奏曰:'此鸡实有弟,长趾善鸣,前岁卖之河北军将,获钱二百万'",就像毕沅前面说的"正文难晓"了。躩距,也是鸡跖的代称。难不成主鸡者惦记吃那个斗鸡的爪子?

有趣的是,刘勰《文心雕龙·事类》在谈到作家"将赡才力,务在博见"时又用吃凤爪来打比方:"狐腋非一皮能温,鸡蹠必数千而饱。"狐腋即狐狸腋下的毛,最能保暖,取很多狐腋缝成的皮袭称为狐腋之裘。成语"集腋成裘"就是这个道理,意谓积少为多,以成一事。因此,"综学在博,取事贵约,校练务精,捃理须核,众美辐辏,表里发挥",综合学问在于广博,选取事例重在精简,考核提炼力求精当,采摘理论须要核实,各种优点都齐备了,作家所具的才能和学问势必就能发挥长处。通过吃鸡爪以喻做学问,有须臾不可或分的态势,有趣之处正在这里。

"百嗜不如双跖美,频年自愧一坩虚。"《红楼梦》作者曹雪芹的祖父曹寅,鸡爪、鸭爪全都喜欢。可惜的是,《红楼梦》里对鸡爪没有提及,只说到了"糟鹅掌、鸭信"。提及的话,鸡爪又要添加一层文化内涵了。

2018 年 11 月 8 日

剁手

每年的 11 月 11 日,先是不知从何时开始成了我国民间的"光棍节",又不知从何时开始成了国人的购物狂欢节。在这一天,商家使尽浑身解数,以各种手段进行促销。于是乎,各类预售、红包、返现券、优惠券、定金膨胀、满减等优惠手段不一而足,至于有网民吐槽,没有奥数功底已经不敢应战了。然无论如何,"剁手党"们每逢此时都雀跃不已。剁手,当然不是对之实施古代的刖刑,剁手党是指那些沉溺于兴致勃勃地搜索、比价、秒拍的人群,他们觉得自己该被剁手以收手吧。

剁手党所以控制不住自己,到最后可能买回的是没有实用价值的物品,归根到底是因为觉得价格划算。说到物价,《镜花缘》里"君子国"的故事极为有趣,不妨一窥。事在第十一回。

唐敖、多九公来到君子国的闹市,发现两个人在争吵,吵什么呢? 只见有个买东西的隶卒手中拿着货物道:"老兄如此高货,却讨恁般贱价,教小弟买去,如何能安! 务求将价加增,方好遵教。若再过谦,那是有意不肯赏光交易了。"卖货人答道:"既承照顾,敢不仰体! 但适才妄讨大价,已觉厚颜;不意老兄反说货高价贱,岂不更教小弟惭愧? 况敝货并非'言无二价',其中颇有虚头。俗云:'漫天要价,就地还钱'。今老兄不但不减,反要加增,如此克己,只好请到别家交易,小弟实难遵命。"隶卒又说道:"老兄以高货讨贱价,反说小弟克己,岂不失了'忠恕之道'?凡事总要彼此无欺,方为公允。试问那个腹中无算盘,小弟又安能受人之愚哩。"谈了半天,卖货人执意不加价,隶卒赌气,虽照数付价,但只拿了一半货物。刚要举步,卖货人哪里肯依,只说"价多货少",拦住不放。路旁走过两个老翁,作好作歹,从公评定,令隶卒照价拿了八折货物,这才交易而去。

买东西的说买得太便宜了,卖东西的说卖得太贵了,此等美事只能存在于"君子国"。在现实生活中,无需举例,我们也知道情况恰恰截然相反:卖东西的总是强调如何便宜,而买东西的觉得自己横竖吃亏。理论上看,价格是价值的货币表现,是商品的交换价值在流通过程中所取得的转化形式,是一项以货币为表现形式,为商品、服务及资产所订立的价值数字。价值是价格形成的基础,价格反映价值。

《史记·货殖列传》中,计然对勾践提出了"积著之理",则可一窥春秋战国之际的经商理念。具体内容是:"务完物,无息币。以物相贸,易腐败而食之货勿留,无敢居贵。论其有余不足,则知贵贱。贵上极则反贱,贱下极则反贵。贵出如粪土,贱取如珠玉。财币欲其行如流水。"按胡寄窗先生的理解,这是说所掌握的商品要质量好,易于出手,不要让货币停留在手中;价格一贵即行出手,不要老是在等更高的价格。总之,不论商品还是货币,都要它们行如流水。

《越绝书·计倪内经》中计然换成了计倪,理念承接于此。计倪曰:"臣闻君自耕,夫人自织,此竭于庸力,而不断时与智也。时断则循,智断则备。知此二者,形于体万物之情,短长逆顺,可观而已。"就是说,做到"其行如流水",此中巧妙决定于"时断"与

"智断"。时断,掌握天时变动的规律;智断,选择贸易对象时要具有丰富的商品知识。因此,见之于国家,是不必"君自耕,夫人自织"的,只要通悉财货的源流,又能够任贤使能,则财货皆可招致。胡先生说,在这里,计然他们"终于充分暴露了那种不劳而获的观点……只要他会做买卖,能通悉财货源流,就可通过商业的中介活动把人家的财富刮到自己的荷包里来"。这种颇具时代色彩的结论,我们当然该予以充分理解才是。

有意思的是,经济层面之外,市场价格在从前也是民风的晴雨表。《礼记·王制》云"天子五年一巡守",巡守的一项内容就有"命市纳贾,以观民之所好恶,志淫好辟"。郑玄和孙希旦是这样进行诠释的。郑氏云:"贾,谓物贵贱厚薄也。质则用物贵,淫则侈物贵,民之志淫邪,则其所好者不正。"孙氏云:"市,谓司市之官。命市纳贾者,命诸侯司市之官各纳其市贾之贵贱也。诗有贞淫、美刺,市贾有贵贱、质侈,观之,所以见风俗之美恶,好尚之邪正。"统而观之,如果奢侈品的价格上涨,那就是"志淫"的人多,风气就不好;如果一般生活用品的价格上涨,就意味民风质朴,风气就好。

如今若干商业网站的双十一,营业额动辄多少亿元,折射了何种民风需要专业人士去进行研究。优惠的做法本身,有薄利多销的意味,《史记·货殖列传》所谓"贪贾三之,廉贾五之"是也,"贪贾未当卖而卖,未可买而买,故得利少,而十得三。廉贾贵而卖,贱乃买,故十得五"嘛。俱往矣,网络时代的营销和盈利模式不要说古人,就是前些年也不会有多少人能够料到。今日下午,余亦首次凑了回热闹,盖浏览一下当当网,见《通志》《文献通考》等早想置备的大部头,皆无需计算,直白地标明5折,旋即下了订单。无论买家受益如何,商家以猎取利润为其根本出发点是无疑的。只是不知,网络商家的这种促销行为是否属于倾销,是否属于饮鸩止渴,是否会对正常的市场价格秩序构成伤害。

2018 年 11 月 11 日

神枪手·神箭手

第二届世界警察手枪射击比赛正在广东佛山进行。这是我国公安机关首次承办此类赛事。在一周的时间里,来自68个国家和地区的256名"神枪手"将在特殊比赛场景内决出"世界警界枪王"。类似比赛放在冷兵器时代,产生的会是神箭手。

弓箭的发明很早。1966年春,江苏邳县新石器遗址出土了一具男性尸骨,他的右手手骨处握着一把骨质匕首,左肱骨下放置一把石斧,尤奇的是,他的左腿股骨间,完好地保留着一枚骨质的三角形箭镞!该遗址距今约6000年,也就是说,在原始社会晚期,弓箭已经被用作杀伤人类的兵器。后来就更不用说了,《宋史·杨再兴传》载,金兀术"顿兵十二万于临颍",杨再兴"以三百骑遇敌于小商桥,骤与之战,杀二千余人,及万户撒八孛堇、千户百人"。再兴英勇战死后,焚其尸体,竟然"得箭镞二升"!

正因为弓箭的发明很早,上古神话传说中已有神箭手,这就是羿。所谓"十日并出,羿射去九",天上原本有十个太阳,让羿给射下来九个,套用朱文公的话说:天不生后羿,万古将白昼。羿的事迹,《淮南子·本经训》等有所记载,"尧乃使羿诛凿齿于畴华之野",诛的方式就是射杀,《山海经·海外南经》云,时"羿持弓矢,凿齿持盾"嘛。而羿之死殊为可惜,用《孟子·离娄下》的说法,

"逢蒙学射于羿,尽羿之道,思天下惟羿为愈己,于是杀羿"。不过,清朝学者赵翼认为,黄帝、帝喾、尧、夏时都有名羿而善射者,羿当为善射者的通名,并非实体,否则,"天下有如此久寿之人乎"?不用说,赵翼是在跟神话较真了。

现实生活中,最有名的神箭手当推春秋时的养由基和西汉时的李广。

养由基,约为楚庄王至楚共王时人。《战国策·西周策》中,苏厉谓白起曰:"楚有养由基者,善射,去柳叶者百步而射之,百发百中。左右皆曰'善'。"别小看这一句,诞生了两个成语:百步穿杨与百发百中。《左传》中有不少养由基的事迹。如《成公十六年》记晋楚鄢陵之战,时有"(潘党)与养由基蹲甲而射之,彻七札焉",内外厚薄七层革甲照样能射穿。人曰"有二臣如此,何忧于战?"楚共王一开始还以为这是吹牛,"及战,(晋将吕锜)射共王中目",共王才叫来养由基,"与之两矢,使射吕锜,中项,伏弢",结果养由基一箭就把他射死了。《东周列国志》也有对养由基的描写,说吴楚相攻,他"执弓贯矢,身先士卒",最后"死于乱箭之下"。当然,那属于小说家言了。

相对而言,李广更知名一些。他出身于射箭世家,这手本领曾令文帝感叹,说他生不逢时,如果在高祖那会儿,"万户侯岂足道哉!"翻开《汉书·李广传》,李广射虎、射匈奴中贵人、将士,射绩比比皆是。夸张之处当然也不乏,如李广"出猎,见草中石,以为虎而射之,中石没矢,视之,石也"。

读过《水浒传》的人都知道,梁山好汉中有个花荣是神箭手,"百步穿杨神臂健,弓开秋月分明,雕翎箭发迸寒星"。花荣绰号便叫"小李广",正因钦慕这个前辈。花荣的本领,自然也属于小说家言。上梁山的路上遇到吕方、郭盛比武,两枝画戟上的豹尾彩绦纠结在一起,花荣一箭射去便解决了问题,引得围观的"那二百余人一齐喝声采",吕郭二人也不打了,纵马奔来"愿求神箭将军大名"。上山后因为晁盖将信将疑,乃又有惊艳之举,"远远的有一行雁来,花荣未敢夸口,这枝箭要射雁行内第三只雁的头上",结果当然是弦响雁落,"那枝箭正穿在雁头上",令吴用赞叹"休言将军比李广,便是养由基也不及神手!"二打祝家庄时花荣也建了奇功,梁山军马陷入盘陀路,他一句"有何难哉",然后"只一箭,不端不正",就把指挥祝家兵马的红灯"射将下来",令对方顿成没头苍蝇。《水浒传》百二十回本里,方腊手下有个庞万春,绰号则为"小养由基",梁山一百单八将中的史进、石秀、陈达、杨春、李忠、薛永、欧鹏七人,都死在他和部下的箭下。

欧阳修名篇《卖油翁》脍炙人口,说陈尧咨善射,"当世无双,公亦以此自矜"。但有一次他练习的时候,虽"发矢十中八九",旁边"释担而立"且看了半天的卖油翁,却"微颔之"而已。在他看来,这就像他从"孔方兄"的方孔往葫芦里倒油,"自钱孔入,而钱不湿",是件"但手熟尔"的事情。当年,养由基先曾遇到此类问题,那是一个不知职业的无名氏,说养由基射得不错,但是,"夫射柳叶者,百发百中,而不已善息,少焉气(衰)力倦,弓拨矢钩,一发不中,前功尽矣"。射得好归射得好,还得懂得适可而止,等下没劲儿了,还在那儿张弓,一箭不中则前功尽弃。这自然也是个寓言类故事,苏厉借此劝告白起见好就收,破韩、魏,攻赵,"公之功甚多",如今,"公又以秦兵出塞,过两周,践韩而以攻梁,一攻而不得,前功尽灭,公不若称病不出也"。

当下的射击比赛大抵没有古人那么多暗喻或借喻。根据《赛事规则》,比赛综合考验选手射击速度、精度、快速判断能力和临场实战心理,也就是说,在陌生环境和突发情况下如何做到"百步穿杨",以更加符合警务实战快准射击、制止犯罪的任务要求。

2018 年 11 月 18 日

城墙

前两天在省委党校学习。某日上午结束稍早,乃踱去附近的越秀公园,在镇海楼一带闲逛一番。镇海楼是老广州标志性建筑之一,始建于明洪武十三年(1380),历史比北京紫禁城落成还早60年。与镇海楼同时映入眼帘的明代遗迹,还有紧邻它的城墙。2013年5月,二者合并成为全国重点文物保护单位。20世纪80年代中,我第一次来这里游玩的时候,面对城墙上盘根错节的榕树须根,便不免有些思古幽情。

城墙,为防卫而建筑在城之周围的高峻坚厚的围墙。对都城而言,学术界有"无邑不城"的说法,刘庆柱先生认为:"城墙是构成都城的基本政治要素,没有'城墙'的都城实际上是不存在的。"对从前的城市而言也是这样,城墙堪称标配,这种景象在并不久远之前,也还是一种常见景观。费穆电影《小城之春》的背景是抗日战争刚刚结束,生活在小城中的女主角心事重重之际,每到城墙上怅惘一回。

"城头铁鼓声犹振,匣里金刀血未干。"(王昌龄句)在冷兵器作战年代,城墙足以发挥抵御敌人的作用。

《墨子·公输》中有个著名故事:"公输般为楚造云梯之械成,将以攻宋。子墨子闻之,起于齐行十日十夜,而至于郢,见公输般。"公输般虽然理屈,以"吾既已言之王"为由,固执己见,两个人便又实操了一下。"子墨子解带为城,以牒为械,公输般九设攻城之机变,子墨子九距之",最后,"公输般之攻械尽,子墨子之守圉有余"。云梯,高诱注曰:"攻城具,高长上与云齐,故曰云梯。"显然,公输般发明云梯之前,楚王还只有垂涎宋国的份儿;然即便有了云梯,不知墨子已深谙"决定战争胜负的不是一两件新式武器"之道。

《晋书·石勒载记》载,王浚遣大军五万进讨石勒,石勒这边"时城隍未修,乃于襄国筑隔城重栅,设鄣以待之"。这里的城隍,还不是通常所说的守护城池的神,而正指城墙和护城河。之前,石勒"进据襄国"之后,张宾就对他说了:"今我都此,(刘)越石、(王)彭祖深所忌也,恐及吾城池未固,资储未广,送死于我。"石勒来不及筑城墙,只好先以栅、以鄣来权且抵挡。

《水浒传》第五十九回,梁山兵马开到华州城准备解救鲁智深、史进,有一段宋江等观察地形的描写:"在山坡高处,立马望华州城里时,正是二月中旬天气,月华如昼,天上无一片云彩。看见华州周围有数座城门,城高地壮,堑壕深阔。看了半晌,远远地也便望见那西岳华山。宋江等见城池厚壮,形势坚牢,无计可施"。结果,"吴用赚金铃吊挂",利用朝廷命官宿元景来西岳降香,成功欺骗了贺太守,才一举杀入城内。

今天我们在城市里见到的城墙残迹,往往是砖砌的,广州明城墙是这样,肇庆宋城墙更有"砖的博物馆"之谓,盖该城墙在保留了整段宋砖筑砌的之外,因为历史上多次修葺,同时还保留了元、明、清、民国历代的青砖。然早期城墙每为夯土修成,就是将泥土一层层夯实以成墙。20世纪70年代在我的故乡,许多人家修院墙还是采用这种方法,壮汉们一边夯,一边高声唱着号子,既求用力划一，又可减轻疲劳，歌词则即兴而来。郊野中残存至今的城墙遗迹，如河北易县燕下都西城南垣城墙、浙江杭州临安城遗址城墙等，皆为夯制。

《新五代史·李仁福传》载，朔方王李仁福死后，"其子彝超自立为留后"，朝廷想把他挪开，盖"自仁福时，边将多言仁福通于契丹，恐为边患"。怎么挪呢？"以彝超为延州刺史、彰武军节度使，而徙彰武安从进代之"，结果李彝超不听，那就只好打。然而五万兵马围之，却是"百馀日不克"，其中的一个重要原因就是"夏州城壁素坚，故老传言赫连勃勃蒸土筑之，从进等穴地道，至城下坚如铁石，凿不能入"，城墙起了作用。所谓"蒸土筑之"，即用糯米汁、白粉土、沙子和熟石灰等掺和在一起夯筑而成，实际上也是夯制。

记得"批林批孔"那阵孔夫子有项罪名叫"堕三都"，彼时刚读初二，懵里懵懂，后来知道那是孔夫子短暂从政生涯的一个败笔。"堕"通"隳"，堕三都就是毁坏鲁国三位国相——季孙氏、孟孙氏和叔孙氏三家的城墙，因为他们在高度上都超标了。《左传·定公十二年》载，叔孙氏堕了郈邑尚好，"季氏将堕费，公山不狃、叔孙辄帅费人以袭鲁"，不干，而且造反了。平叛后，费邑才被堕掉。至于孟孙氏的成邑，最终没有堕成。堕三都半途而废，孔夫子也不得不中断仕途和救国理想，从此专心治学，与弟子们踏上了周游列国的道路。于后世而言，自然有"失之东隅，收之桑榆"的意味，否则，历史上恐怕只是多了个官员而已。

民国初期和新中国成立后，大抵因城墙阻碍交通，影响生活，各地也拆了不少。俱往矣，时至今日最令人惋惜的是北京城墙的拆除。按梁思成先生当年的设想，城墙可以建成"全世界独一无二"的"环城立体公园"，城墙上面平均宽度约十米，可以砌花池。倘若这个计划得以实施，则白居易"白片落梅浮涧水，黄梢新柳出城墙"的诗意画面,无疑将成现实。如今不少地方纷纷又在重建城墙,前几年我在山海关就见到那里在大张旗鼓。重建这一类东西的目的何在,大家谁都心知肚明。至于意义,还是免谈为好。

2018 年 11 月 24 日

蟋蟀

11月27日,网友"强烈推荐"了一项"开创性研究",就是《自然辩证法通讯》杂志上个月发表的中国科学院大学讲师陈天嘉的学术论文:《中国传统文化对蟋蟀身体与战斗力关系的认识》。"开创"在哪里呢?文章提出,"蟋蟀是一种负载中华文化的民族昆虫"。果然石破天惊。

蟋蟀我们都十分熟悉,蛐蛐嘛,促织嘛,用《中华古今注》的说法,其"秋初生,得寒则鸣噪"。蟋蟀的叫声,在乡村生活过的人,对《古诗十九首》"明月皎夜光,促织鸣东壁"描绘的诗意情形,想必都会有切身感触。王安石之"少年不知秋,喜闻西风生。老大多感伤,畏此蟋蟀鸣",更把蟋蟀的叫声赋予了情感色彩。追溯起来,古人的确很早就已经熟悉蟋蟀了。《诗·豳风·七月》有"七月在野,八月在宇,九月在户,十月蟋蟀入我床下",《唐风》中有一篇径直名曰《蟋蟀》,"蟋蟀在堂,岁聿其莫。今我不乐,日月其除"云云。宋人张文潜非常推崇前面那首的笔法:"《诗》三百篇,虽云妇人女子、小夫贱隶所为,要之非深于文章者不能作。如'七月在野'以下皆不道破,至'十月入我床下',方言是蟋蟀,非深于文章者能之乎?"

蟋蟀在我国的分布很广,东北、华北、长江下游、华南,所在皆有。广东的蟋蟀,屈大均《广东新语·虫语》中有简略介绍:"蟋蟀,于草中出者少力,于石隙竹根生者坚老善斗。然多以东莞熊公乡所产为最,其地名花溪银塘。熊公飞昔与元人大战之所也。"人物、地点这么明确,想来东莞人知道具体在今天的哪个镇、哪个村。南宋东莞熊飞抗元,《宋史纪事本末·二王之立》中可以窥见,"东莞民熊飞为元人守潮、惠,闻赵潜至,即以兵应之",以及"元吕师夔等将兵度梅岭。赵潜使熊飞及曾逢龙御元军于南雄,逢龙败死,飞走韶州。元军围之,守将刘自立以城降,飞率兵巷战,败,赴水死"。屈氏还说:"其(蟋蟀)产于东莞伯何公真、罗中丞亨信、彭中丞谊、陈少保策墓上者皆最。广人喜斗蟋蟀,岁于此间捕取,往往无敌。其立于蛇头上者,身红而大,尤恶。五公勇烈绝人,皆多战功,精气盖及于昆虫也。"何真等四位,在明朝的不同时期都有过卓越的战绩。他们墓间的蟋蟀战斗力极强,不用说,这是屈大均对蟋蟀赋予的另一层情感色彩了。

屈氏所言之"斗蟋蟀",即蟋蟀相斗,是一项古老的民间博戏活动,相传始于唐朝。《清稗类钞》云:"斗蟋蟀之戏,七月有之。始于唐天宝时,长安富人镂象牙为笼而蓄之,以万金之资,付之一喙。"成于五代的《开元天宝遗事》早有"金笼蟋蟀"条,云"每至秋时,宫中妃妾辈皆以小金笼捉蟋蟀,闭于笼中,置之枕函畔,夜听其声。庶民之家亦皆效之"。本来嘛,尽管染上了赌博的色彩,斗蟋蟀终究是娱乐活动。可惜的是,一旦因之产生了"蟋蟀宰相""蟋蟀皇帝""蟋蟀相公"等皆非美谈相反极尽贬损的绰号,位高权重者置国家大事于不顾而沉迷其中,蟋蟀作为无辜者,其所承载的负面形象的比重便不免加大了。

"蟋蟀宰相"是宋朝宰相贾似道。贾似道编著了我国最早关于蟋蟀的专著《促织经》,在实践总结的基础上,系统描写了蟋蟀的种类、形态、斗法、养法,用明朝沈德符的说法,"最为纤细详核,其嗜欲情态与人无异"。倘其没有身居高位,贾似道或可如后世王世襄先生这样作为一代玩家传为美谈。问题在于,当元军大敌当前之际,他还是一如既往。《宋史·贾似道传》载:"时襄阳围已急,似道日坐葛岭,起楼阁亭榭,取宫人娼尼有美色者为妾,日淫乐其中。"乐之一项,即斗蟋蟀,"尝与群妾踞地斗蟋蟀,所狎客入,戏之曰:'此军国重事邪?'"

"蟋蟀皇帝"是明宣宗。《万历野获编·斗物》云:"闻牛斗最为奇观,然未之见。想虎斗必更奇,但无大胆人能看耳。最微为蟋蟀斗……我朝宣宗最娴此戏,曾密诏苏州知府况锺进千个,一时语云:'促织瞿瞿叫,宣德皇帝要。'此语至今犹传。"宣德皇帝"要"的程度,《聊斋志异·促织》无异于形象诠释,通过征虫—觅虫—求虫—得虫—失虫—化虫—斗虫—献虫,蒲松龄揭示了为政者之贪婪、凶残、自私,同时对百姓为生计奔波的劳苦、辛酸和艰难,寄托了深切同情。不要以为那是蒲松龄的杜撰,沈德符还说了:"苏州卫中武弁,闻尚有以捕蟋蟀比首虏功,得世职者。"因为皇帝喜欢,甚至出现了专门制作的精美蟋蟀罐容器,"其价不减(宋之)宣和盆也"。

"蟋蟀相公"是南明小朝廷的马士英。《柳南续笔》云,马士英在弘光朝,为人极像贾似道,"其声色货利无一不同,羽书仓皇,犹以斗蟋蟀为戏,一时目为'蟋蟀相公'"。

今天那项"开创性研究"余尚缘悭一面,他要那样说,自然有他的论证逻辑,只是不知他如何看待一旦提及蟋蟀,人们本能地先要想到此间罗列的"蟋蟀××",或者《促织》。并且,按照《中国大百科全书》的说法,蟋蟀是我国的一种"重要农业害虫,它们破坏各种作物的根、茎、叶、果实和种子,对幼苗的损害特别严重"。这些都要漠视的话,负载中华文化难免成为侈谈,所谓"民族昆虫"就更要"打脸"了。

2018 年 12 月 1 日

灯光秀

11月26日,广州国际灯光节开幕。不过,因为人流量大大超出场地负荷,次日马上就被叫停。两天后重新开放,调整为预约进场。春节时那里也搞过,某天太太和我曾经想去看看,离现场至少还有一公里的时候,就被往外涌出的滚滚人流给吓了回来。

灯光节,实际上就是灯光秀。前人已深谙此道,他们词赋中每每出现的"火树"二字,便指繁盛的灯火。最著名的句子,当推苏味道的"火树银花合,星桥铁锁开。暗尘随马去,明月逐人来"了。不那么著名的,还有唐朝孟浩然的"蓟门看火树,疑是烛龙然",宋朝张宪的"星桥火树,长安一夜,开红莲万蕊",明朝唐寅唐伯虎的"凤蹴灯枝开夜殿,龙衔火树照春城"等等。火树,顾名思义,彼时之灯光秀,通常围绕大树来做文章。这种情景今天倒也越来越常见,或以大灯来径直探射,或以串串小灯泡沿树干游走,广州的珠江主河道两岸就是这样。如此做法,未必是受前人启发吧。

前人搞灯光秀,标准时间是每在农历正月十五。当然了,凡事都没有那么绝对。龚炜《巢林笔谈》"康熙诞辰"条云,1721年,为了庆祝康熙登基六十年,"(江浙)巡抚吴公暨诸僚属"就在康熙生日时搞了个庆祝活动,以其"深仁厚泽,浃髓沦肌,海内乂安,人民和乐,自唐虞以来,未有若斯之盛者"。活动规模极大,"铺张美丽,仙宫梵字,普建祝圣道场;舞榭歌台,尽演蟠桃乐府"。其中,"华灯绮彩,绵亘长衢;火树星毯,光明彻夜。文武官舞蹈嵩呼,都人士欢声雷动。煌煌哉太平之盛观,图绘弗能殚已"。那个时候龚炜已经17岁,他又是江苏昆山人,不排除亲眼目睹的可能。不管怎么说吧,《清史稿》载"顺治十一年三月戊申诞上(即康熙皇帝)于景仁宫",这个灯光秀便无关上元。

按照《大唐新语》的说法,苏味道那诗写于唐中宗时的某个正月十五,是从几百件作品中脱颖而出的,所谓"神龙之际,京城正月望日,盛饰灯影之会。金吾弛禁,特许夜行。贵游戚属,及下隶工贾,无不夜游。车马骈阗,人不得顾。王主之家,马上作乐以相夸竞。文士皆赋诗一章,以纪其事"。苏味道之之外,还有郭利贞、崔液的,同被推为"绝唱"。苏味道全诗曰:"火树银花合,星桥铁锁开。暗尘随马去,明月逐人来。游妓皆秾李,行歌尽落梅。金吾不禁夜,玉漏莫相催。"郭利贞的:"九陌连灯影,千门度月华。倾城出宝骑,匝路转香车。烂熳唯愁晓,周旋不问家。更逢清管发,处处落梅花。"崔液的:"今年春色胜常年,此夜风光正可怜。鸤鹊楼前新月满,凤凰台上宝灯燃。"因为"文多不尽载",使我们无从知道有没有遗珠。中宗之后的玄宗,虽然开创了唐朝极盛之世,却是每以玩家的形象呈现于后世,此类情形就更常见了。如《开元天宝遗事》云:"韩国夫人(杨贵妃大姐)置百枝灯树,高八十尺,竖之高山,元夜点之,百里皆见,光明夺月色也。"

宋朝之上元灯光秀,《水浒传》中至少便有三处描写,大名府、东京汴梁的好说,大都市嘛,"宋江夜看小鳌山"是在清风镇,那不过是青州所辖的一个市镇,却也是"金莲灯、玉梅灯,晃一片琉璃;荷花灯、芙蓉灯,散千团锦绣"。鳌山,即堆成巨鳌形状的灯山。记载汴梁民俗的《东京梦华录》云,皇帝届时都出来观灯,百姓来得早,排在前面的,还可以借此"瞻见天表"。届时,"华灯宝炬,月色花光,霏雾融融,动烛远近"。皇帝回驾后,"则山楼上下,灯烛数十万盏,一时灭矣。于是贵家车马,自内前鳞切,悉南去游相国寺"。那里,大殿两廊有诗牌灯,苏味道诗开头的那两句就写在上面,"其灯以木牌为之,雕镂成字,以纱绢幂之于内,密燃其灯"。与此同时,"资圣阁前安顿佛牙,设以水灯",但是"皆系宰执、戚里、贵近占设看位"。除了相国寺"竞陈灯烛,光彩争华,直至达旦",他如"开宝、景德、大佛寺等处,皆有乐棚,作乐燃灯"。《武林旧事》讲的则是杭州元夕,禁中"一入新正,灯火日盛……起立鳌山,灯之品极多……禁中尝令作琉璃灯山,其高五丈,人物皆用机关活动,结大彩楼贮之"云云。曾忄予《灵异小录》记当时观灯的盛况,至于"车马塞路,有足不蹑地,被浮行数十步者"。

"东风夜放花千树,更吹落、星如雨,宝马雕车香满路,凤箫声动,玉壶光转,一夜鱼龙舞。 蛾儿雪柳黄金缕,笑语盈盈暗香去,众里寻他千百度,蓦然回首,那人却在,灯火阑珊处。"辛弃疾这阕脍炙人口的《青玉案·元夕》,即其宋孝宗乾道七年(1171)正月十五在都城观灯所作。众人所观赏之"花千树",与那人所独处之"灯火阑珊",形成鲜明对照。后一句,更为王国维先生拈出,视为"古今成大事业、大学问者"的第三种境界亦即最高境界。徐复观先生阐释,此乃"一旦豁然贯通的自得精神状态"。这该是灯光秀始作俑者始料不及的了。

广州国际灯光节被中途叫停,已经不是第一次。自 2011 年首办以来,每对人们的热情判断失误,于是在交通保障、人流疏导、应急预判等方面手忙脚乱。可惜的是,前人如何保证观灯秩序的做法,暂时没有看到,否则,能给他们以启发也说不定。

2018 年 12 月 6 日

唐僧

前几天,一段吉林靖宇县交警"唐僧式执法"的视频在社交媒体上热传。短短两分钟的视频,交警截停了一辆货车,发现那些年检、保险标志都是假的。接下来的执法过程,交警就像说二人转一样,连那司机也忍不住被逗笑了。比如问司机那些东西是哪儿来的,他说捡的;反问:"在哪儿捡的,你怎么这么会捡呢,我咋就捡不着呢?"令人忍俊不禁的还有,"你这车自己产的呀?""啥车都开,给你个坦克你也敢开啊?"

"唐僧式执法",不要说官方的,连民间的定义也没见到,想来这里的唐僧是给当成"絮絮叨叨"的代名词了。而所以如此,应该是受了系列电影《大话西游》里罗家英饰演的唐僧的影响吧。

《大话西游之月光宝盒》有不少这种场面。比如悟空扔掉月光宝盒,要跟观音"决一死战",唐僧就啰嗦了一大通:"大家不要生气,生气会犯了嗔戒的!悟空你也太调皮了,我跟你说过,叫你不要乱扔东西这么脏,(金箍棒忽然掉了)你看我还没说完呢,你把棍子又给扔掉了。月光宝盒是宝物,你把它扔掉会污染环境,要是砸到小朋友怎么办?就算没有砸到小朋友,砸到那些花花草草也是不对的。"悟空想要拿回月光宝盒,唐僧也嘟囔了一大套:"你想要啊!悟空,你要是想要的话你就说话嘛,虽然你很有诚意的望着我,可是你还是要跟我说你想要的,你真的想要吗?那你就拿去吧,你不是真的想要吧?难道你真的想要吗?"气得悟空说:"大家看到了,这个家伙没事就长篇大论婆婆妈妈叽叽歪歪。"然后连呼救命。

必须明确,这只是港产片如何"无厘头"的一个代表作。伴随着网络的兴起,该片语言风格逐渐形成一种新的风格特点,说是影响了一代国人可能不算夸张。在这种背景下,罗家英演绎的唐僧,便有将之形象"定格"的意味:絮叨。不过,《西游记》里的唐僧并不是这个样子,动辄长篇大论的倒恰恰是孙悟空。比如三打白骨精之第一打,白骨精"变做个月貌花容的女儿,说不尽那眉清目秀,齿白唇红",唐僧险些上当,悟空便相当唠叨:"师父,我知道你了,你见他那等容貌,必然动凡心。若果有此意,叫八戒伐几棵树来,沙僧寻些草来,我做木匠,就在这里搭个窝铺,你与他圆房成事,我们大家散了,却不是件事业?何必又跋涉,取甚经去!"类似的情节,还可以拈出不少。

唐僧,理论上应该是唐朝僧人的简称,而《西游记》将之固化成了具体的一个人物。实际上,著名的唐僧就有不少,禅宗六祖慧能、天文学家一行、东渡扶桑的鉴真等等。翻开唐朝道宣所撰之《续高僧传》,还可以看到很多。《西游记》里的唐僧,众所周知是玄奘法师。"唐太宗地府还魂"之后,"选举高僧,修建佛事",玄奘遂脱颖而出。后来,当太宗发问"谁肯领朕旨意,上西天拜佛求经"之时,是玄奘自告奋勇"愿效犬马之劳",太宗还因此与之"拜为兄弟",给他取了雅号叫作"三藏",从此"唐三藏"便取代了"陈玄奘"。到第十四回"心猿归正 六贼无踪",开始出现"唐僧"字样,那是悟空嗔怪130岁的老陈"全没眼色",说自己当年被压在两界山石匣之中,"你小时不曾在我面前扒柴?不曾在我脸上挑菜?"然后"将菩萨劝善,令他等待唐僧揭帖脱身之事"说给他听。三藏亦自道:"我大唐太宗皇帝赐我做御弟三藏,指唐为姓,故名唐僧也。"此后,即便《西游记》同一回里,也是一会儿"唐僧",一会儿"三藏",吴氏或有一定之规,或比较随意,余未看出用意就是。

《西游记》是文学作品,从中了解历史自然是缘木求鱼。但主人公既然史上实有其人,那也不妨看看典籍所载的一面。

玄奘事迹首入官修正史,是在《旧唐书·方伎传》,比较简略。"僧玄奘,姓陈氏,洛州偃师人。大业末出家,博涉经论。尝谓翻译者多有讹谬,故就西域,广求异本以参验之。贞观初,随商人往游西域"云云。《续高僧传》则相当详细,说他有过人的一面,听人讲经,"初闻记录,片无差舛,登座叙引,曾不再缘,须便为述,状逾宿构",且"广就诸蕃遍学书语,行坐寻授,数日便通"。记述了他沿途所经各国,如缚喝国、梵衍国、迦毕试国等,对各国境内佛事风物都有一定的介绍。回国之时,玄奘受到了热烈欢迎,到了数十万"道俗相趋"的地步。

但是,玄奘当年却是违禁偷渡出国的。葛承雍《大唐之国》云,早在一年前到达于阗进入大唐边境后,玄奘就派人跟随商队前往长安向朝廷呈上表章加以解释,八个月后他才接到允许回国的敕令。到达沙州(今甘肃敦煌西),为了证实朝廷敕令的确切,他再次呈上表章报告自己的行踪。因此,进入长安,他"虽逢荣问,独守馆宇,坐镇清闲,恐陷物议,故不临对",处处小心翼翼。他也很清楚,唐太宗恩准他入居当时长安最好的弘福寺译经,并非出于对佛教经学的关心,而是需要西域各国地理交通、气候物产、民情风俗等真实材料,以为其经略西域服务。

这些事情交给学者去研究吧。说到执法,早几年有一种"钓鱼式",甫一曝光便受到千夫所指。比较起来,"唐僧式"更像是太极推手,能够化可能因之产生的戾气于无形,值得推崇。

2018 年 12 月 11 日

揭阳

上周到揭阳走了一趟。来广东差不多34年了,却有两个地级市还从未落足,揭阳是为其一,因而不免对这个潮汕文化的重要发祥地之一充满了好奇之心。

"揭阳"这个名字本身,已经富含了相当悠久的历史文化因子。《汉书·地理志》载:"南海郡,秦置。秦败,尉佗王此地。武帝元鼎六年开。属交州。户万九千六百一十三,口九万四千二百五十三。县六:番禺、博罗、中宿、龙川、四会、揭阳。"其中"番禺"下注"尉佗都",表明是南越国都城;"揭阳"下面,则注"莽曰南海亭"。莽,即两汉之间的新朝皇帝王莽。他喜欢改名是出了名的,既改官名,又改地名,一个地名还不止改一次,以至于把大家都给改糊涂了,"每下诏书,辄系其故名",把原名要附上,诏书就成了这模样:"制诏陈留大尹、太尉:其以益岁以南付新平。新平,故淮阳。以雍丘以东付陈定。陈定,故梁郡……""揭阳"二字不知怎么他看不惯,被改成"南海亭",寿命多久就不大清楚了,从后人要标注"莽曰"来推断,可能有一定影响力。

揭阳之名,《中国大百科全书》云得自其境内的揭阳岭。《水浒传》里有"揭阳岭宋江逢李俊",显然不是这个,押解宋江的公人说了:"过得这条揭阳岭,便是浔阳江。"那么,别处真有的话,也是在山东到江西之间,宋江刺配到江州的路上。江西九江前些年不是复建了宋江吟反诗的"浔阳楼"嘛。有研究者指出,"揭阳岭"实际上是施耐庵借用的地名,很可能借用的就是揭阳这个。揭阳岭当年名气很大,东晋裴渊《广州记》将之列为五岭之一,该书已佚,但留下了蛛丝马迹。如《文选》载陆机《赠顾交趾公真》诗,有"伐鼓五岭表,扬旌万里外。远绩不辞小,立德不在大"句,李善注"五岭"便引了《广州记》的说法:大庾、始安、临贺、桂阳、揭阳。这可能是五岭构成的最早版本,今天的五岭我们都知道是越城岭、都庞岭、萌渚岭、骑田岭和大庾岭。不管怎么说,施耐庵落笔之时,很可能清楚揭阳岭和揭阳,因为他索性把"揭阳"也搬了过去,在揭阳岭下安排了一个揭阳镇,穆弘还"陪侍宋江去镇上闲玩,观看揭阳市村景一遭"。像揭阳岭的地盘属于李立、李俊一样,揭阳镇是穆弘、穆春兄弟的天下,再加上横行浔阳江面的张横张顺兄弟,他们或开黑店、麻翻客人以谋财害命,或"把持市集,无人敢不从",或船到江心,问人吃"板刀面"还是"馄饨",彼揭阳镇这"三霸",今天无疑属于"扫黑除恶"的重点对象,像其他地市一样,当下揭阳也随处可见含有这几个字样的标语。

1991年12月,揭阳自汕头市析出,成立地级市。而历史上,揭阳在更多的时间里隶属的是潮州。汉朝的时候,倒是汕头一带隶属南海郡揭阳县。"汕头"这个名字的出现,似是清朝雍正以后才有的事情。

唐《元和郡县图志》载,潮州"管县三:海阳、潮阳、程乡",虽无揭阳其名,然三县皆"本汉揭阳县地"。

宋《方舆胜览》载,潮州"领县三",即海阳、潮阳、揭阳。且云韩愈建有揭阳楼,"今之韩亭即其地",想来该楼如韩山、韩江一样,转为纪念韩愈了。又云揭阳县治有东斋,"丞相梁克家尝馆于是,梅花忽大,梁赋诗曰:'九鼎燮调终有待,百花羞涩敢言芳。'后魁天下,不十年登宰辅"。那么,梁克家住在这里时还只是个普通读书人,揭阳这个东斋成了他鱼跃龙门的风水宝地。那天在揭阳学宫见到"祈求"孔子的不少项目,"理想大学,高中状元"云云,开玩笑说,倒不如复建这个东斋更能凸显"特色"。

《宋史》有《梁克家传》,说他"绍兴三十年,廷试第一",就是1160年中的状元。因为这层原因,梁克家使金之时还受到了对方"敬待之"的礼遇。前人笃信兆头,"三观"所致。《九域志》云潮州金城山,"山上有韩木,韩愈所植,不知其名,土人观其华之疏密,以知登第之多寡",此中"原理",与梁克家所遇之兆异曲同工。

清《读史方舆纪要》载,潮州"领县十一",其中"揭阳县"条里,"黄岐山"赫然在目。概那天在城中见"岐山车站",本能地想到陕西宝鸡,当地人士云出自黄岐山,并手指不远处,说是市民游玩登高的去处。"上有石湖,四时不竭。绝顶又有石浮图",这些记述,不知见今能得印证否。看资料介绍,寺庙还是有的,如侣云寺,石湖则未见片言只字。

《清史稿·林则徐传》载,道光三十年(1850),"以广西逆首洪秀全扰乱",林则徐为"授钦差大臣,督师进剿并署广西巡抚"。不过,他从家乡福建闽侯出发赴任,"行次潮州,病卒"。这个潮州,自然是广义的辖区概念,具体地点,正是今天揭阳所辖的普宁老县城洪阳镇。不曾料到的是遗迹仍在,就在城隍庙旁的文昌阁,1988年成为县级文保单位,有间房子门口还挂块"林则徐逝世处"的牌子。用不用具体到这个程度另当别论,此遗迹属于近代揭阳的一项重要文化资源确凿无疑。

在揭阳走马观花,见到传统民居仍然星罗棋布,不难感受到浓浓的乡土文化氛围。今天已经越来越认识到物质文化遗存的重要,然如揭阳、四会、博罗、潮阳、龙川等历史悠久的地名,也应当重视起来,当作非遗保护起来并不为过。

2018年12月20日

手稿

昨天在 289 艺术空间参观了《回望手写时代——中国现代文学馆馆藏 80 年代手稿展广州站》的展出,第一次看到了刘心武《班主任》、高晓声《陈奂生上城》、汪曾祺《八千岁》等名噪一时的作品的手稿。手写时代去今并不太远,充其量 20 年左右吧,然而面对这些手稿却也有恍若隔世之感。

手稿,作者手写的原稿。稿,从前作"藁",所以典籍中所见,每为"手藁""藁本"。邵博《邵氏闻见后录》云,他从司马光后人那里曾"得文正公熙宁年辞枢筦出帅长安日手藁密疏",这件密疏"不见于传家集"。写的是什么呢,"臣之不才,最出群臣之下,先见不如吕诲,公直不如范纯仁、程颢,敢言不如苏轼、孔文仲,勇决不如范镇"云云。至于为什么不如,司马光都有举例,如"(吕)诲于安石始参政事之时,即指安石为奸邪,谓其必败乱天下;臣以为安石止于不晓事与很愎尔,不至如诲所言",如今,"臣乃自知先见不如诲远矣"。邵博生活的时代仅仅稍后于司马光,容易见到其手稿,如今可就大难了。前几年,国家图书馆"国家珍贵古籍特展"展出的司马光《资治通鉴》手稿残卷,已成国宝级文物。观察这份手稿残卷就会发现,它并非和我们目前看到的《资治通鉴》一模一样,而是一份提纲,上面不仅有修改,还有避讳字,甚至有的字为了避讳会缺少一些笔画。

周密《齐东野语》云,宋孝宗乾道三年(1167)二月,吴江县新作三高亭成,"三高亭,天下绝景也,石湖老仙一记,亦天下奇笔也"。周密说他见过这篇文章的手稿,"揩摩抉剔,如洗玉浣锦,信前辈作文不惮于改如此"。三高亭之三高,即"越上将军姓范氏,是为鸱夷子皮;晋大司马东曹掾姓张氏,是为江东步兵;唐赠右补阙姓陆氏,是为甫里先生"。也就是范蠡、张季鹰和陆鲁望,"三君者不并世",是吴江人从前贤中筛选出来的。唯其如此,对范蠡的入选出现了不同声音,"以为子皮为吴大仇,法不当祀"。盖范蠡事越亡吴,助勾践一雪会稽之耻,祭祀之,如刘清轩诗云:"可笑吴痴忘越憾,却夸范蠡作三高。"吴江人当然不会不知道,遵从的是杨万里的"霸越亡吴未害仁,不妨报国并酬身"吧。

周密在书中收录了这篇文章,感叹"不见初草,何以知后作之工,观前辈著述,而探其用意改定,思过半矣"。这一点,我在此番观展的时候也深有体会。刘震云《塔铺》、邓友梅《烟壶》的手稿上,都能见到大段涂抹、删改痕迹,巴金先生的《随想录》第七十九,勾勾划划亦满纸可见。某一句全部划掉了,某一句划掉了而改成其他文字,清清楚楚。研究巴金先生,这些划掉或置换掉的文字都是重要参考。看手稿的意义,很大程度正在于手稿的书写与涂改、增补与删除,能够展示作者当时的情状,让我们借此更好地把握作者思路的演变乃至转变。某种程度上,这也是手稿功能的体现、价值的体现。

手稿的这种功能和价值,前人已经有相应的认识。一般而言,作者的贡献越大,作品的价值越高,其手稿的价值也就越大。

《刘宾客嘉话录》云,王羲之《告誓文》"今之所传,即其藁本,不具年月日朔,其真本云'维永和十年三月癸卯朔九日辛亥',而书亦是真小文"。这个藁本是唐玄宗开元初年,"润州江宁县瓦官寺修讲堂,匠人于鸱吻内竹筒中得之,与一沙门",开元八年又为县丞李延业所得,"上岐王,王以献帝,便留不出"。岐王清楚这是好东西,所以赶快拿去孝敬了玄宗。可惜偏爱王羲之的太宗那时已经死了,否则不知会怎样喜不自禁。《池北偶谈》云,徐夜"冬夜过宿,因及从叔祖季木考功(象春)昔所藏书画,云曾见有欧阳公《五代史草藁》一卷,又《杨廉夫诗草》一卷,涂乙宛然"。徐夜感叹"欧卷其后人漫送一许姓武弁,不知流落何处矣"。

当然了,围绕手稿,在后世有珍贵的认识,当时面临的境况则可能千差万别。

《唐语林》云,玄宗天宝时的郑虔,"初协律,采集异闻,著书八十余卷,人有窃窥其藁草,上书告虔私修国史,虔遽焚之。由是贬谪十余年,方从调选,授广文馆博士"。等到环境许可了,郑虔却因"所焚藁既无别本,后更纂录,率多遗忘",仅"犹成四十余卷"。

《却扫编》云,王安石为参知政事时刘贡甫有次来访,安石正吃饭,先让他在书房坐坐。贡甫"见有藁草一幅在砚下,取视之,则论兵之文也",这家伙记性好,"一过目辄不忘,既读,复置故处"。等到安石饭毕而出,问他最近写了些什么,他就说写了篇《兵论》。安石很感兴趣他是怎么写的,贡甫"则以所见藁草为己意以对"。安石不虞其诈,"默然良久,徐取砚下藁草裂之",不要了。徐度说:"盖荆公平日论议,必欲出人意之表,苟有能同之者,则以为流俗之见也。"刘贡甫与安石是故交,然由此可窥其极不厚道的一面。

明朝郎瑛得瞿宗吉《香台诗集》手稿后云:"每读每叹其学博才敏,近时少其人也。"随着电脑的普及,手稿渐成一个灭绝的品种,没有人抵抗得了电脑效率一面的诱惑。但我们必须认识到,手稿的消失只是我们时代文化变迁的一个侧面,新的文化传统正在取代旧的文化传统是一种大势所趋。我们该做的,未必是恢复手稿,而是抢救和保存濒临消失的那些手稿文献。

2019 年 1 月 3 日

豕

农历己亥年邮票今天发行。记得至少20年前,就有声音疑问为什么生肖邮票固定在每年的1月5日发行。这个日子的确"前不着村后不着店",但是印象中没有权威部门予以作答,如今大家也已经习惯了。

亥年就是通常所说的猪年。猪,从前与豕同义,前人一般也是豕、猪并用。《说文解字》释豕:"彘也,竭其尾,故谓之豕。"汤可敬先生译曰:"豕,猪。(猪发怒时)直竖着它的尾巴,所以叫作豕。"《说文解字》里也有"猪"字,释曰"豕而三毛丛居者",就是"三根毛丛生在同一毛孔的动物"。是否如此我不知道,但许慎那么说,自然有他的依据吧。

研究指出,我国是世界上最早将野猪驯化为家猪的国家,属于六畜之列。家庭的"家"字,下面就是豕。戴家祥先生指出:"甲骨文就有家字,宀下的豕写成逼真的猪形,可见,猪是上古家庭最先拥有的最主要的私有财产。"此外,"我国个别地区的农家,至今人厕与猪圈相连,甚至合用。西南某地,筑屋于猪圈之上,颇合家的古意"。戴先生说的这种状况,至少在20世纪70年代仍然存在。

古代帝王、诸侯祭祀社稷时,牛、羊、豕三牲齐备为太牢,以示尊崇。到了清朝还是这样。《竹叶亭杂记》云,满洲祭祀专门用豕。届时,"必择其毛纯黑无一杂色者。及期未明,以豕置于神前。主祭者捧酒尊而祝之,毕,以酒浇入豕耳,豕动则吉。若豕不动,则复叩祝,曰:齐盛不洁与,斋戒不虔与,或将有不吉,或牲毛未纯与。下至细事一一默祝,以牲动为限,盖所因为何,祝至何语而牲动矣"。之后,"其牲即于神前割之,烹之。煮豕既熟,按豕之首、尾、肩、胁、肺、心排列于俎,各取少许,切为钉,置大铜碗中,名'阿吗尊肉',供之,行三跪、三献礼"。遗憾的是,关于豕的若干词语却是负能量满满,如豕心,比喻贪得无厌。《左传·昭公二十八年》载:"昔有仍氏生女,鬒黑,而甚美,光可以鉴,名曰玄妻,乐正后夔取之,生伯封,实有豕心,贪惏无餍。"孔颖达疏曰:"豕心,言其心似猪,贪而无耻也。"又如豕突,像野猪那样奔突乱窜。狼奔豕突,在今天也运用得相当普遍。在网络语言上,认为对方很蠢会称之猪头。

以豕为牲是祭神,明知神不会去吃,表达虔诚的意思罢了。在前人的"三观"中,人若不吃,则可能会得好报。《春渚纪闻》"悬豕首作人语"条云:"秀州东城居民韦十二者,于其庄居豢豕数百,散市杭秀间,数岁矣。"南宋高宗时韦十二到杭州,"过肉案见悬一豕首,顾之而人言",说了什么呢,"韦十二,我等偿汝债亦足矣",这些话跟着他的人当时也听到了。韦十二回到家,二话不说,"尽毁圈牢,取所存豕市之。得钱数千缗,散作佛事及印造经文"。谢肇淛《五杂组》也有一则。云明中期内阁首辅徐有贞,"奉斗斋甚虔,阖门不食豕肉"。后来他被石亨、曹吉祥构陷入狱,《明史》说他被抓的时候,"忽雷雹交作,大风折木";《五杂组》更说:"及论决之日,大风霾雷电,有物若豕,蹲锦衣堂上者七焉,遂得赦。"那七只豕,正是北斗七星变的,"北斗相传如豕状"嘛。按谢肇淛的笔录,唐太宗时,"北斗化为七僧,西市饮酒";玄宗时僧一行见"北斗化为豕,入浑天寺中"。不过,谢肇淛自己便不信:"岂有在天之宿,变为人物下游人间者哉?野史之诞甚矣。"而在他稍前,郎瑛运用阴阳八卦言及风雨雷电四像,以为民间关于"风伯之首像犬,雷公之首像豕"的说法,是有些道理的。

"没吃过猪肉,还没见过猪跑?"俗谚的意思,是说猪很常见,而见过的人都知道,它的性情是相当温和的,只有在感觉被杀的时候才会声嘶力竭地嚎叫。《大唐新语》云,"太宗射猛兽于苑内,有群豕突出林中",太宗张弓搭箭,"四发殪四豕"。然"有一雄豕,直来冲马,吏部尚书唐俭下马搏之"。太宗拔剑断豕,洋洋得意:"天策长史,不见上将击贼耶何惧之甚?"唐俭随机应变进了一谏:"汉祖以马上得之,不以马上理之。陛下以神武定四方,岂复逞雄心于一兽!"太宗猛然醒悟,"因命罢猎"。这里的群豕可能是未经驯化的野猪,野猪的攻击性才极强。

《朝野佥载》云,契丹大军寇幽,河内王武懿宗为元帅应敌,"引兵至赵州,闻贼骆务整从北数千骑来,王乃弃兵甲,南走邢州,军资器械遗于道路"。听说人家撤兵了,"方更向前",回来后"置酒高会",给郎中张元一狠狠地嘲弄了一下:"长弓短度箭,蜀马临阶骗。去贼七百里,隈墙独自战。甲仗纵抛却,骑猪正南蹿。"武则天问:"懿宗有马,何因骑猪?"对曰:"骑猪,夹豕走也。"此借豕、屎同音,形容武懿宗的狼狈不堪。

张元一借豕来嬉笑怒骂,元朝学者王恽则借之论及文章的写法,认为好的文章"入手当如虎首,中如豕腹,终如虿尾"。为什么?"首取其猛,腹取其楦穰,尾取其螫而毒也"。陶宗仪《南村辍耕录》提到同是元朝的乔吉论作乐府法,与之类似:"凤头猪肚豹尾,大概起要美丽,中要浩荡,结要响亮。"两人的观点虽头尾借喻不同,中间却是惊人的一致,就是文章的论证部分要像猪肚子一样丰满充实。豕而有知,更要大快朵颐了。

2019 年 1 月 5 日

世仇

1月13日上午,揭阳普宁市北山村昭德祠内,一对新人带着众多村民的祝福完成了祭祖仪式。这是一场不同寻常的婚礼。新郎新娘分属的两村虽然相邻,却为"世仇",互不通婚已有两百多年。去年5月,两村村委会、福利会、乡贤咨询委员会等多方形成合力,两村终于放下恩怨。

世仇,从前作世讎,是两个词。世仇,是与世为仇,或不入时。"世讎",乃累世仇人,也指累世的冤仇。简化字表颁布后,讎仇归一。与世仇对应的是世交,就是两家世代都有交谊,亦称世谊、世好。《红楼梦》第十四回秦可卿出殡,北静王"因想当日彼此祖父有相与之情,同难同荣,因此不以王位自居",亲自来吊丧。贾珍同贾赦、贾政三人连忙迎上来以国礼相见,"北静王轿内欠身,含笑答礼,仍以世交称呼接待,并不自大"。贾珍道:"犬妇之丧,累蒙郡驾下临,荫生辈何以克当!"北静王笑道:"世交至谊,何出此言?"

世仇、世交都非凭空而来。揭阳两村的世仇,源自两百多年前先人争田地、山地及水源。村落间的世仇,大抵亦如是。其他领域,原因则多种多样。

宋仁宗时有"嘉祐四友",即王安石、吕公著、韩维、司马光。

《却扫编》云,四人"同在从班,特相友善。暇日多会于僧坊,往往谈燕终日,他人罕得而预",当然,交游圈周边同时活跃着他们的兄弟、友人。然而,随着神宗即位之后政局的变幻,各自身份的改变,四友相互间的关系也出现了微妙的变化。王安石和司马光就不用说了,《西塘集耆旧续闻》另云,安石"与子华(韩绛字)同入爱立,遂用晦叔(吕公著字)为中丞。已而不合,虽子华极力弥缝,亦不乐。而持国(韩维字)、晦叔几若世雠"。就是说,王安石与韩维、吕公著"几若世雠",完全基于在变法上政见的歧异,个人关系因之渐行渐远。

南明时期,郑成功家族与何楷家族结成世仇,源自何楷的不阿权势,正史野史对此均有提及。《明史·何楷传》载,何楷乃隆武小朝廷的户部尚书,时"郑芝龙、鸿逵兄弟横甚,郊天时,称疾不出,楷言芝龙无人臣礼"。因此何楷又"掌都察院事"。后来,何楷知自己不能为二郑所容,连请告去,却"途遇贼,截其一耳,乃芝龙所使部将杨耿也"。何楷说了什么,钱海岳先生《南明史·何楷传》中有收录:"御敕先颁,臣民瞻仰,而五等大臣,曾不就列,使见者诧异,闻者惊疑。凡在言职,皆不当以无言,所以尊朝廷而明分谊也。"最后说道:"勋臣不陪侍,无人臣礼,宜正其罪。"

再看野史,计六奇《明季南略》"郑森入侍"条云:"隆武尚未有嗣,郑芝龙乃令子郑森入侍,隆武赐国姓,改名成功。隆武每意有所向,成功辄先得以告芝龙。由是廷臣无敢异同者,宰相半出门下。"那么,郑氏兄弟所以专横,不仅在于拥立了隆武,而且在于有郑成功这条内线。何楷在归途中被"盗截其耳",小朝廷曾"诏追贼,不得",这是当然的了。《小腆纪年附考》云,"或曰:芝龙部将杨耿为之也"。《广阳杂记》说何楷弹劾的是郑芝龙、郑成功父子,他"为盗所伤,截其耳",人云"郑氏使人为之",于是,"何、郑自此成为世仇"。后来郑成功占据厦门,"有人来闽,玄子(何楷字)必捕之。其第三子常涕泣而谏其父,人皆知之"。三公子后来被郑成功抓到,"置之狱中,因曾劝其父也,得以不死,勒令造铁甲千二百副而后释之"。

既为世仇,相杀就成为一种本能。《初刻拍案惊奇》第十一回正是这类故事:"且说国朝有个富人王甲,是苏州府人氏。与同府李乙,是个世仇。王甲百计思量害他,未得其便。忽一日,大风大雨。鼓打三更,李乙与妻子蒋氏吃过晚饭,熟睡多时。只见十余个强人,将红朱黑墨搽了脸,一拥的打将入来。蒋氏惊慌,急往床下躲避。只见一个长须大面的,把李乙的头发揪住,一刀砍死,竟不抢东西,登时散了……"这案子很容易破,蒋氏都看到了,王甲本人"长须大面,虽然搽墨,却是认得出的",况且,"若是强盗,如何只杀了人便散了,不抢东西?此不是平日有仇的,却是哪个?"但是王甲被抓获之后,硬是用三百两银子把罪名转嫁到了两名苏州籍海盗的头上。凌濛初讲这个故事旨在说明:"如今为官做吏的人,贪爱的是钱财,奉承的是富贵,把那'正直公平'四字撇却东洋大海。明知这事无可宽容,也轻轻放过,明知这事有些尴尬,也将来草草问成。"

国家层面也有世仇,宋之与金,便每为前人道及。如《万历野获编》"触忌"条云,嘉靖皇帝的忌讳特别多,登基时"御袍偶长",他"屡俛而视之,意殊不惬"。赖首揆杨新都的一句"此陛下垂衣裳而天下治",他的脸色才算好起来。时南倭北虏,令他头痛不已,至于"最厌见'夷''狄'字面",会试题目中有两个"夷"字,他都大怒,"欲置重典"。晚年时,他"每写'夷''狄'字,必极小,凡诏旨及章疏皆然"。不过,沈德符也勾陈出,"宋南渡后,人主书'金'字俱作'今',盖与完颜世仇,不欲称其国号也"。这样来看,嘉靖"之细书,亦不为过"。

世仇村如今仍存,听来恍然,揭阳的化解模式值得重视。

2019 年 1 月 16 日

数九

今天是四九的第二天。"三九四九冰上走",在我的故乡,正值严寒时节;而在广州,不仅春意盎然,甚至有初夏的感觉。

像三九四九这类的说法,在民俗中叫作数九。就是从冬至开始起计算,将此后的 81 天分成九个段落,每九天为一九,第九个九天为九九。这个时间段,为一年中气温由较低过渡到最冷,再逐渐回暖的一段。其中三九至四九这段,不仅是我的故乡,而且是我国北方冬季最冷的时期。歌剧《江姐》中有"三九严寒何所惧,一片丹心向阳开",说的是四川;歌剧《刘胡兰》里有"数九寒天下大雪,天气虽冷我心里热,我从那前线转回来,胜利的消息要传开",说的则是山西。在我们那里,《燕京岁时记》还说了:"冬至三九则冰坚,于夜内凿之,声如錾石,曰打冰。三九以后,冰虽坚不能用矣。"所谓可用之冰,即夏日用于冰窖保鲜之冰。

在若干南方地区实际上也是这样。《清嘉录》记录的是苏州一带的节令习俗,其"连冬起九"条有《数九歌》云:"一九二九,相唤弗出手。三九廿七,篱头吹觱篥。四九三十六,夜眠如露宿。五九四十五,穷汉街头舞。不要舞,不要舞,还有春寒四十五。六九五十四,苍蝇垛屋栿。七九六十三,布衲两肩摊。八九七十二,猫狗躺湴地。九九八十一,穷汉受罪毕,刚要伸脚眠,蚊虫獦蚤出。"在三九四九那里,也是强调了冷。觱篥,汉朝从西域传入的一种管乐器,用竹作管,用芦苇作嘴。风刮在篱笆头上,犹如在吹觱篥一般,令人不难感到寒而栗。该《数九歌》还特别说到,四九这个时候"必多雨雪",有"雨雪连绵四月天"之谓。类似的数九歌,在不同地方有不同的版本,然大同小异,所异之处,大抵都结合了自身特点。

数九漫长,穷汉受罪,富贵人家则不然,他们有饮酒作乐的消寒会。《红楼梦》第九十二回,宝玉道:"明儿不是十一月初一日么?年年老太太那里必是个老规矩,要办'消寒会',齐打伙儿坐下,喝酒说笑。"方濬颐《梦园丛说》云:"每当毡帘窣地,兽炭炽炉,暖室如春,浓香四溢,招三五良朋,作'消寒会'",届时,要"煮卫河银鱼,烧膳房鹿尾,佐以涌金楼之佳酿,南烹北炙,杂然前陈"。而这种做法,唐朝就已经有了,《开元天宝遗事》中便有提及。

前人还有一种"九九消寒图",形式多样,既有绘画,也有书法。

元朝杨允孚诗曰:"试数窗间九九图,余寒消尽暖回初。梅花点遍无余白,看到今朝是杏株。"其自注云:"冬至后,贴梅花一枝于窗间,佳人晓妆,日以胭脂图一圈,八十一圈既足,变作杏花,即回暖矣。"参照《帝京景物略》"春场"条,可明了其意。云冬至这一天,"画素梅一枝,为瓣八十有一,日染一瓣,瓣尽而九九出,则春深矣,曰九九消寒图。有直作圈九丛,丛九圈者,刻而市之,附以九九之歌,述其寒燠之候"。就是说,画好的81瓣梅花都是空白的,过一天,上色一瓣,全部上完,九九就结束了。《燕京岁时记》还补充了另外一种,"消寒图乃九格八十一圈。自冬至起,日涂一圈,上阴下晴,左风右雨,雪当中"。

《养吉斋丛录》讲到的消寒形式则是文字,云"道光初年,御制《九九消寒图》,用'亭前垂柳珍重待春风'九字,字皆九笔也。懋勤殿双钩成幅,题曰'管城春满'",那些值班的翰林,"按日填廓,细注阴晴风雪,皆以空白成字,工致绝伦。每岁相沿,遂成故事。"就是每天填一划,81天填完。无论是绘画还是书法,都相对于今天在月历上打了个×,表示过去了一天。九足,则春风送暖,寒意全消。然相较于月历,消寒图更显情趣盎然。

"转眼消寒过九九,春光又到艳阳时。"(赵翼句)与"消寒"对应的是"消夏",这就涉及"夏九九"了。通常所说的数九,一般都是指"冬九九",而"夏九九"与"冬九九"形成鲜明对照,只是流传不广罢了。电影《柳堡的故事》插曲,"九九那个艳阳天来哟,十八岁的哥哥呀坐在河边,东风呀吹得那个风车儿转哪,蚕豆花儿香啊麦苗儿鲜",说的就是夏九九。

相应地,"夏九九"是从夏至算起的81天,三九四九这回变成全年最炎热的季节。《西湖游览志馀》卷二十五"委巷丛谈"云:"杭人以冬夏二至后数九,以纪寒暑云。"并收录了一首关于夏九九的《数九歌》:"一九二九,扇子不离手。三九二十七,冰水甜如蜜。四九三十六,拭汗如出浴。五九四十五,头戴秋叶舞。六九五十四,乘凉入佛寺。七九六十三,床头寻被单;八九七十二,思量盖夹被。九九八十一,家家打炭墼。"表明这个时间段是天气由酷暑转为清凉的过程。清朝学者俞樾有一部《九九消夏录》,是他课徒之余所写的读书札记,着重于对《易》《诗》《四书》的考校,也兼涉一些诸如琴棋书画、文房四宝、汉瓦京砖、文人轶事等杂事。学者消夏的这种雅事,较之富贵人家消寒的那种俗事,高下立判了。

"春打六九头,沿河看垂柳";"七九河开,八九燕来。"民谚之外,数九民俗中的若干成分也相当有趣。然耳闻目睹,类似"九九消寒图"这些极具特色的形式,今天已经见不到了,不妨考虑复兴,一来有积极意义,二来不是什么难事,三来这也是振兴传统文化的一个组成部分。

2019年1月19日

熊(续)

不久前,国外网友拍到的一段小熊爬雪山视频,感动了无数中国网友。视频中,熊妈妈带着小熊从半山腰的洞中走出开始向上攀爬,熊妈妈很容易就登顶了,小熊爬着爬着却滑落下来。但是它并没有片刻歇息,就重新开始。眼看要到顶了,却又再一次滑落,且滑落得比上次更远。令人赞叹的是,滑落刚止,小熊再奋力向上。这一回终于登顶,快乐地跑在妈妈的身后。

熊是食肉兽中属杂食性的大型动物,与我们的历史、我们的文化渊源已久。《史记》的开篇就说到黄帝,《五帝本纪》云:"黄帝者,少典之子。"徐广注曰其"号有熊"。司马贞进一步阐释:"号有熊"者,以其本是有熊国君之子故也,亦号轩辕氏。这个"熊",显然是图腾崇拜。在"炎帝欲侵陵诸侯",黄帝与之"战于阪泉之野"的时候,曾"教熊罴貔貅貙虎",大抵也是这种用意,所谓"言教士卒习战,以猛兽之名名之,用威敌也"。前提自然是耳闻目睹了熊的威猛。

神话传说中,治水的大禹也曾身化为熊。《汉书·武帝纪》载,武帝元封元年(前110)巡幸,到中岳嵩山,"见夏后启母石"。颜师古注曰:"启,夏禹子也。其母涂山氏女也。禹治洪水,通镮辕山,化为熊,谓涂山氏曰:'欲饷,闻鼓声乃来。'禹跳石,误中鼓,涂山氏往,见禹方作熊,惭而去,至嵩高山下化为石,方生启。"辛弃疾"(夜)梦有人以石研屏见饷者"后三日所填《兰陵王》词,即用到了该典,"君看启母愤所激,又俄倾为石"云云。众所周知,正是启,建立了我国史书记载的第一个王朝:夏。

见禹化为熊,未知涂山氏"惭"之何在。至少在前人的"三观"中,梦里见熊,是为吉梦。《诗·小雅·斯干》云:"吉梦维何?维熊维罴,维虺维蛇。"具体说来,"维熊维罴,男子之祥;维虺维蛇,女子之祥"。梦见熊和罴了,是生男儿的吉兆;梦见小蛇和大蛇了,是生女儿的吉兆。这是"大人占之"的结果。原理呢,朱熹有个解释:"熊罴,阳物在山,强力壮毅,男子之祥也。虺蛇,阴物穴处,柔弱隐伏,女子之祥也。"于是,生了男儿,"载寝之床,载衣之裳,载弄之璋",亦即"睡在大床,穿上衣裳,玩弄玉璋"(据周振甫先生译文,下同);生了女儿,"载寝之地,载衣之裼,载弄之瓦",亦即"睡在大地,穿上抱衣,玩弄纺线锤"。生男生女,因被后世分别称作"弄璋之喜"和"弄瓦之喜"。需要明确的是,这里的"瓦"不是侯宝林先生相声里开玩笑所说的"瓦片",而是古代纺线用的纺锤,全无歧视生女之意。

熊的身上有件令无数人垂涎三尺之物:熊掌,即黑熊或棕熊的脚掌。据说其味甚美,亚洲人视为所谓"养生"食材。前人很早就认识到了,后世更视之为山珍,传承并发挥了这种文化余绪也说不定。《孟子·告子上》有句著名的话:"鱼,我所欲也,熊掌,亦我所欲也;二者不可得兼,舍鱼而取熊掌者也。"两样都喜欢的东西二选一,那就选熊掌。熊掌与鱼等而论之,如今高下立判,彼时二者尚有一比吧。

孟子是用熊掌打比方说事,历史上真吃的亦不乏。《左传·文公元年》载:"冬十月,以宫甲围成王。王请食熊蹯而死。弗听。

丁未,王缢。"成王,楚成王。熊蹯,熊掌。这一段历史,为冯梦龙《东周列国志》演绎得活灵活现。第四十六回"楚商臣宫中弑父 秦穆公殽谷封尸"云,成王长子商臣逼宫,"潘崇仗剑,同力士数人入宫,径造成王之前。左右皆惊散"。成王问什么事,潘崇说你都在位47年了,得让给太子。成王吓坏了,马上就让,但关心自己的性命,"不知能相活否?"潘崇说:"一君死,一君立,国岂有二君耶?"你老糊涂了,连这个道理都不懂吗?成王就再退一步:"孤方命庖人治熊掌,俟其熟而食之,虽死不恨!"潘崇不客气了,厉声曰:"熊掌难熟,王欲延时刻,以待外救乎?请王自便,勿俟臣动手!"说完,"解束带投于王前",成王"遂以带自挽其颈,潘崇命左右拽之,须臾气绝"。不要说楚庄王"痴心犹想食熊蹯",如今有此痴心者、蠢蠢欲动者仍存。

熊掌难熟,潘崇不是乱说。《吕氏春秋·过理》云晋灵公无道,佐证之一是他"从上弹人而观其避丸也",佐证之二就是他的厨子烹饪熊掌,"不熟,杀之"。《左传·宣公二年》亦有此记载,"宰夫胹熊蹯不熟,杀之,寘诸畚,使妇人载以过朝"云云,尸体的手都露在了外面,给赵盾他们看见了。畚,用草绳或竹篾编织的盛物的器具。《公羊传·宣公六年》说得更详细,赵盾上朝后出来,和众大夫站正在外朝,见"有人荷畚自闺而出"。闺,指内朝的小门,以其上圆下方状似圭而名。赵盾马上问是怎么回事,畚这种东西怎么会从内朝里扛出来,然而却是"呼之不至"。那人说,你是大夫,要想看就过来看吧。"赵盾就而视之,则赫然死人也",惊问是谁,那人说:"膳宰也,熊蹯不熟,公怒以斗擎而杀之,支解将使我弃之。"赵盾当即返身回内朝进谏,结果灵公连赵盾都想杀掉。

资料上说,怀孕的雌熊在冬眠洞内产仔,翌年出蛰时带新生幼仔一起出洞。视频中的那只小熊,不知是否正属于这种情况。无论如何,它那种毫不气馁、愈挫愈勇的态势,足以成为人类励志的一个样板。大家喜欢这段视频,原因亦在于此吧。

2019 年 1 月 27 日

书"福"

春节就要到了,单位里集结各部门的书画高手,例牌进行书写"福"字活动。到场员工尽可向高手们提出要求,你来我往,其乐融融。

福者,幸福、福气也。《书》有"洪范九畴",其九为"五福":一曰寿,二曰富,三曰康宁,四曰攸好德,五曰考终命。就是说,凡富贵寿考、康健安宁、吉庆如意、全备圆满,皆谓之福。尤其过年时节,在门上贴个"福"字,是汉民族的一项民俗,寄托着对新年的美好期冀。《梦粱录》云,宋朝除夕之夜,"士庶家不论大小家,俱洒扫门闾,去尘秽,净庭户,换门神,挂钟馗,钉桃符,贴春牌,祭祀祖宗"。有研究认为,其中的"贴春牌"就是贴"福"字。

《扬州画舫录》云,扬州太守高承爵为"民人爱慕,每岁暮,乡民求书福字以为瑞"。有一年,有百姓先前得到了他的一个"福"字,不大满意,请他再写一次。高承爵仔细看了后承认:"书此字时,笔不好耳。"官员与百姓如此不见外,很长时间在当地都传为美谈。

浏览所见,清朝特别注意书"福",皇帝也亲笔上阵,被视为承平时宫禁的一件盛事。赐大臣"福"字,更成为一种政治待遇。

《郎潜纪闻二笔》"年终赐福"条云:"列圣每于年终御书'福'

字,赐中外大臣及翰林之值两书房者。"如果"兼赐'福''寿'字",那就是额外开恩了;如果"召入亲瞻御书,即时受赏者",那待遇就尤其不得了了。又云每到腊月初一,"圣驾在重华宫,以康熙年间赐福苍生,笔书'福'字斗方十幅,则用以张贴宫庭,从不颁赐臣下"。而"道光三年,宣宗御此笔,于十幅外别书'福'字一幅,交总管太监梁宝,传旨赏协办大学士英和,实出非常恩遇"。加赐"寿"字,有种说法亦是道光初年才有。另,"蒋文肃之恩遇"条云:蒋廷锡还是庶吉士的时候,"即蒙圣祖赐第西华门右",御题匾曰"揖翠堂";雍正时,"复赐新第于得胜门"。年终赏大臣"福"字皆用红笺,有年因为蒋母曹夫人服未除,还"特书金笺'福'字以赐"。

《榆巢杂识》"甘汝来受知遇"条云,甘汝来"以吏部主事蒙宪皇帝特旨擢广西太平府知府",十二月二十七日,他进宫请训。"是日,上赐九卿'福'字,随同九卿传进",都赐完了,雍正把甘汝来叫到案前,连书两个"福"字,"谕令带赐粤西总督、提督各一",然后又写了一个专赐甘汝来。甘汝来受宠若惊:"外吏小臣,何敢蒙赐宸翰。"雍正大笑曰:"怎么说是小臣?做官只论好歹,不问大小。尔若做得好,即日就是大臣了。"雍正这番借题发挥,应该是说给九卿们听的,不管其用意如何,这句"做官只论好歹,不问大小",咀嚼起来颇有意味。

《啸亭续录》"赐福字"条亦云:"定制,列圣于嘉平朔(腊月初一)谒阐福寺归,御建福宫,开笔书福字笺,以迓新禧,凡内廷王公、大臣皆遍赐之。"第二天,"上御乾清宫西暖阁,召赐'福'字之臣入跪御案前,上亲挥宸翰,其人自捧之出,以志宠也"。其中,"内廷翰林及乾清门侍卫,皆赐双钩福字,盖御笔勒石者也。其余御笔皆封贮乾清宫,于次岁冬间,特赐军机大臣、御前大臣数人,谓之赐余福云"。

既为待遇，凡是得到御赐"福"字的大臣，无不珍之重之。且看王际华和毕沅的做法。

王际华，乾隆十年（1745）探花，历任工、刑、兵、户、吏部侍郎，以及礼部尚书。《郎潜纪闻初笔》"二十四福堂"条云，王际华"赐第在护国寺西"，他在朝廷干了24年，每年除夕蒙赐一个"福"字，总共攒了24个。他把这些"福"字全部挂出来，室名取为"二十四福堂"。因为全都挂满了，"外无余地"，儿子问"此后拜赐，何以置之？"他说："别置一轩，名曰余福。"可惜不久他就去世了，"语竟不遂"。

毕沅，乾隆二十五年（1760）状元，官至河南巡抚、湖广总督，代表作《续资治通鉴》，上与《资治通鉴》相衔接，即起于宋太祖建隆元年（960），下迄元顺帝至正二十八年（1368），构成一部较完备的宋辽金元编年史。《履园丛话》"灵岩山馆"条云，毕沅在灵岩山之阳西施洞下给自己建了养老之所，"营造之工，亭台之胜，凡四五载而始成"。别的设施且不说它，单说"楼上有楠木橱一具，中奉御笔扁额'福'字及所赐书籍、字画、法帖诸件，楼下刻纪恩诗及谢表稿，凡八石"，御笔自然出自乾隆皇帝。

国人祈福，出自趋利避害的本能。不过，老子很早就对此泼了冷水。《道德经》五十八章有句人们耳熟能详的提醒："祸，福之所倚；福，祸之所伏。孰知其极？"这句话经前人引述，产生了不同版本，最常见的是"祸兮福所倚，福兮祸所伏"。无论版本如何吧，它阐述的是福与祸的辩证关系，二者并不绝对，而是相互依存，可以互相转化，谁知道最终什么样呢？也就是说，坏事可以引出好的结果，好事也可以引出坏的结果。如毕沅，建房子的时候那么大张旗鼓，身后却被抄家、被革世职，灵岩山馆也落得"日渐颓圮，苍苔满径"。所以如此,一种说法认为受了和珅案的牵连,和珅40岁生日的时候,他曾以诗献媚。这种情形,一如《左传·襄公二十三年》闵子马所云:"福祸无门,唯人所召。"福祸本身没有定数,皆为人所自取罢了。

2019 年 2 月 1 日

己亥年

农历己亥年到了。对应生肖的话,亥年就是猪年。然猪年 12 载轮一回,己亥年却要 60 年。尽管如此吧,自从这一干支纪年的方式开始,历史上也已经度过了相当之多的己亥年,自然也相应地承载了诸多历史事件。且挑我们相对熟悉的看一看。

公元前 202 年是己亥年。这年二月,刘邦即皇帝位于汜水之阳,这就是汉高祖。这一年年初还是戊戌年,楚汉相争到了最后的决战阶段,项羽被围垓下。《史记·高祖本纪》虽然简略但相对而言已经算是详细地记载了这一战役:"淮阴侯将三十万自当之,孔将军居左,费将军居右,皇帝在后,绛侯、柴将军在皇帝后。项羽之卒可十万。淮阴先合,不利,却。孔将军、费将军纵,楚兵不利,淮阴侯复乘之,大败垓下。"《项羽本纪》中还有个细节,项羽"夜闻汉军四面皆楚歌",乃大惊曰:"汉皆已得楚乎?是何楚人之多也!"然后霸王别姬,未几乌江自刎,自刎前还有"吾为公取彼一将"等壮烈场面。

219 年是己亥年。这一年汉献帝还在位,但三国争斗正酣。十一月,孙权袭取荆州,十二月,关羽败死。这就是通常所说的关羽"走麦城",后世因以此说喻陷入绝境。《三国志·蜀书·关羽传》载,孙权先"遣使为子索羽女",想跟关羽结亲家,结果"羽骂辱其使,不许婚"。孙权大怒之余,联手被他从曹操方面"引诱"过来的曹仁、麋芳,攻克江陵,"尽虏羽士众妻子,羽军遂败"。接着,"权遣将逆击羽,斩羽及子平于临沮"。裴松之引《蜀记》的一种说法是,孙权开始并没想杀掉关羽,"欲活羽以敌刘、曹",左右劝告:"狼子不可养,后必为害。曹公不即除之,自取大患,乃议徙都。今岂可生!"乃斩之。裴松之虽录之,自家却并不相信。《三国志·吴书·吴主传》另载,孙权"笺与曹公,乞以讨羽自效",等于上书向曹操俯首称臣。杀关羽后,"曹公表权为骠骑将军,假节领荆州牧,封南昌侯"。

759年是己亥年。这一年四月,"安史之乱"之"史"——史思明,自称应天皇帝,国号燕,建元顺天,以范阳为燕京,铸"顺天得一"钱。满打满算,他干了两年皇帝,就被儿子史朝义给掀翻了。《旧唐书·史思明传》载,儿子部队杀来的时候,史思明正在上厕所,"觉变,逾墙出,至马槽,鞴马骑之",结果被追兵射了一箭,"中其臂,落马"。《新唐书·逆臣传》载,史思明落马后,"问难所起",人家告诉他,你儿子下的令,于是他"大呼怀王(史思明称帝封之)三",哀求道:"囚我可也,无取杀父名!"儿子并不管那么多,反正不忠了,索性再不孝,缢杀父亲后,自己当了皇帝,建元显圣。

1419年是己亥年。这一年七月,郑和第五次下西洋结束回国。虽"俗传三保太监下西洋,为明初盛事",然《明史》对之并未多着笔墨,但载宝船多大、去了哪里而已。干什么去呢?"成祖疑惠帝亡海外,欲踪迹之,且欲耀兵异域,示中国富强",因此,郑和所到之处,"宣天子诏,因给赐其君长,不服则以武慑之"。后世才认识到其航行意义,如《中国大百科全书》所云:"开辟了横渡印度洋直达非洲,以及通往阿拉伯诸国的新航路。"

1659年是己亥年。清朝这时已经建立,前朝进入了南明阶段。永历帝东奔西走,逃至缅甸,郑成功、张煌言等在长江一带、厦门奋勇抗清。钱海岳先生《南明史·昭宗本纪》载,永历帝不断罪己,"明知祖制之不可灭裂,而力不能见之行事,遂徒托诸空言;明知邪正之不可混淆,而心几欲辨其贤奸,又渐寝于独断。以致天下忠臣义士结舌而寒心,当路鬻爵卖官,寡廉而鲜耻"。第二天,斋沐修省上帝忏文,又说道:"惟苍天不早生圣人为中华主,使黎庶得谬推小子作亿兆君。忠孝阻壅于铨门,而臣不及觉;苞苴公行于政府,而臣不及知。"痛心疾首或真,然已无济于事。

1839年是己亥年。这一年,钦差大臣林则徐抵达广东,厉行禁烟。《林则徐日记》云,正月二十五日他从广州天字码头登岸,邓廷桢等一众官员"俱至接官亭,请圣安毕,即分赴各处拜之",然后入住越华书院。二月十二日,"作示谕四条,催令夷众呈缴烟土"。截至四月初六,收缴鸦片"共一万九千一百八十七箱,又二千一百一十九袋"。四月二十二日于虎门开始销烟,当日"共化一百七十箱"。此后,每天销了多少箱都有相应记录,直至五月十五日,"晨起移行李上舟,巳刻开行回省"。

1899年是己亥年,这一年十二月,山东义和团起,此无需多言。

关于己亥年,还有个著名的词语:豕亥。该词语乃书籍传写或刊印中文字错误的代名词,出自《吕氏春秋·察传》所举之例。子夏到晋国去,过卫国时有个读史的人说:"晋师三豕涉河。"子夏说应该不对,不是"三豕",是"己亥"。他进一步解释说:"夫'己'与'三'相近,'豕'与'亥'相似。"到了晋国一问,果然是"晋师己亥涉河"也。子夏所说的字形相近,指的是"古文",比如《说文解字》里的"三"和"己","豕"和"亥"。不过,翻看《说文解字》,

"三"和"己"的"古文"区别也还是比较明显的,只能说那个读史人太粗心了。

晋国军队的三头猪过了河,与晋国军队于己亥日渡河,何其南辕北辙!而吕不韦之"得言不可不察",岂止适用于读书?

2019年2月6日

灯谜

农历正月十五又到了。从前,上元夜的一项重要娱乐活动是猜灯谜。

灯谜,谜语的一种,贴谜面于花灯上供人猜射。上元观灯,今日传承得极好。辛弃疾有"东风夜放花千树。更吹落、星如雨。宝马雕车香满路。凤箫声动,玉壶光转,一夜鱼龙舞"。欧阳修有"去年元夜时,花市灯如昼。月上柳梢头,人约黄昏后"。姜夔有"灯已阑珊月色寒,舞儿往往夜深还。只应不尽婆娑意,更向街心弄影看"。前人这些脍炙人口的句子,说的都是上元观灯。

张岱《陶庵梦忆》讲的是绍兴,以为"绍兴灯景,为海内所夸者无他,竹贱、灯贱、烛贱。贱,故家家可为之;贱,故家家以不能灯为耻。故自庄逵以至穷檐曲巷,无不灯、无不棚者"。元宵时,"城中妇女多相率步行,往闹处看灯;否则,大家小户杂坐门前,吃瓜子、糖豆,看往来士女,午夜方散。乡村夫妇,多在白日进城,乔乔画画,东穿西走,曰'钻灯棚',曰'走灯桥',天晴无日无之"。

周密《武林旧事》讲的是杭州:"灯之品极多,每以苏灯为最:圈片大者,径三四尺,皆五色琉璃所成,山水、人物、花竹、翎毛,种种奇妙,俨然著色便面也。其后福州所进,则纯用白玉,晃耀夺目,如清冰玉壶,爽彻心目。近岁新安所进益奇,虽圈骨悉皆琉璃所为,号'无骨灯'。禁中尝令作琉璃灯山,其高五丈,人物皆用机关活动,结大彩楼贮之。"就是说,苏州、福建做的灯最好,安徽的新安(今之休宁与歙县)乃后起之秀。周密还说,"外此有鱿灯,则刻镂金珀玳瑁以饰之;珠子灯,则以五色珠为网,下垂流苏,或为龙船、凤辇、楼台故事;羊皮灯,则镞镂精巧,五色妆染,如影戏之法。罗帛灯之类尤多,或为百花,或细眼,间以红白……外此有五色蜡纸、菩提叶、若沙戏影灯,马骑人物,旋转如飞。又有深闺巧娃,剪纸而成,尤为精妙"。在灯的各式形制之外,"以绢灯剪写诗词,时寓讥笑,及画人物,藏头隐语及旧京诨语,戏弄行人",这就是灯谜了。

　　与作为事物谜的民间谜语略有不同的是,灯谜谜底多着眼于文字意义,如一个字,一句诗,一种名称,属于文义谜。在张岱笔下,绍兴"十字街搭木棚,挂大灯一,俗曰'呆灯',画《四书》《千家诗》故事,或写灯谜,环立猜射之",表明文化的意味更浓一些。当然,《清嘉录》"打灯谜"条云:"谜头皆经传、诗文、诸子百家、传奇小说,及谚语什物、羽鳞虫介、花草蔬菜,随意出之。"也没有那么绝对。

　　《红楼梦》第二十二回,元春"差人送出一个灯谜来,命他们大家去猜,猜后每人也作一个送进去"。结果,当晚太监出来传谕之后又说:"三爷所作这个不通,娘娘也没猜,叫我带回问三爷是个什么。"三爷贾环写的是:"大哥有角只八个,二哥有角只两根。大哥只在床上坐,二哥爱在房上蹲。"鉴于没人猜得出来,贾环只得报出谜底:"是一个枕头,一个兽头。"由此则所谓灯谜可见,贾环的文化程度比薛蟠高不了多少。

　　元春送出来的灯谜谜面和谜底都是什么,《红楼梦》里没有交代,只是说"一个小太监拿了一盏四角平头白纱灯,专为灯谜而制,上面已有了一个,众人都争着乱猜"。小太监又下谕道:"众小姐猜着,不要说出来,每人只暗暗的写了,一齐封送进去,候娘娘自验是否。"接下来的这一小段描写,也生动地见出了大观园中人物的性情。比如宝钗,"近前一看,是一首七言绝句,并无新奇,口中少不得称赞,只说'难猜',故意寻思,其实一见早猜着了"。当晚众人得到的反馈是:"前日娘娘所制,俱已猜着,惟二小姐与三爷猜的不是。小姐们作的也都猜了,不知是否?"一边说,一边将元春的答案拿出来,"也有猜着的,也有猜不着的"。而猜对元春灯谜的,每人得到"一个宫制诗筒,一柄茶筅",二小姐迎春和三爷贾环当然要袖起手来了,"迎春自以为玩笑小事,并不介意,贾环便觉得没趣"。

吴趼人《二十年目睹之怪现状》第七十四回也有元宵节猜灯谜的描写,文化含量极高。比如《四书》谜,"吊者大悦""四",猜《论语》各一句;"不可夺志""广东地面",猜《孟子》各一句;"谏迎佛骨",猜《论语》《孟子》各一句;《西厢》谜,"一杯闷酒尊前过"。谜底分别是:临丧不哀、非其罪也,此匹夫之勇、五羊之皮,故退之、不得于君,未饮心先醉。末一条,更"以《西厢》打《西厢》,是天然佳作"。梁章钜《归田琐记》也列举了他所认为的"颇有思致"的若干则《四书》谜,如"一点胭脂"打"赤也为之小","人人尽道看花回"打"言游过矣","传语报平安"打"言不必信",等等,的确妙不可言。出谜的、猜谜的,无不谙熟那些经典作品,将知识与娱乐熔为一炉,令人拍案叫绝。清胡智珠云猜灯谜:"胸中不必多书卷,只要聪明悟得来。"事实上恐怕没有那么简单。

"一灯如豆挂门榜,草野能随艺苑忙。欲问还疑终缱绻,有何名利费思量。"(清家震涛句)。猜灯谜正是一种智力游戏,检验猜射者的知识储备、学识水准。但是,"猜残灯谜无人解,何处凭添两鬓丝",猜到钱谦益那种程度,怕也不必。当然,他那是在借题发挥也说不定。

2019 年 2 月 19 日

雨水

前天是二十四节气中的第二个：雨水。和谷雨、小雪、大雪一样，雨水也是反映降水现象的节气。雨水的到来，意谓降雨开始且雨量渐增，有纪实的意味。杜甫之"好雨知时节，当春乃发生"，韩愈之"天街小雨润如酥，草色遥看近却无"，可能都是在这个时节落笔的。

雨水节气出现得很早。二分二至之后，大约它和惊蛰就问世了。同样是很早之前，雨水在二十四节气中并非固定排名第二，它和惊蛰的位置曾被颠来倒去。赵翼《陔馀丛考》云："《大戴礼·夏小正》已有启蛰、雨水等名目，则夏时已有之。第三代以上，惊蛰在雨水前。"这种状况直到汉初，惊蛰还是正月节，"犹在雨水前，其后改雨水在正月，惊蛰在二月者"，汉武帝时已经改成了"春雨惊春"。赵翼不能理解的是，"汉已改雨水在惊蛰之前，而新旧《唐书》又先惊蛰后雨水，至《宋史》始雨水在前，惊蛰在后，此不知何故。岂唐又改从古法，至宋而定今制耶？"同样的情况还有谷雨和清明的排序问题，"《汉书·历志》先谷雨后清明，新旧《唐书》则皆先清明后谷雨，《宋史》亦同"。这种现象确实需要专业人士才能作答了。

《月令七十二候集解》云："正月中，天一生水。春始属木，然生木者必水也，故立春后继之雨水。且东风既解冻，则散而为雨矣。"总之，到这时气温逐渐回升、冰雪逐渐融化、降水逐渐增多，故取名为雨水。从 2 月 18 日开始,几个月没有下雨的广州,细雨、中雨果真开始连续不断,一直持续至今天。怪趣的是,二十四节气别的那些大都不适合岭南,雨水倒是罕见的例外。北方则恰恰相反,降雪还非常普遍,高速公路动辄封闭的新闻不绝于耳。在雨水节气到下一个节气惊蛰的这 15 天里,正逢"七九"的后半段到"九九"的前半段,"七九河开八九燕来,九九加一九耕牛遍地走",这意味着,除了西北、东北、西南高原的大部分地区仍处在寒冬之中外,其他许多地区正在进行或完成了由冬向春的过渡。

《礼记·月令》云,仲春之月,"始雨水,桃始华"。此雨水,即雨水节气。郑玄注曰:"汉始以雨水为二月节。"前面所引赵翼的说法,已经讲得比较清楚。这个时候,"天子居青阳大庙,乘鸾路,驾仓龙,载青旂,衣青衣,服仓玉,食麦与羊,其器疏以达"。天子该住在哪里,出门该坐什么车、车前跑着什么马、车子如何装饰,车上的天子该穿着什么衣服、佩戴着什么饰物,以及他该吃什么、用什么,都有一套讲究。在他的个人行为之外,国家层面要"安萌芽,养幼少,存诸孤",善待始生植物、幼小动物以及孤儿。要"择元日,命民社",对安身立命之本的农业予以应有的敬畏。要"命有司省囹圄,去桎梏,毋肆掠,止狱讼",宽刑慎杀。雨水节气的这些举措,今天亦不失其积极意义的一面。

"立春阳气转,雨水雁河边,惊蛰乌鸦叫,春分地皮干。"雁,即"鸿雁",也就是"大雁"。雨水的三候,相应地分别为:一候獭祭鱼;二候鸿雁来;三候草木萌动。《七修类稿》释"獭祭鱼"云,獭,一名水狗,"贼鱼者也。祭鱼,取鱼以祭天也,所谓豺、獭之报本。岁始而鱼上游,则獭初取以祭"。就是说,这个时候水獭开始捕鱼了,将鱼摆在岸边如同先祭后食的样子。又释"候雁北"云,"雁,知时之鸟,热归塞北,寒来江南,沙漠乃其居也,孟春阳气既达,候雁自彭蠡而北矣"。这里的"沙漠乃其居也"不知从何说起,或受其识见局限。总之是说,雨水节气五天过后,大雁开始从南方飞回北方,流行歌曲《鸿雁》唱道,当其南飞之时,就默念着"心中是北方家乡"嘛。又释"草木萌动"云,"天地之气交而为泰,故草木萌生发动矣"。意谓再过五天,在"随风潜入夜,润物细无声"的春雨中,草木随地中阳气的上腾而开始抽出嫩芽。接着到来的惊蛰节气,把冬眠中的动物们也唤醒了。

物候之外,前人还发现,大自然中的花也是按照一定顺序含苞、盛开的。自小寒至谷雨,他们把这四个月划分为二十四候,每五日一候,每候对应一种,因而归纳为"二十四番花信风"。谢肇淛《五杂组》详列了二十四番花信风的具体名目,如小寒,"一候梅花,二候山茶,三候水仙";如春分,"一候海棠,二候梨花,三候木兰";雨水呢,"一候菜花,二候杏花,三候李花"。不过,如谢肇淛所云:"亦举其大意耳,其先后之序,固亦不能尽定也。"虽然如此,陆游之"小楼一夜听春雨,深巷明朝卖杏花",释志南之"沾衣欲湿杏花雨,吹面不寒杨柳风",查慎行之"长水塘南三日雨,菜花香过秀州城",均可推断为写自雨水时节了。而刘禹锡之"百亩庭中半是苔,桃花净尽菜花开",印证了赵翼所云"新旧《唐书》又先惊蛰后雨水",概惊蛰一候便是"桃花",惊蛰在雨水的前面,才能开完桃花再看菜花。按照宋朝开始延续至今的固定排序,平仄先不计较,他那诗句应该易为"菜花净尽桃花开"。

在杜甫的《春夜喜雨》之外,我们还可以读到孟浩然的"夜来风雨声,花落知多少",徐俯的"春雨断桥人不渡,小舟撑出柳荫来"等等。雨水节气所降之春雨,其给万物带来了勃勃生机,历来得到人们的青睐、美誉,实属必然。

2019 年 2 月 21 日

耳朵

今天是"国际爱耳日"。11月11日被民间戏称"光棍节",在于那四条"1"比较"象形"。爱耳日庶几近之。3月3日的两个"3",像是两只耳朵。不过,苏东坡书赠邵道士有"耳如芭蕉,心如莲花,百节疏通,万窍玲珑"句,耳朵的样子像芭蕉,无论是叶子还是果实,那画面都很难想象。

耳朵,人与哺乳动物的听觉和平衡器官。《吕氏春秋·贵生》云:"夫耳目鼻口,生之役也。"意谓耳朵、眼睛、鼻子和嘴巴等"四官",都受生命支配。在前人的"三观"中,耳朵热,或者眼睛跳,都预示着某种征兆。眼睛,有"左眼跳财右眼跳灾"云云。耳朵热,则不分左右,都是别人背后咒骂自己或不吉之兆。辛弃疾《定风波·自和》词有"从此酒酣明月夜,耳热,那边应是说侬时",杨暹《西游记》第三出殷氏有云:"我这几日耳热眼跳,神思不安,不知为何?"说的都是这回事。

记得早些年,四川有个唐姓少年可以用耳朵认字。你在纸上写了字然后团成一团,他用耳朵一听就知道那个字是什么,被视为所谓"人体特异功能"。耳朵能"看",于古代道家而言是一种修养境界,所谓耳视目听,以为视听皆由精神所主宰,可以不受器官的限制。《列子·仲尼篇》云,陈大夫聘鲁,私见叔孙氏,叔孙氏说我们国家有圣人,孔子。陈大夫说,我们国家也有圣人:"老聃之弟子有亢仓子者,得聃之道,能以耳视而目听。"结果"鲁侯闻之大惊",惊什么呢?张湛说:"怪耳目之易任。"耳朵和眼睛的功能颠倒了。不过,亢仓子本人说了:"传之者妄。我能视听不用耳目,不能易耳目之用。"不是颠倒了,而是不用耳目,照样可以视和听。《文子》云"上学以神听,中学以心听,下学以耳听",不用说,亢仓子达到了"中学"以上的境界。

实际上,张湛也明白其中道理,他说:"夫眼耳鼻口,各有攸司。今神凝形废,无待于外,则视听不资眼耳,嗅味不赖鼻口。"对此,《管锥编》中有相应阐发。在钱锺书先生看来,道家之外,佛家典籍也"惯言五官通用",但是,"不用目而仍须'以耳视'犹瞽者,不用耳而仍须'以目听'犹聋者也"。那么,"道家之'内通'、释氏之'互用',言出有因,充类加厉,遂说成无稽耳"。后世的所谓耳朵认字,正属于滑向无稽的一类。记得后来的揭秘文字说,那些有特异功能的人其实是在作弊,手法巧妙而已。

听觉好,是为耳聪,与之相反的是耳背,严重的就是聋了。《东坡志林》云,东坡去找庞安常看病,安常即"善医而聋"。然"安常虽聋,而颖悟绝人,以纸画字,书不数字,辄深了人意",至于东坡戏之曰:"余以手为口,君以眼为耳,皆一时异人也。"《西游记》第三十四回,孙悟空与金角大王、银角大王斗法,银角大王有个宝贝葫芦,"把人装在里面,只消一时三刻,就化为脓"。怎么把人装进去呢,如果妖怪叫一声,答应了,就进去了。所以,孙悟空以"者行孙"的名义来救"家兄"时,银角大王说:"我也不与你交兵,我且叫你一声,你敢应我么?"孙悟空嘴硬:"可怕你叫上千声,我就答应你万声!"人家真叫了,他却不敢答应,心中暗想道:"若是应了,就装进去哩。"那魔道:"你怎么不应我?"他便以耳朵不好来拖延时间:"我有些耳闭,不曾听见。你高叫。"

顺便说一句,在三个师徒被捉,性命攸关之际,悟空仍然不忘了戏弄八戒,显示出其异常顽皮的一面。他变化成妖怪的母亲来到二魔这里,魔头说今早"拿得东土唐僧,不敢擅吃,请母亲来献献生,好蒸与母亲吃了延寿"。"她"却说:"我儿,唐僧的肉我倒不吃,听见有个猪八戒的耳朵甚好,可割将下来整治整治我下酒。"吓得先前认出他的八戒赶忙叫了起来:"遭瘟的!你来为割我耳朵的!我喊出来不好听啊!"到悟空被捉,大家关在一起,吊在梁上的八戒也不忘了调侃他,"哈哈的笑道:'哥哥啊,耳朵吃不成了!'"不过,悟空倒还真不是乱说,卤猪耳朵,在今天不也还是非常普遍、非常受欢迎的下酒菜吗?

《吕氏春秋》还说:"耳闻所恶,不若无闻;目见所恶,不若无见。故雷则掩耳,电则掩目。"不愿听的就不听,不愿看的就不看,非常消极,见之于社会生活,则是有害了。东汉王符《潜夫论·明闇》云:"国之所以治者君明也,其所以乱者君闇也。君之所以明者兼听也,其所以闇者偏信也。"这就是我们熟知的"兼听则明,偏信则暗"的由来。唐太宗问:"为君者何道而明,何失而暗?"魏徵给他讲的也是这个道理,《新唐书·魏徵传》有相关记载。魏徵举"秦二世隐藏其身,以信赵高,天下溃叛而不得闻;梁武帝信朱异,侯景向关而不得闻;隋炀帝信虞世基,贼遍天下而不得闻"为例,得出结论:"君能兼听,则奸人不得壅蔽,而下情通矣。"

《唐语林》中有个事情,说"安史之乱"时圣善寺的银佛"为贼将截一耳",白居易后来"用银三铤添补"。及武宗灭佛,"命中贵人毁像,收银送内库"。结果干活的人说:"白公所添铸,比旧耳少银数十两,遂诣白公索余银。"这里,暂时搞不清是干活的人栽赃还是乐天真的动了手脚,要就教于方家了。

2019 年 3 月 3 日

茶博士

王笛《茶馆：成都的公共生活和微观世界（1900—1950）》，聚焦的是晚清到民国时期的成都茶馆。作为市民日常生活不可缺少的部分，成都茶馆一直扮演着市民公共生活中心的角色。这本书所要表达的，用作者的话说，以茶馆为切入，展现国家是怎样逐步深入和干涉人们的日常生活的。颇有意思。

在第七章"堂倌"中，王笛提到"茶博士"。堂倌，茶馆工人。他说，"技术高超的堂倌"即茶博士，被认为是"茶馆的灵魂"。在成都或许如此，不过，茶博士之名，唐朝已经出现，一般来说，就是指茶馆的寻常伙计，虽然其"出身"源自大名鼎鼎的"茶圣"陆羽。

唐封演《封氏闻见记》"饮茶"条云："楚人陆鸿渐为《茶论》，说茶之功效并煎茶炙茶之法，造茶具二十四事以'都统笼'贮之。远近倾慕，好事者家藏一副。"又有个叫常伯熊的，在此基础上推波助澜，"于是茶道大行，王公朝士无不饮者"。御史大夫李季卿宣慰江南，到临怀县时便请到了常伯熊，但见"伯熊著黄衫，乌纱帽，手执茶器，口通茶名，区分指点，左右刮目"。忙乎好之后，李季卿喝了两杯。"既到江外"，李又请来陆羽，但见"鸿渐身衣野服，随茶具而入。既坐，教摊如伯熊故事"。不知是"野服"还是"如故事"的缘故，李季卿没有看得起陆羽，"心鄙之"，茶毕，"命奴子取钱三十文酬煎茶博士"。陆羽也来气了，自家"游江介，通狎胜流"，哪里受得了这种羞辱，"复著《毁茶论》"。

赵翼《陔馀丛考》认为，封演的这段记载即"茶博士之名之始也"。在他看来，"盖其时茶事初起，精其技者尚少，故有茶博士之称，而李公因其称以嘲之，可见是时卖茶者无不称博士也"。茶博士的叫法已经很普及了，李季卿才顺嘴溜出来。赵翼且引《旧唐书》"开元十一年，俞州县置医博士二人"云，"则医亦称博士也"。引黄省曾《吴风录》云：张士城时"走卒厮养皆授官爵，至今呼榨油作面佣夫皆为博士"，因而推断："其榨油者之称博士，盖亦因专习其技而有是称，或因煎茶者称博士而效之耳。"

宋朝茶、酒坊侍应，均已概称博士。《东京梦华录》"饮食果子"条云："凡店内卖下酒厨子，谓之茶饭量酒博士。"描写宋朝风物的诸多话本、小说都可以作为佐证。

宋话本《杨温拦路虎传》《阴骘积善》等，都有茶博士登场。如杨令公的孙子杨温，"行去市心，见一座茶坊，入去坐地。只见茶博士叫道：'官人，吃茶吃汤？'"这个茶博士，倒真有点儿"茶馆的灵魂"的意味。正是他，撮合了杨温结拜茶坊主人杨员外，接着有杨温棒打马都头，再于东岳庙擂台上只三个回合，便令"一连三年无对"的擂主李贵小腿中棒，"叫一声，辟然倒地"。《水浒传》中也有不少茶博士。如第十八回，何涛走去县对门一个茶坊里坐下，问茶博士："今日如何县前恁地静？"茶博士说："知县相公早衙方散，一应公人和告状的，都去吃饭了，未来。"何涛又问："今日县里不知是那个押司直日？"这时，"县里走出一个吏员"，茶博士指着说："今日直日的押司来也。"何涛一看，原来是"刀笔敢欺萧相国，声名不让孟尝君"的宋江。接下来，还有"宋江便叫茶博士将两杯茶来"，"宋江起身，出得阁儿，分付茶博士道：'那官人要再用茶，一发我还茶钱'"等等。这个茶博士,就是茶馆里寻常的店小二了。

此博士非彼博士,前人早有发现。福格《听雨丛谈》"五经博士"条云:"古人师儒教授,必专一经,故每经专设博士若干人,为讲导之资。"如今不同了,"其五经博士改为位置圣贤后裔袭替之官,非用以讲导经术者也"。即便国子监中的博士,也"与翰林院之五经博士不同",而"与监丞、典簿为一阶,有如部寺之司务耳"。所以福格言友朋戏曰:"古则有瘦羊博士,今则有饩羊博士。"瘦羊博士,典出《后汉书·儒林列传》。甄宇"习《严氏春秋》,教授常数百人。建武中,为州从事,征拜博士",李贤注引《东观记》曰:"建武中每腊,诏书赐博士一羊。羊有大小肥瘦。时博士祭酒议欲杀羊分肉,又欲投钩(即抓阄),宇复耻之。宇因先自取其最瘦者,由是不复有争讼。后召会,问'瘦羊博士'所在,京师因以号之。"由是观之,瘦羊博士纯属雅称,且有美德意味。而饩羊博士就"背道而驰"了,饩羊,乃徒具形式之意,完全是讽刺意味。福格书写此条,是在感叹博士名称的今不如昔吧。对"博士"这种被借用的概念,明朝陆容有个说法,"僭拟以尊之"。他进而类推,"医人称郎中,镊工称待诏,磨工称博士,师巫称太保,茶酒称院使皆然"。他还说这是"元时旧习也,国初有禁",但显然禁而未止。

2月8日,在央视春晚演小品而提高了知名度的北京电影学院博士翟天临,因为不知什么是"知网",在网络上引起轩然大波。2月19日,北京电影学院就该事件公布调查结果:撤销其博士学位。翟天临一类的博士不知凡几,正为茶博士一类的"博士"。然而,如福格所言:"博士者,明习其事之称,故有茶博士、酒博士之名。彼佣保者尚不负其习业之义,奈何吾儒徒有其名而昧其业耶。"这个感慨,值得当今的教育界深思啊。

2019年3月9日

英歌舞·水浒戏

潮汕地区流行一种叫作"英歌舞"的集体舞蹈,我还没有在现场见识过。单是耳闻,也还是不久之前的事情。然而,2006年5月国务院公布的第一批国家级非物质文化遗产的"民间舞蹈"大项里,英歌舞已赫然在列:"英歌　广东省揭阳市、汕头市(普宁英歌、潮阳英歌)。"这要怪自家视野实在偏狭了。

看了若干段视频和若干篇报道,对英歌舞算是有个大致了解:昔日水浒戏的一种。水浒戏,就是关于梁山好汉的故事。以陆丰甲子镇的英歌舞而言,先以时迁领头引队,头插金花、红绸武冠,手舞银蛇,往前开路,然后由李逵带领三十六人排成两排紧跟而上……

浏览所见,张岱《陶庵梦忆》"及时雨"条所云其"里中扮《水浒》"一事,与英歌舞颇有相类之处。张岱是绍兴人,写的是他家乡的风俗,这么说的:"壬申七月,村村祷雨,日日扮潮神海鬼,争唾之。"而他们那里是扮《水浒》里的人物,扮之前先海选角色,"分头四出,寻黑矮汉,寻梢长大汉,寻头陀,寻胖大和尚,寻茁壮妇人,寻姣长妇人,寻青面,寻歪头,寻赤须,寻美髯,寻黑大汉,寻赤脸长须,大索城中。无则之郭、之村、之山僻、之邻府州县,用重价聘之,得三十六人"。集齐之后,"梁山泊好汉,个个呵活,臻臻至至,人马称娖而行,观者兜截遮拦,直欲看杀卫玠"。看杀卫玠,是借用西晋美男子卫玠因风采夺人而被处处围观这个典故,来形容人们观看"扮《水浒》"的热闹非凡了。

对《水浒》有一定了解的人,都会对张岱所列举的有那些特征的人物是谁知道个八九不离十。比如黑矮汉,宋江无疑。头陀、胖大和尚,武松、鲁智深无疑。茁壮夫人、姣长妇人,顾大嫂、扈三娘无疑,她们出场时的判词分别有"眉麤眼大,胖面肥腰"和"天然美貌海棠花"嘛。至于青面,自然是杨志;美髯,自然是朱仝;黑大汉,自然是李逵;赤脸长须,该是关胜。如此等等。看起来,绍兴彼时相当重视形似,求的是一望而知。为此他们不惜工本,城里找不到就去城外找,去乡村甚至去人家的地盘上去找,一定要找到才肯罢休。人齐了如何表演?可惜张岱没有多着一笔,甲子镇的英歌舞或可补缺。综合视频和文字报道,就是参与者全身武侠装扮,头戴红帽,加插雉尾过龙武冠,着红裤,脚穿带铃草鞋。其中,前24人花脸面谱,手握双木棍;后12人武生面谱,手提小铃冬鼓。大家伴随鼓点的节奏,一上一下,同时起落。

梁山好汉的故事,在施耐庵之前,元杂剧中便多有呈现,《梁山泊李逵负荆》《黑旋风双献功》《同乐院燕青博鱼》《鲁智深喜赏黄花峪》《争报恩三虎下山》,等等。或者说,正因为有了民间水浒戏的这些基础,才能有施耐庵的妙笔生花吧。《啸亭续录》云,乾隆皇帝的时候,"以海内升平,命张文敏制诸院本进呈,以备乐部演习,凡各节令皆奏演"。题材方面,就有"宋政和间梁山诸盗及宋、金交兵,徽、钦北狩诸事,谓之《忠义璇图》",意味着水浒戏还进过庙堂。后来在禁止"演淫盗诸戏"中,水浒戏亦在其列,有人认为:"今登场演《水浒》,但见盗贼之纵横得志,而不见盗贼之骈首受戮,岂不长凶悍之气,而开贼杀之机乎?"徐时栋《烟屿楼笔记》亦云:"一切如《水浒传》《说唐》《反唐》诸演义,并禁绝之,已习者不得复演,未习者不许复学。"在他看来,对游手无赖之徒,"日日以忠孝节义之事,浸润于其心肝肺腑中,虽甚凶恶横暴,必有一点天良尚未澌灭者,每日使之歌泣感动,潜移默化于不自知,较之家置一喙,日挞其人,其功效相去无万数也"。当然了,也要切忌入戏过深,对号入座。王士禛《香祖笔记》讲了一件事,是他侄子亲眼所见。说兖州阳谷县西北"有大族潘吴二氏,自言是西门嫡室吴氏、妾潘氏之族",那是自认跟吴月娘、潘金莲沾亲带故了。"一日,社会登台演剧,吴之族,使演《水浒记》,潘族谓辱其姑",结果"聚众大哄,互控于县",县令大笑之余,"各扑一二人,荷枷通衢",来了个游街示众。

有意思的是,甲子镇的英歌舞以时迁领头,而在施耐庵笔下的一百单八将中,时迁排名只倒数第二。按马幼垣先生的观点,时迁应当列席天星组的中层才对。的确,没有时迁盗甲,逼徐宁上山,梁山可能破不了呼延灼的连环马;没有时迁火烧翠云楼、摸清曾头市的底细,梁山可能也没那么容易拿下大名府、曾头市。为梁山立下了特殊功勋的时迁,却为何遭到这般待遇,迄今不曾见到有说服力的观点。《水浒传》明显薄之而英歌舞明显厚之,假以时日,要了解一下甲子镇这般用意的出发点了。

英歌舞是潮汕地区每年春节迎新的重要文化活动之一,功能何在?在绍兴那里,有人曾问张岱:"《水浒》与祷雨有何义味?近余山盗起,迎盗何为耶?"张岱"俯首思之,果诞而无谓",勉强给了理由:队伍里的六块大牌子上不是写着嘛,两块"奉旨招安",一块"风调雨顺",一块"盗息民安",还有两块大书了"及时雨"。对英歌舞的功能,只有通过田野调查才能得出结论吧。

2019 年 3 月 18 日

失眠

今天是"世界睡眠日"。中国睡眠研究会公布的2018年睡眠调查结果显示,中国成年人失眠发生率为38.2%,高于世界27%的水平。这当然是一个不好的信号。失眠,即睡眠不足或睡不深熟。专业人士说,难于入睡、易于惊醒和睡眠持续时间短于正常,均属于失眠,意谓不独入睡极难,间断、早醒都是失眠。世界睡眠日的设立,在于引起人们对睡眠重要性和睡眠质量的关注。

失眠的现象由来已久,与睡眠从来就是如影随形也说不定。《黄帝内经·素问》有"人有逆气不得卧而息有音者,有不得卧而息无音者",以及"胃不和则卧不安"等句,识者指出,"不得卧""卧不安"等,即谓失眠。在前人看来,失眠是由于阴阳、营卫之气逆调所形成的病理变化。东汉"医圣"张仲景开出的药方是:"虚烦不得眠,若剧者,必反复颠倒,心中懊侬。栀子豉汤主之。"懊侬,胸膈心窝部位自觉有一种烧灼嘈杂感的症状。"栀子豉汤治懊侬,虚烦不眠此方好。前证兼呕加生姜,若是少气加甘草。"清人编纂的《汤头歌诀》亦如此概括。综合各种报道,现代人失眠增添了"焦虑"一项,大抵是因为生活工作中面临的种种压力导致,这样的话,中药恐怕力有不逮吧。

北齐刘昼云:"蚊虻嗜肤,则通宵失寐。"这句话,在南方生活的人都会有所体会。给个小小的蚊子骚扰,往往也会睡不着觉。此外,恋爱中的人,在某种忧思或亢奋精神状态下的人也会失眠,这些该与病征无关了。这样的事例同样很多很多。

"诗三百",开篇即《周南·关雎》,"窈窕淑女,寤寐求之。求之不得,寤寐思服。悠哉悠哉,辗转反侧"云云。钱锺书先生举乔梦符《蟾宫曲寄远》"饭不沾匙,睡如翻饼"云:"下句足以笺'辗转反侧'也。"就是说,小伙子想念心爱的姑娘,躺在床上翻过来,掉过去,像烙烙饼一样,形象至极。《陈风·泽陂》也有"有美一人,硕大且俨。寤寐无为,辗转伏枕",朱熹认为:"辗转伏枕,卧而不寐,思之深且久也。"

《古诗十九首》之十九云:"明月何皎皎,照我罗床帏。忧愁不能寐,揽衣起徘徊。客行虽云乐,不如早旋归。出户独彷徨,愁思当告谁?引领还入房,泪下沾裳衣。"吴淇对该诗赞不绝口:"只是平常口头,却字字句句用得合拍,便尔音节响亮,意味深远,令人千读不厌。"张庚退了一步,云"因'忧愁'而'不寐',因'不寐'而'起',既'起'而'徘徊',因'徘徊'而'出户',既'出户'而'彷徨',因'彷徨无告'而仍'入房',十句中层次井井,而一节紧一节,直有千回百折之势,百读不厌。"

明朝冯梦龙把苏州地区流传的民歌编选成《挂枝儿》,其中有一首《无眠》:"灯儿下,独自个听初更哀怨,/二更时,风露冷,强去孤眠,/谯楼上又听得把三更鼓换。/四更添寂寞,/挨不过五更天。/教我数更筹也/何曾合一合眼。"前人计时,将一夜分为五更,也叫五鼓。那么这首《无眠》,意味着主人公从入夜到拂晓,因思念亲人而始终没有睡着。

《世说新语·赏誉》云,丞相王导与祖约聊天,"至晓不眠"。第二天早晨见客人,王导"头鬓未理,亦小倦",客人看出来了:"公

失眠　229

昨如是，似失眠。"王导说："昨与士少语，遂使人忘疲。"士少即祖约，是以"闻鸡起舞""中流击楫"而闻名的祖逖的弟弟，但是两兄弟的历史评价判若云泥。《晋书·庾亮传》载，晋明帝"遗诏褒进大臣，而陶侃、祖约不在其例，侃、约疑亮删除遗诏，并流怨言"，以此为怨恨，祖约与苏峻一起举兵反叛，至于族灭。那个通宵，王导不知与祖约聊了些什么。

毛泽东1958年读《人民日报》，了解到江西余江县消灭了血吸虫病后，"浮想联翩，夜不能寐"，直到"微风拂煦，旭日临窗"，乃"遥望南天"，挥笔写下了七律《送瘟神》二首。他想到了神医华佗，想到了神仙牛郎，他们都束手无策的事情，到今天得到了根本的改变，因而他不能不心潮澎湃，难以入眠。

失眠的人都知道，那是件相当痛苦的事情，但是不厚道地说，后人却要感谢从前诸多失眠的诗人，因为他们留下了脍炙人口的许多句子。如唐朝张继在寒山寺"夜半钟声"敲响之际仍然没有入睡，留下了《枫桥夜泊》，不知其斯时"愁"甚。南唐李煜"夜长人不寐"，是因为当了亡国君，留下了"深院静，小庭空，断续寒砧断续风"。宋朝苏轼中秋夜想起了弟弟苏辙，时月"照无眠"，留下了"明月几时有，把酒问青天"。王安石《夜直》云："金炉香烬漏声残，翦翦轻风阵阵寒。春色恼人眠不得，月移花影上栏干。"夜深时的香尽漏残、月移风寒，搅动了自己内心的波澜，无法入睡。钱锺书先生云："'直'通'值'，就是值班，那时候的制度，翰林学士每夜轮流一人值班住宿在学士院里。"那么，开玩笑说，安石这个时候睡觉，也是不应该的。

余最近两三个月以来，夜间必起如厕，时间毫无规律，或一两点钟，或四五点钟，之后便再难入眠，对照业界人士所言，正可归入间断失眠、早醒失眠的一类。还有一种说法是，失眠往往是身体潜在疾病的外在表现形式之一。苟如是,就由不得失眠者不认真对待了。

2019 年 3 月 21 日

蒙汗药

韩国顶级男团 Bigbang 成员李胜利最近火了,却不是因为什么好事。不仅他经营的夜店因逃税问题被调查,而且还曝出其给女性下药并偷拍不雅视频等丑闻。3 月 19 日,韩国警方称从李胜利车内搜查到足足 4 升 GHB 即所谓 G 水,就是迷奸药。这种药水无色无味,如果往酒里、饮料里,甚至白水里滴两滴,完全不会被察觉,女性喝了后会很快失去意识,任人摆布,醒来又什么都不会记得。药物也会很快随消化系统排出,不留下任何证据。

迷奸药,很容易联想到从前的蒙汗药,那是相传吃了能使人暂时失去知觉的麻醉药,文学作品里常常提到。《水浒传》"智取生辰纲"一节,"赤日炎炎似火烧"的时令,黄泥岗上又"端的没处讨水吃",押送金银担的军汉们便要买白胜的酒喝,杨志讥讽他们只顾吃嘴,"全不晓得路途上的勾当艰难,多少好汉,被蒙汗药麻翻了!"白胜欲擒故纵:"不卖了!不卖了!这酒里有蒙汗药在里头!"故事的结局大家都清楚,喝了那酒之后,"十五人眼睁睁地看着那七个人都把这金宝装了去,只是起不来,挣不动,说不的"。孟州道张青、孙二娘夫妇开的黑店,"只等客商过往,有那入眼的,便把些蒙汗药与他吃了便死",只是因为被武松识破,二人的罪恶行径才算中止。

元杂剧里也有相关情节,如高文秀的《黑旋风双献功》。孙荣"许了泰安神州三年香愿",然一路上"谎子极多,哨子极广",他想请个护臂。又因为他家离梁山很近,他和山上的头领宋江又是"旧交的朋友",就去那里求援。宋江推荐了李逵。孙妻郭念儿和白衙内有私情,害得孙荣入狱,李逵乃探监巧救孙荣,并放走满牢囚犯。高文秀笔下的李逵,还不是施耐庵笔下的鲁莽汉子,倒有些机智谨慎,还不乏诙谐幽默。如第三折李逵探监,用"羊肉泡饭"诱惑牢子,暗道"我随身带着这蒙汗药,我如今搅在这饭里。他吃了呵,明日这早晚他还不醒哩"。结果牢子吃了,感觉"乡里人家着得那花椒多了,吃下去麻撒撒的。哎哟,麻撒撒的"。趁"这厮麻倒了也",李逵先救了孙荣,又"把这满牢里人都放了"。蒲松龄《聊斋志异·老龙舡户》中,说到一些强盗以摆渡为名,行谋财害命之实,用的手段也是投蒙汗药或烧闷香,令麻醉了的旅客动弹不得。

蒙汗药,却并非小说家们的臆想,古人已经对此进行研究,发现了至少三种:押不卢、草乌末和曼陀罗花。

明朝郎瑛《七修类稿》云,他看了小说中那些情节,开始也是"以为妄也",后来读到南宋周密《癸辛杂识》和《齐东野语》,以及范成大的《桂海虞衡志》,乃知"蒙汗药非妄"。检索《癸辛杂识》,于"押不卢"条中可窥其端。该条云:"回回国之西数千里地,产一物极毒,全类人形,若人参之状",当地人称之为"押不芦"。这种草"生土中深数丈,人或误触之,著其毒气必死"。那么怎么取出来呢,"先于四旁开大坎,可容人,然后以皮条络之,皮条之系则系于犬之足。既而用杖击逐犬,犬逸而根拔起,犬感毒气随毙。然后就埋土坎中,经岁,然后取出曝干,别用他药制之"。周密说,这东西"每以少许磨酒饮人,则通身麻痹而死,虽加以刀斧亦不知也"。而"至三日后,别以少药投之即活,盖古华陀能刳肠涤胃以治疾者,必用此药也",他推断东汉名医华佗用的麻沸散就是这东西。有意思的是周密引用的这句话:"今之贪官污吏赃过盈溢,被人所讼,则服百日丹者,莫非用此。"看看《齐东野语》,才能明了此话的含义。

《齐东野语》"林复"条云,南宋临安推官林复"学问材具,皆有过人者,特险隘忍酷,略不容物"。因为在临安被告发"以酖杀人",同时他家里又搜出了"僭拟等物",于是"有旨令大理丞陈朴追逮,随所至置狱鞠问"。这时林复正在去惠州上任的路上。到潮阳,陈朴追上了他,"乃就鞠于僧寺中"。林复心里有数,"知必不免,愿一见家人诀别"。这一下给了他机会,"既入室,亟探囊中药,投酒中饮之。有顷,流血满地,家人号泣,使者入视,则仰药死矣,因具以复命"。林复玩儿的其实是障眼法,"其所服,乃草乌末及他一草药耳。至三日,乃苏,即亡命入广,其家以空柩归葬"。通过诈死来逃脱罪责,与"百日丹"之类一样,为当时贪官污吏所屡试不爽。

郎瑛说《桂海虞衡志》载强盗采曼陀罗花为末,"置入饮食中,即皆醉也"。于该书中并不能查到,可能是他的误记。不过,北宋司马光《涑水纪闻》已提到该花,云五溪蛮反,湖南转运副使杜杞"以金帛官爵诱出之,因为设燕,饮以漫陀罗酒,昏醉,尽杀之,凡数十人"。清人吴其濬编纂之《植物名实图考长编》引《岭外代答》云:"广西曼陀罗花遍生原野,大叶白花,结实如茄子,而遍生小刺,乃药人草也。盗贼采干而末之,以置人饮食,使之醉闷,则挈箧而趋。南人或用为小儿食药,去积甚峻。"又引《广西志》云:"闷陀罗人食之则颠闷软弱,急用水喷面乃解。"今天的科学实验证实,蒙汗药的主要成分正是曼陀罗花。

昔日使用蒙汗药，是一种见不得人的下三烂手段，新闻所见，迷奸药如今却公然大行其道。这该是"孙二娘"们所自叹弗如的了。

2019 年 3 月 24 日

年号

4月1日,日本公布了新的年号:令和。这是即将于2019年5月1日继位的德仁天皇的年号。此前一天,4月30日,现任天皇明仁将正式退位,伴随着退出的,是其年号"平成"。常读史书的人于典籍中每会遇到年号,那是历代帝王纪元所立的名号。这种做法始于汉武帝,对《汉书·武帝纪》所云"建元元年",颜师古注曰:"自古帝王,未有年号,始起于此。"

年号如何纪年呢?例如,唐太宗继位了,改元"贞观",上台这年即贞观元年;(当然,为了表示对先帝的尊重,新皇帝通常在继位的第二年年初改元。)他在位23年,最后那年就是贞观二十三年。对这种纪年法,清人赵翼有令评,以为"上自朝廷,下至里社,书契记载,无不便之,诚千古不易之良法也"。功效有没有那么夸张姑不论,但自汉武帝的"建元"亦即公元前140年开始,凡开国者,国号、定都之外,建元都成为标配,继位者则改元,即改年号。自封的土皇帝也如此。如"安史之乱"的安禄山,国号大燕,年号"圣武";其子安庆绪弑父即位,改元"载初"。我们所熟知的最后一个年号"宣统",属于末代皇帝溥仪。当然,后来袁世凯的"洪宪",以及溥仪的"康德",像安、史的那些一样,正史中都不算数。

年号纪年大别于如今的公元纪年,即便按正史承认的来看,也有割裂了时间连贯性的嫌疑。因此,弄清楚历史上的某件事究竟发生在哪一年,要查工具书,找出对应的公元年。然而,在年号的厘定过程当中,亦有相当的文化含量,可称一种文化现象。报道说,"令和"是日本首次使用日本古代典籍作为年号选取来源,此前的均出自中国古代典籍,如"昭和",取自《尚书·尧典》之"百姓昭明,协和万邦";即将谢幕的"平成",取自《史记·五帝本纪》之"父义,母慈,兄友,弟恭,子孝,内平外成"。宋人赵彦卫《云麓漫钞》早就说了,年号"往往皆寓美意,或记一时盛事"。蔡絛《铁围山丛谈》讲到宋徽宗先后使用的六个年号,都颇有讲究。第一个"建中靖国",因为徽宗是哲宗之弟,"兄弟为继,故踵太平兴国之故事也"。第二个"崇宁",乃"崇熙宁也",熙宁,推动王安石变法的神宗的年号。崇宁五年正月出现彗星,"乃改明年为大观"。大观,取《易经》之"大观在上"意。大观四年夏五月又出现彗星,又改第二年为"政和",这回是取《尚书·周书》的"庶政惟和"意。第五个为什么是"重和"呢?"太宗皇帝以在位二十年,因大赦天下。是时上在位已十有九年,明年当二十年。举是二者,乃下赦,改十一月冬至朔旦为重和元年",所谓重和,即"和之又和"。可是没多久有人发现问题了,北面大辽那边有个年号叫"重熙",他们的后主名禧,其国中因避"重熙",所以凡称"重熙"则为"重和"。这么一来,咱们不是和他们重了?于是赶快又改,改成"宣和",而"宣和改,上自以常所处殿名其年,然实欲掩前误也"。所谓殿名,是因为宋朝有个宣和殿,徽宗亲政后的燕息之处。问题又来了,有人说"一家有二日为不祥"。果然,方腊造反,"连陷二浙数郡"。徽宗又"意弥欲易之",以"难得美名"而作罢。

  年号厘定的确不是件容易的事,所以蔡絛感慨:"大抵名年既不应袭用前代,又当是时多忌讳,以是为难合,而古人已多穿凿。"

于是,自己想不出有意味的,就简单地将前面的合二为一,美其名曰效法。如唐德宗的"贞元",取自太宗的"贞观"、玄宗的"开元";宋宁宗的"庆元",取自仁宗的"庆历"、哲宗的"元祐",另一个"开禧"则取自太祖的"开宝"、真宗的"天禧"。但这种做法,终究胜似和前面的撞车。欧阳修《归田录》云,太祖建隆六年将议改元,专门嘱咐"宰相勿用前世旧号",于是改元"乾德"。其后,"因于禁中见内人镜背有乾德之号",问学士陶穀,陶穀说:"此伪蜀时年号也。"太祖由是"叹宰相寡闻也"。李心传《旧闻证误》说得更具体:"乾德三年春平蜀,蜀宫人有入掖庭者,太祖览其镜背云'乾德四年铸',上大惊。"因有"作宰相须是读书人"之叹。明朝马文升还记得这件事,有一年出科试题目就出了道《宰相须用读书人》,因为武宗朱厚照登基之后改元"正德",而这个年号此前至少已经被用了三次!对此,赵翼有个总结:"时代久而年号多,最易相袭。"他发现,史上年号相重的多了去了,"有正统之代袭用前代旧号者,有僭窃之主袭用前代旧号者,有僭窃之主彼此年号相同者,有正统之代与僭窃之号相同者。"一般的就算了,"以大一统之朝,偏袭用乱贼年号,更足贻笑千古矣"。

  必须看到,从前一个帝王并非只是使用一个年号。年号的开山祖师汉武帝就有11个之多,元光、元朔、元狩什么的,差不多6年换一次,叫"元鼎"那回,估计是当年"得鼎汾水上"吧。明清两代,情形才得到改观,这20几个帝王中,只有复辟了的明英宗朱祁镇是个例外,有"正统"和"天顺"两个年号。日本一个天皇对应一个年号,似是承继了这种传统。随着辛亥革命推翻帝制,年号纪年在我们这里正式退出了历史舞台。了解我们的这一传统文化,观诸日本现行的年号体系不失为一个参照,"礼失而求诸野"嘛。

2019 年 4 月 1 日

三月三

今天是农历三月初三,俗称三月三。从前这天有个雅号:上巳节。巳,古代的干支纪日法。巳日一共有五个:己巳、辛巳、癸巳、乙巳、丁巳。汉以前,把农历三月上旬的巳日视为节日,这一天,人们到水边嬉戏,涤除污垢,同时祈愿洗去疾病与厄运,所谓祓除不祥,称为修禊。禊者,洁也。魏晋以后,固定在三月初三进行,不必一定是上巳日了,但上巳的节日名称保留了下来。

这是个历史相当悠久的节日。

"溱与洧,方涣涣兮。士与女,方秉蕑兮。女曰:'观乎?'士曰:'既且。''且往观乎?洧之外,洵讦且乐。'维士与女,伊其相谑,赠之以勺药。"此乃《诗·郑风·溱洧》之第一章。这个浪漫的爱情故事,正发生春秋时期郑国的上巳日。当其时也,郑国青年男女到溱、洧二水之畔游春。姑娘邀约心上人,一起去那边看看吧?小伙子说,我已经去过了。姑娘说,那就再陪我去看看吧,听说很好玩呢。蕑,亦名兰,不是今天的兰花,而是一种著名的香草,古人用来沐浴或随身配戴。勺药,古时情人互赠之,寄托即将离别的情怀。《溱洧》诗生动描述了郑国这一节日的盛况,诗人本身就是秉蕑赠花中的一员也说不定。

《论语·先进篇》中,孔子要弟子们言志,曾点说"暮春者,春服既成,冠者五六人,童子六七人,浴乎沂,风乎舞雩,咏而归",亦被视为上巳祓除,蔡邕就是这么认为的。"吾与点也",曾点的这一志向得到了孔子的认同,皇侃认为:"当时道消世乱,驰竞者众,故诸弟子皆以仕进为心,唯点独识时变,故与之也。"

如前所述,三月三的重要民俗活动是修禊,全员参与。《后汉书·礼仪志上》载:"上巳,官民皆洁于东流水上,曰洗濯祓除去宿垢疢为大洁。"《晋书·礼志下》载:"晋中朝公卿以下至于庶人,皆禊洛水之侧。"史上最著名的修禊,当推东晋穆帝永和九年(353)的兰亭会。刘孝标注引王羲之《临河叙》曰:"永和九年,岁在癸丑,暮春之初,会于会稽山阴之兰亭,修禊事也。"《世说新语·企羡》云:"王右军得人以《兰亭集序》方《金谷诗序》,又以己敌石崇,甚有欣色。"这次雅集留下的诗赋被辑成一集,王羲之作序并书之,遂有被誉为"天下第一行书"的《兰亭序》。

就三月三的文化特质而言,除了河边、沐浴,还有一个是"流杯曲水之饮",大约起源于东晋。《晋书》载废帝司马奕曾"于钟山立流杯曲水,延百僚"。《兰亭序》亦云,雅集所在,"有崇山峻岭,茂林修竹;又有清流激湍,映带左右,引以为流觞曲水,列坐其次"。当然不止"群贤"采用这种方式,南朝梁宗懔《荆楚岁时记》云:"三月三日,士民并出江渚池沼间,为流杯曲水之饮。"

"三月三日天气新,长安水边多丽人。"杜甫名篇《丽人行》,描写的是安史之乱前夕,尽管时局动荡,到了上巳节,长安城南曲江边仍旧美女如云、华服闪耀。唐朝非常重视三月三。《唐会要》载,德宗贞元十四年(798)上巳,"赐宰臣百官宴于曲江亭"。穆宗长庆三年(823)诏曰:"每年上巳、重阳日,如有百官宴会,宜每节赐钱五百十贯文,令度支支给。"度支,掌管全国财赋的统计与支调。这意味着,上巳等节日宴会,可以用公款进行额外开支,因此而导致的节日盛况,明胡震亨《唐音癸签》有过描述:"百官游宴,多是长安、万年两县有司供设,或径赐金钱给费。选妓携觞,幄幕云合,绮罗杂沓,车马骈阗,飘香堕翠,盈满于路。"

清朝学者赵翼发现:"《新唐书》列传内所增事迹较《旧(唐)书》多二千余条,其小者不必论,甚有必不可不载而《旧(唐)书》所无者。"比如《来俊臣传》。武则天时的某个上巳节,来俊臣"与其党集龙门"。干什么呢,"题缙绅名于石,抵而仆者先告",将他们仇视的朝廷官员的名字先贴在石头上,然后拿小石头去掷,掷中哪一个就罗织罪名,告发哪一个。那次他们很想掷中宰相李昭德,却是未能如愿,结果"昭德知之,乃令卫遂忠发其奸,言自比石勒,欲告皇嗣及庐陵王与南北卫谋反"。赵翼说:"此皆见俊臣之恶,《旧(唐)书》不载,《新(唐)书》补。"来俊臣等人的行为,算是给三月三增添的一个污点了。

不同的人,对相同的节日自然有不同的心境。"一春花事今宵了。点检落红都已少。阿谁追路问东君,只有青青河畔草。尊前不信韶华老。酒意妆光相借好。檐前暮雨亦多情,未做朝云容易晓。"宋人毛滂《玉楼春·三月三日雨夜觞客》词。是日遇雨,毛滂夜里备酒宴客,怅惘韶华易逝。刘克庄《忆秦娥·上巳》慨叹的则是时过境迁,魏晋风流不再:"修禊节。晋人风味终然别。终然别。当时宾主,至今清绝。等闲写就《兰亭帖》。岂知留与人闲说。人闲说。永和之岁,暮春之月。"如此等等,不胜枚举。

上巳节今天已经退出了汉民族的历史舞台,不过,我国许多少数民族仍然保留着三月三,如壮、侗、苗、瑶等。三月三还是广西壮族自治区公共假日。在汉民族这里,因为与清明节相近,宋朝开始两节乃逐渐融为一体,不至于太过重复。未必如范成大《观禊帖有感三绝》所叹:"三日天气新,禊饮传自古。今人不好事,佳节弃如土。"

2019 年 4 月 7 日

秋千

提起荡秋千,人们都不会陌生:在木架上悬挂两绳,下拴横板。荡者在板上或站或坐,两手握绳,始而借助外力,进而自家操控,前后上下摆动。从前,比如自汉代以后,荡秋千不仅是寻常娱乐,还是清明、端午等节日要进行一项的民俗活动。

关于秋千之源,宋高承《事物纪原》引《古今艺术图》云:"北方戎狄爱习轻趫之能,每至寒食为之。后中国女子学之,乃以彩绳悬树立架,谓之秋千。或曰本山戎之戏也,自齐桓公北伐山戎,此戏始传中国。"齐桓公,那是春秋时的事了。清翟灏《通俗编》"鞦韆"条,重申了这一说法。这两个字以前都有"革"旁,该是拴秋千的绳索为兽皮制成的吧。有种说法是"秋千"本名"千秋","出自汉宫祝寿词也,后世语倒为秋千"。此说或始自东汉王延寿《千秋赋》,他讲的正是秋千。黄庭坚诗句有"未到清明先禁火,还依桑下系千秋",属于沿用早期的说法。

谢肇淛《五杂组》云,"唐时清明有拔河之戏",中宗时连将相都参与其中。但在谢肇淛看来:"此戏乃市井儿童之乐,壮夫为之,已自不雅,而况以将相贵戚之臣,使之角力仆地,毁冠裂裳,不亦甚乎?"那么玩儿什么好呢?他觉得是秋千,"今清明、寒食时,惟有秋千一事,较之诸戏为雅"。玄宗更名之曰"半仙之戏",这是

《开元天宝遗事》中说的,所谓"天宝宫中至寒食节,竞竖秋千,令宫嫔辈戏笑以为宴乐。帝呼为'半仙之戏',都中士民因而呼之"。为什么叫半仙?传说中仙人住在"上面",荡秋千到高点的时候,可算是"及半"了之故?揣度而已。

《燕京岁时记》云:"清明即寒食,又曰禁烟节。古人最重之,今人不为节,但儿童戴柳、祭扫坟茔而已。"非常失望的口吻。又引《析津志》云:"辽俗最重清明,上自内苑,下至士庶,俱立秋千架,日以嬉戏为乐。"与辽同期的宋,秋千也是娱乐工具。《东京梦华录》云,正月十六"收灯毕,都人争先出城探春"。探春,即郊游。这个时候,"举目则秋千巧笑,触处则蹴鞠疏狂"。到了清明,如"驾幸临水殿观争标锡宴",还有水上秋千,"有两画船,上立秋千,船尾百戏人上竿,左右军院虞候监教,鼓笛相和。又一人上蹴秋千,将平架,筋斗掷身入水",跟花样跳水差不多。

清朝陈其元有部《庸闲斋笔记》,对西方列强在上海的租界颇有一番愤恨,因为那里我们首先没有主权,"租界为英、法、美三国分踞,一切公事,归华洋同知暨三国事会同办理,除命、盗案外,地方官不复与闻";其次那里藏污纳垢,"娼寮妓馆,趁风骈集,列屋而居,倚洋人为护符,吏不敢呵,官不得诘"。娼寮妓馆多到了什么程度?"有名数者,计千五百余家",且"自同治纪元后,外国妓女亦泛海而来,搔头弄姿,目挑心招,以分华娼头缠之利。于是中外一家,远近裙屐冶游之士,均以夷场为选胜之地"。陈其元在书里收录了余本愚的《游泰西花园记》,其中讲到,他们参观租界的一家洋人花园,"于疏篁密棘中插秋千一架,上贯双缅,挽棠木小舟",并且已经有人在上面荡了,正是与余本愚同来的"导游"朱翼甫。盖入园之后,大家"各穿细径,拾翠寻芳",他因为熟门熟路,跑到这里来玩儿了,"洋人推荡之以为戏"。未几,"同人闻声咸集,两番姝亦珊珊来,相与狂笑",但见朱翼甫"以妙手空空儿之倏高而倏下",惬意得很。荡着荡着,"洋人指一番姝,笑令飞登,与翼甫相向坐。于是推者推,荡者荡,双飞双落,髻弹巾欹,直视中外为一家矣。喧笑未已,又有两青衣姝,结驷来游"。余本愚琢磨:"岂采兰赠药之遗,泰西风犹近古与?"难道洋人的生活方式和我们的古风很相像吗?前半句显然以《诗·郑风·溱洧》为铺垫。

纵览前人留下的诗词,荡秋千大抵皆与欢乐祥和为伍,脍炙人口的亦不乏。如李清照《点绛唇》:"蹴罢秋千,起来慵整纤纤手。露浓花瘦,薄汗轻衣透。见客入来,袜刬金钗溜。和羞走,倚门回首,却把青梅嗅。"词人抓取了"蹴罢秋千"之后刹那间的情形,把少女初次萌动的爱情表现得生动而自然。又如苏轼《蝶恋花》:"花褪残红青杏小。燕子飞时,绿水人家绕。枝上柳绵吹又少。天涯何处无芳草! 墙里秋千墙外道。墙外行人,墙里佳人笑。笑渐不闻声渐悄。多情却被无情恼。"下阕写墙里佳人荡秋千的欢笑声本是发自内心,而墙外行人闻之,枉自多情。单看该词,亦颇有趣,然背后的故事令人唏嘘。《宋词纪事》云,东坡贬谪惠州时,秋霜初降之际,"与朝云闲坐",让她唱出这阕词。时"落木萧萧,凄然有悲秋之意",结果"朝云歌喉将转,泪满衣襟"。东坡赶忙问怎么了,答曰:"奴所不能歌,是'枝上柳绵吹又少,天涯何处无芳草'也。"东坡大笑曰:"是吾政悲秋,而汝又伤春矣。"好吧,那就不唱了。谁知没过多久,朝云"抱疾而亡",东坡则"终身不复听此词"。前之朝云,后之东坡,都有各自不同的触景生情吧。

秋千,已于2006年5月列入第一批国家级非物质文化遗产名录,属于"传统体育、游艺与杂技"类。而其丰富的人文内涵,亦有值得深入探究的一面。

2019年4月9日

大火（续）

北京时间4月16日凌晨，法国巴黎圣母院的熊熊大火震动了全世界。目睹其标志性的尖塔在大火中歪倒、坍塌，但凡不是木石心肠的人都会为之心碎。维克多·雨果称巴黎圣母院为"石头的音乐"，这座拥有800年历史的哥特式基督教教堂，不仅是法国的、欧洲的辉煌建筑，也是全人类共同的宝贵文化遗产。

我们历史上也发生过不少类似的悲剧，与之相近的，恐怕非北魏时永宁寺的遭遇莫属。不幸的是，永宁寺遭遇的是灭顶之灾，早已从人们的视野中永远消失。永宁寺也在首都，北魏的都城洛阳。北魏尚佛，平城时代就开凿了闻名世界的云冈石窟，到洛阳又开凿了同样世界闻名的龙门石窟。除此之外，他们还大肆营造佛寺，使当时洛阳"招提栉比，宝塔骈罗……金刹与灵台比高，讲殿共阿房等壮"。时人杨衒之留下一部《洛阳伽蓝记》，以实录形式记载了洛阳大小佛寺，开篇就讲到永宁寺。从其记载来看，永宁寺健在时之壮美，当不输于巴黎圣母院，且永宁寺比巴黎圣母院年长了差不多700岁之多。

《魏书·释老志》载："肃宗熙平中，于城内太社西起永宁寺，灵太后亲率百僚表基立刹。"北魏肃宗（孝明帝元诩）"熙平"年号只用了两年多，则永宁寺建于516到518年。灵太后，肃宗之母；

肃宗立,尊母为皇太后。肃宗年幼,太后"亲览万机,手笔断决"。《魏书·皇后传》载:"(太后)姑既为尼,幼相依托,略得佛经大义。"那么,永宁寺当是灵太后发起而建。落成之后,神龟二年(519)八月,"灵太后幸永宁寺,躬登九层佛图"。崔光还来了个谏曰:"永宁累级,阁道回隘,以柔懦之宝体,乘至峻之重峭,万一差跌,千悔何追?"况且,"心信为本,形敬乃末",还是不要再上去了。

永宁寺的建设规模达到了何种程度?看看杨衒之的描述:"中有九层浮图一所,架木为之,举高九十丈。有刹复高十丈,合去地一千尺。去京师百里,已遥见之"。又,浮图"角角皆悬金铎,合上下有一百三十铎。浮图有四面,面有三户六窗,户皆朱漆。扉上各有五行金铃,合有五千四百枚。复有金环铺首,殚土木之工,穷造形之巧。佛事精妙,不可思议。绣柱金铺,骇人心目。至于高风永夜,宝铎和鸣,铿锵之声,闻及十余里"。又,"浮图北有佛殿一所,形如太极殿……僧房楼观,一千余间"。永宁寺的恢宏,连达摩祖师见了亦惊叹不已,自云"年一百五十岁,历涉诸国,靡不周遍,而此寺精丽,阎浮所无也。极佛境界,亦未有此!"然后他"口唱南无,合掌连日"。

杨衒之记下的这些,并非道听途说,他自己上去过,"尝与河南尹胡孝世共登之,下临云雨,信哉不虚!"并且,他的说法亦为当代考古发掘所证实。1979年到1994年,中国社会科学院考古所对永宁寺塔址进行了发掘,发现它的基座的长和宽各约百米,台基上有排列得十分整齐的方形础石124个,在木塔的中部现存高3.6米的方形土坯塔心,据此推测塔高约为147米。在木塔的基址中还发现了1500多件彩色泥塑,有菩萨、飞天及贵族、武士、男仆、女侍等造像。

就是这样一座恢宏建筑,在公元534年被大火付之一炬!时孝武帝永熙三年二月。《洛阳伽蓝记》对此也有描述："帝登凌云台望火,遣南阳王宝炬、录尚书事长孙稚将羽林一千救赴火所。莫不悲惜,垂泪而去。火初从第八级中平旦大发,当时雷雨晦冥,杂下霰雪,百姓道俗,咸来观火。悲哀之声,振动京邑。"斯情斯景,与今日目睹巴黎圣母院燃烧的人们跪在大街、唱着忧伤的赞歌为之祈祷,有过之而无不及。永宁寺大火"经三月不灭",且因为"有火入地寻柱,周年犹有烟气"。当年五月,从山东来的人说,永宁寺在那边重现了,"光明照耀,俨然如新,海上之民咸皆见之。俄然雾起,浮图遂隐"。这显然是海市蜃楼了,但也可见人们对永宁寺何等念念不忘。

  建筑遭遇火灾,并不鲜见,前文《大火》中已多有道及。举珍贵文物建筑而言,北京紫禁城三大殿(太和、中和、保和)便屡屡发生火灾,据单士元先生自《明史·本纪》及《东华录》中的爬梳,从明朝永乐十九年(1421)到清朝乾隆三十年(1765),三大殿因为火灾至少重建了七次之多。永乐十八年,三大殿落成仅仅5个月便被雷电击中而烧毁。巴黎圣母院的主体是石质的,尚且能燃起大火,不要说我们的建筑尽皆木结构了,一旦失火便"火烧连营"。万历二十五年(1597)六月的那一次,"火起归极门,延至皇极(太和)、建极(保和)三殿,文昭、武成二阁。周围廊房,一时俱烬"。时人认为:"天以民困之故,灾三殿以示儆。"永宁寺大火过后,也有"天意若曰:永宁见灾,魏不宁矣"的说法。不过,万历皇帝并不在乎,本来他就"锐意聚财,多假殿工为名",这一下更给他找到了横征暴敛的借口。《明史·食货志六》载:"万历中,三殿工兴,采楠杉诸木于湖广、四川、贵州,费银九百三十余万两,征诸民间,较嘉靖年费更倍。"

  巴黎圣母院大火之后,法国总统马克龙旋即表态将重建,重建的巴黎圣母院将更加瑰丽。重建并非难事,如何更好地保护前人留下的珍贵文化遗产才是难题。巴黎这场大火再一次给人类敲响了警钟。

2019 年 4 月 18 日

排座次

这几天的重要体育赛事颇多:斯诺克世锦赛、乒乓球世锦赛、羽毛球亚锦赛等等。竞技体育项目大抵都有世界排名,根据运动员的成绩排出座次。斯诺克干脆根据球员年度赢得的奖金数,听起来,这项貌似绅士的运动相当俗气。目前,罗尼·奥沙利文以119.65万英镑暂列世界第一,但是因为他在世锦赛第一轮就被名不见经传的詹姆斯·卡希尔淘汰了,如果尼尔·罗伯逊夺冠,冠军奖金高达50万英镑,尼尔·罗伯逊就将以129.25万英镑来取代奥沙利文的座次。

竞技体育之外,我们文化里的排座次堪称一项传统。《礼记·中庸》云:"宗庙之礼,所以序昭穆也;序爵,所以辨贵贱也。……燕毛,所以序齿也。"明确在不同场合,有序爵和序齿两种座次排法,前一个根据官职大小,后一个根据年龄大小。对序齿,孔颖达疏曰:"言祭未燕时,以毛发为次序,是所以序年齿也。"朱熹注曰:"以毛发之色别长幼,为坐次也。齿,年数也。"此中"燕"同"宴"。某年某高校校庆,对来宾秉承序齿不序爵的排座次方式,引发好一通赞颂之声。概如今无论何种集会,序爵早已成为惯例。见之于官方正式场合,自然必要,而见之于校友回校参加庆典,就让人不是滋味。《水浒传》里的莽汉九纹龙史进,也懂得在乡亲中要序齿来排座次。少华山上冒出三个强人,带着一帮喽啰打家劫舍,史进出于"递相救护,共保村坊"的考虑,召集村民商议,先"叫庄客拣两头肥水牛来杀了",然后"叫庄客去请这当村里三四百史家庄户,都到家中草堂上序齿坐下,教庄客一面把盏劝酒"。

因此,集会或聚会排座次时序齿还是序爵,首先得看场合,必须要讲究的正式场合,就得按正式场合的规矩来。这是礼仪的一种,也是国际惯例。值得一说的如校庆那种,便端赖主事者的掌握了。友朋聚会,尽管都有官职,序什么便关联个人修养。前文《序齿》曾引范成大《骖鸾录》所记一例。过衢州,范成大与友朋聚会,郑公明因为"同召试,同除正字校书郎",与范的出身相当,但是范的官职大过郑,而郑却比范大了十几岁。他们在国史馆共事的时候,大家平级,且那里"例序齿",问题好办,现在则比较棘手。范成大"复用故事逊公明",还是按老规矩来,你老哥坐上首。郑公明说"各已出馆,正当叙官",大家不是同事了,该序爵了。汪圣锡认为现在是朋友相聚,不用讲究官阶,还是应该年长的上座,郑公明才肯坐下。

对于排座次,小说家更不遗余力,可以增强故事性、悦读性嘛。《说唐》根据个人的武艺高低,就排出了十八条好汉的座次:第一条好汉李元霸,第二条好汉宇文成都,第三条好汉裴元庆,第四条好汉雄阔海……记得这些,来自20世纪80年代初电台里的袁阔成评书,听的时候津津有味,听完了津津乐道。那种排座次颇有绝对性,第一就是第一,李元霸两锤击败宇文成都、三锤打跑裴元庆,从来都不会输。竞技体育的排座次不然,排名不断公布,第一经常易主。第一也不会绝对厉害,奥沙利文不是就败给了还没有排名的小将吗?

相形之下，《水浒传》中的"梁山泊英雄排座次"不知依据什么，当然了，"忠义堂石碣受天文"了，问题是石碣依据的是什么。搞个"罗天大醮"，弄完"七昼夜好事"，三更时分天上就掉下一个石碣，"正面两侧，各有天书文字"，写的是三十六天罡、七十二地煞的绰号和姓名，就齐活了？比如林冲落草前是八十万禁军枪棒教头，实的；关胜"幼读兵书，深通武艺，有万夫不当之勇"，虚的。可是关胜排第五，林冲排第六。解珍解宝"弟兄两个，都使浑铁点钢叉，有一身惊人的武艺"，虚的；燕青"一张川弩，只用三枝短箭，郊外落生，并不放空，箭到物落"，还有相扑，"江湖上不曾逢着对手"，实的。可是解珍解宝居然双双排在燕青前面，燕青在天罡星中居然垫底！这样的排座次，宋江只有靠上苍"都已分定次序"来压人了，要求"众头领各守其位，各休争执，不可逆了天言"，好像这个座次不是人为安排的，天注定。

不少前人都指出，一百单八将排座次出于梁山领导集团的精心策划，李卓吾就认为"是吴用之计"，具体而言，"萧让任书，金大坚任刻，做成一碣埋之地下，公孙胜作法掘将起来，以愚他众人"，因为"梁山泊如李逵、武松、鲁智深那一班，都是莽男子汉，不以鬼神之事愚他，如何得他死心塌地？"金圣叹则觉得不必计较石碣天文真有其事，还是宋江伪造，"作者亦只图叙事既毕，重将一百八人姓名一一排列出来，为一部七十回书点睛结穴耳。盖始之以石碣，终之以石碣者，是此书大开阖。为事则有七十回，为人则有一百单八者，是此书大眼节。若夫其事其人之为有为无，此固从来著书之家之所不计，而奈之何今之读书者之惟此是求也？"这是在提醒大家，读《水浒传》不要舍本逐末了。

不过，从我们的文化传统看，梁山这一排座次怕没有金圣叹想的那么单纯，有领导人物的良苦用心。当下多如牛毛的各种排行榜,也是一种排座次。智库兴起之后,所谓重要成果每每就是弄出个什么榜单,给某个领域的具体单位来个集合排队。这里面,有多少是客观现实的反映,又有多少是从自身利益出发的主观设定?

2019 年 4 月 28 日

继位

4月30日傍晚,日本明仁天皇在皇居"松之间"宫殿举行"退位礼正殿之仪",发表作为天皇的最后讲话。5月1日,皇太子德仁继位。这一交替,意味着日本的"平成"时代结束,"令和"时代开启。新闻图片中看到,写有"天皇陛下万岁"的彩旗颇多,无需翻译,纯粹就是汉字。熟悉我们历史的人,对这一幕都会有似曾相识之感,只是我们的已经停留在史书里,他们的还存活于现实中。

"父死子继,兄死弟及,天下通义也。"这是《史记·宋微子世家》中宋宣公的说法,说的是中国封建社会通行的宗法制度。在皇位继承问题上,总的原则是父亲传给儿子,没有儿子的,传给弟弟。史上最常见的是前一种情况,日本此番交替也是,但宋宣公却是后一种。他有儿子,太子与夷,但他病了之后,却"让其弟和"。弟弟也不客气,"三让而受之",于是"宣公卒,弟和立,是为穆公"。不过,穆公临终之际,也放弃了自己儿子的继承权,又把位子给回与夷。"君子闻之"曰:"宋宣公可谓知人矣,立其弟以成义,然卒其子复享之。"兄死弟及,后来固化为"兄终弟及"。

皇帝出现之后,最有名的相关案例该是北宋之初的太宗赵光义接替太祖赵匡胤了。虽然《宋史》言之凿凿地用杜太后的话教育匡胤,什么"汝百岁后当传位于汝弟。四海至广,万几至众,能立长君,社稷之福也",匡胤当时还来了个顿首泣曰"敢不如教",赵普也"于榻前为约誓书",且"藏之金匮,命谨密宫人掌之"。不过,《宋史纪事本末》中记下的"斧声烛影",令光义的所谓继位留下太多谜团。当其时也,左右"但遥见烛影下晋王(光义)时或离席,若有逊避之状,既而上引柱斧戳地大声谓晋王曰:好为之。俄而帝崩"。那意思隐隐在说,弟弟把哥哥给干了,抢来的宝座。

明仁天皇是日本皇室近 200 年来首位在世时退位的天皇,属于主动退位。还是 2016 年 8 月 8 日,在向日本国民发表的电视讲话中,他便已经正式表明了"生前退位"的决定。明仁退下之后,被称为"上皇陛下",就是我们从前所说的太上皇。我们历史上有许多太上皇,挑著名的说,就有唐朝的李渊(高祖)、李隆基(玄宗),宋朝的徽宗,清朝的乾隆,等等,可以开一串名单。但我们的太上皇往往出于无奈而让位,甚至基于大规模流血冲突的前提,属于不得已而为之。

看看唐朝的这两位吧。先看李渊,武德九年(626)六月,秦王李世民"以皇太子建成与齐王元吉同谋害己,率兵诛之",发动"玄武门之变",不仅诛杀了哥哥和弟弟,而且株连了二人的全部男性子嗣。李渊不得不"诏立秦王为皇太子",八月,再"诏传位于皇太子",将宝座让给二儿子,自己去当太上皇。《旧唐书·高祖二十二子列传》最后,作者刘昫等不忘了对建成和元吉大泼污水:"建成残忍,岂主鬯之才;元吉凶狂,有覆巢之迹。若非太宗逆取顺守,积德累功,何以致三百年之延洪、二十帝之纂嗣?或坚持小节,必亏大猷,欲比秦二世、隋炀帝,亦不及矣。"意思是说,如果太子建成继位,连秦二世、隋炀帝都不如。

再看李隆基,与李世民的继位如出一辙。唐隆元年(710)年六月,少帝登基未几,临淄王李隆基便与太平公主联手"举兵诛诸韦、武,皆枭首于安福门外",然后睿宗继位。两年后,睿宗虽传位于三儿子李隆基,"自称太上皇帝",但并没有让渡权力,"五日一度受朝于太极殿,自称曰朕",而李隆基"每日受朝于武德殿,自称曰予"。等到李隆基再发动政变,铲除太平公主一党,第二天睿宗就成了太上皇,赶快识趣地躲去一边,诰曰:"朕将高居无为,自今后军国刑政一事以上,并取皇帝处分。"只是李隆基没有料到,后来他的儿子连个招呼都不打,也把他逼成了太上皇。"安史之乱"中,他还在奔逃的路上,"灵武使至,始知皇太子即位"。没办法,他只好"用灵武册称上皇,诏称诰",然后派人到灵武,说什么"朕称太上皇,军国大事先取皇帝处分,后奏朕知。候克复两京,朕当怡神姑射,偃息大庭",算是聊以自慰吧。

吊诡的是,李世民、李隆基这两位通过政变上台的皇帝,一个开创了"贞观之治",一个开创了"开元盛世",不仅没人说个不是,还给后世以二人幸而非法继位之感,就是刘昫们的"坚持小节,必亏大猷"了。

因为太子位置的风险系数颇高,所以《魏书·皇后列传》有这么个说法:"椒掖之中,以国旧制,相与祈祝,皆愿生诸王、公主,不愿生太子。"不过宣武胡皇后不这么看:"天子岂可独无儿子,何缘畏一身之死而令皇家不育冢嫡乎?"怀孕之后,她还来个"幽夜独誓",云:"但使所怀是男,次第当长子,子生身死,所不辞也。"纵观我们的历史,继位的,一概离不开男性,只有武则天是个特殊的例外,新旧两《唐书》都让她进了"本纪",但是以"则天皇后"的身份,而且她是"革唐命,改国号为周"。

在日本那里,因为没有生出男孩,先前的太子妃雅子一直受到宫内的各种压力,一度患上抑郁症。那么,在德仁天皇之后,只有"兄终弟及",把皇位传给弟弟文仁了。文仁两女一子,子系悠仁亲王,至少还可以延续两代。日本的皇位制度,真有我们史书的"活化石"之感。

2019 年 5 月 3 日

座右铭

金庸先生生前曾被问及"做人有没有一些座右铭",他回答了八个字:全力以赴,努力不懈。多名与他熟悉的友人都说,金庸的勤奋是出了名的。从1955年的《书剑恩仇录》到1972年的《鹿鼎记》,17年时间里,金庸的15部作品几乎没有间断过连载,可谓践行了自己的座右铭。

座右铭,铭的一种,原指书写后置于座位的右边,用以自警的文字;后来泛指激励、警诫自己,作为行动指南的格言。前人以右为尊,举凡所珍视的文、书、字、画,都放在座右位置以示珍重。当然了,从前还有一种"座中铭",顾名思义即置于座中,南宋周必大有《跋盛子谦座中铭》,此不赘述。

杜甫《天育骠骑歌》云:"吾闻天子之马走千里,今之画图无乃是。是何意态雄且杰,骏尾萧梢朔风起。毛为绿缥两耳黄,眼有紫焰双瞳方。……当时四十万匹马,张公叹其材尽下。故独写真传世人,见之座右久更新。"这里说的是画。《旧唐书·刘子玄传》载,子玄所著《史通》,"备论史策之体"。徐坚非常看重,尝云:"居史职者,宜置此书于座右。"这里说的是文。杜甫赞誉的那幅画今天已不能见到,《史通》仍在,那是我国古代第一部系统的史学评论著作,第一次提出了史学家必须具备史才、史学、史识的论点。刘子玄,即著名史学家刘知幾。《开元天宝遗事》云,唐玄宗善于纳谏,"或有章疏规讽,则探其理道,优长者贮于金函中,日置于座右,时取读之,未尝懈忽也"。说的也是文字。清朝学者朱彝尊考《宋鉴》,称绍兴八年高宗谕大臣曰:"司马光隶字甚似汉人,朕有五卷,日夕置座右,所书乃《中庸》与《家人卦》,皆是修身齐家之道,不特玩之而已。"首先吸引他注意的,显然是司马光的书法。

《昭明文选》收录了东汉崔瑗《座右铭》,吕延济题注:"瑗兄璋为人所杀,瑗遂手刃其仇,亡命,蒙赦而出,作此铭以自戒,尝置座右,故曰座右铭也。"崔瑗写了些什么呢?"无道人之短,无说己之长。施人慎勿念,受施慎勿忘"云云。白居易也很欣赏这篇,"虽未能尽行,常书屋壁"。不过他觉得崔瑗说的还不够,来了篇《续座右铭》,"勿慕贵与富,勿忧贱与贫。自问道何如,贵贱安足云。闻毁勿戚戚,闻誉勿欣欣。自顾行何如,毁誉安足论"云云。

不难看出,座右铭相当于格言警句。前人对这类文字的态度,大抵可分为两种:一种是"已为"座右铭,就那么照着做了;还有一种是视之"可为"座右铭,应该或可以这样做。无论哪一种,都涉及方方面面。

先看"已为"的。如为政方面。郎瑛《七修类稿》云,五代十国时的后蜀皇帝孟昶颁布过"戒石铭",共有24句,太啰嗦;宋太宗接过来,给简化成"尔俸尔禄,民膏民脂。下民易虐,上天难欺",只有16个字,朗朗上口,然后颁行天下。宋高宗"复以黄庭坚所书,俞州县长吏刻铭座右"。郎瑛说,元世祖时他老家浙西也有四句戒石铭:"天有昭鉴,国有明法。尔畏尔谨,以中刑罚。"此类座右铭形同官箴,是对官吏的告诫和鞭策。

如学养方面。周煇《清波杂志》云,学者当取三多,即看书多、持论多、著述多,"士皆知其说"。孙莘老就此请教欧阳修,修曰:"此无他,唯勤读书而多为之自工,世人患作文字少,又懒读书,每一书出,必求过人,如此少有至者。疵病不必待人指摘,多作自见之。"孙莘老把这段话"书于座右"。放在今天,现实意义也丝毫不减。

如生活方面。李渔《闲情偶寄》云,明朝康海建了座园亭,"其地在北邙山麓,所见无非丘陇",全是坟,《东周列国志》有"道德三皇五帝,北邙无数荒丘"嘛。有人说了,天天对着这些,"令人何以为乐?"康海回答:"日对此景,乃令人不敢不乐。"李渔非常推崇这个达观态度,"尝以铭座右"。

"可为"的也是这样。罗大经《鹤林玉露》云,他家藏有黄庭坚写的"作德日休,为善最乐",他认为这八个字"摘经史语,混然天成,可置座右"。吴庆坻《蕉廊脞录》云,他家高祖盛赞王云廷所作家戒之余,发表一段高论:"词章之学,只求文理无疵,刻意求工则害道。进取之途,须知得失有命,稍事驰骛(奔走趋赴)则丧品。悠悠忽忽,便虚度一日,便虚度一年,便虚度一世。战战兢兢,始不负所事,始不负所生,始不负所学。"吴庆坻认为,此"可书作座右铭也"。陈康祺《郎潜纪闻》里也有两则。其一,徐士林手撰江苏臬署联:"看阶前草绿苔青,无非生意;听墙外鸦啼鹊噪,恐有冤魂。"其二,陈康祺小时候听到的孙诏成的话:"吾不能必人之无冤,惟求己之无悔。"他认为,前一个"凡内外问刑衙门",后一个对刀笔吏而言,"皆当悬诸座右者也"。

诸如此类,皆为"可作",至于有没有作是另外一回事。又《陶庐杂录》云,明朝刘大谟在四川为官,"有门生在谏垣",写信求座右铭。他引用了别人的话回复:"事关利害,有举世所不敢言,而己独言之。机伏隐微,有举世所不能言,而己独言之。"结果"门生得书,读之竦然"。怕什么呢?他揣摩自己没法做到吧。座右铭终究只是"说到",不惮以恶意度之,诸多座右铭正是摆来看看的漂亮话,像金庸先生那样真当回事的,凤毛麟角。

2019 年 5 月 10 日

托梦

昨天的"豆瓣电影"公号翻出了央视《今日说法》里一桩非常不可思议的、通过梦中告知而破获的命案。说的是2008年夏天，吉林省白山市警方在侦破一桩命案时正一筹莫展，受害人的姐姐说梦见弟弟已经遇害，弟弟在梦里告诉了她埋尸的地点。警方虽觉荒谬，但为了照顾家属情绪还是派人去现场做了勘查，结果却真的发现了被害人！

从前这种情形司空见惯，叫作托梦。前人认为，鬼神往往会入梦并有所嘱托。《水浒传》第二十六回，武松觉得哥哥死得蹊跷，乃在哥哥"灵床子前，点起灯烛，铺设酒肴"，坦言"你若是负屈衔冤，被人害了，托梦与我，兄弟替你做主报雠"。结果武大夜里果然来了，叫声："兄弟，我死得好苦！"《初刻拍案惊奇》卷十九，谢小娥父亲、丈夫被强盗杀害，二人也是相继托梦于她。父亲说："你要晓得杀我的人姓名，有两句谜语，你牢牢记着：'车中猴，门东草'。"丈夫说："杀我的人姓名，也是两句谜语：'禾中走，一日夫'。"谢小娥问了许多人，都不明白什么意思，洪州判官李公佐到底是进士出身，一下子就给破解了："杀汝父者是申兰，杀汝夫者，是申春。"根据呢？李公佐道："'车中猴'，'车(車)'中去上下各一画，是'申'字；申属猴，故曰'车中猴'。'草'下有'门'，'门'

中有'东',乃'蘭'字也。又'禾中走'是穿田过;'田'出两头,亦是'申'字也。"一日夫'者,'夫'上更一画,下一'日',是'春'字也。杀汝父,是申兰;杀汝夫,是申春,足可明矣。"

诸如此类,都是文学作品中的托梦破案。在前人的"三观"中,极其看重梦与梦兆,就连不语"怪力乱神"的孔子也不例外。《论语·述而篇》载,子曰:"甚矣吾衰也!久矣吾不复梦见周公!"《吕氏春秋》就此阐释到:"盖闻孔子、墨翟昼日讽诵习业,夜亲见文王、周公旦而问焉。用志如此其精也,何事而不达?何为而不成?"周公不来托梦了,孔子认为自己老了,身体也不行了。当然,引申的说法是孔子对周公之道不久行,感到了失望。刘勰《文心雕龙·序志》云,他30多岁的时候,"尝夜梦执丹漆之礼器,随仲尼而南行。旦而寤,乃怡然而喜。大哉圣人之难见哉,乃小子之垂梦欤!"即便梦见跟着孔子恭恭敬敬地走了一趟,刘勰也喜不自胜。

我国第一部编年体史书《左传》记载了不少王侯将相的梦,完全是作为一种重要史实或史料来看待的。用刘文英先生的说法:"凡是前文记梦,后文必述其验。"清朝汪中早已考证,《左传》除记人事外,所有"天道、鬼神、灾祥、卜筮、梦之备书于策者",均属"史之职也"。即是说,记梦也是史官的职责之一。正史中历来也的确不鲜见。如南宋高宗赵构禅位于孝宗,彼时赵构正值盛年,之后还当了整整25年的太上皇,而孝宗赵昚乃"太祖七世孙也",并非太宗这一支。皇位有此"回归",不是赵构良心发现,正是由于被托梦。《宋史·孝宗本纪》说被托梦的是韦太后,"密为高宗言之,高宗大寤"。于是,高宗"诏选太祖之后"。《异迹略》干脆说是高宗本人被托梦,赵匡胤直截了当告诉他:"汝祖(赵光义)自摄谋,据我位久,至于天下寥落,是当还我位。"因托梦而甘愿"还位",可见赵构对梦兆的笃信程度。

　　人们津津乐道于五花八门的托梦故事,客观上实有借喻的意味。《左传·宣公十五年》载,魏武子遗嘱要小妾殉葬,儿子颗没有照办,而是"嫁之"。后来在一次战斗中,"颗见老人结草以亢杜回,杜回踬而颠,故获之",俘虏了秦国的这员大将。他不知怎么回事,夜里老人托梦来了,说他是那小妾的爸爸,因为他之前的不杀而嫁,"余是以报"。这是在阐明人要多行善事了。《夷坚丁志》卷五云,黄德琬家有六条狗,有人来告状那些狗"屡啮杀羊"。黄德琬"验之而信",于是让人把狗"悉击杀之",不过其中的一条黑狗跑掉了。过两晚,黑狗托梦于黄妻云:"官欲尽杀犬,我实无罪,平生不咬羊,只在后门夜守贼,愿免一死。"如是黑狗又活了7年。这是在阐明凡事不可不分青红皂白。

　　《阅微草堂笔记》有一则某御史伏法后托梦于问官的故事,极有意味。问官"白昼假寐,恍惚见之",因有一问一答。问:"君有冤耶?"答:"言官受赂鬻章奏,于法当诛,吾何冤?"问:"不冤,何为来见我?"答,我恨你。问,审你的人有七八个,像我这样和你有交情的也有两三个,为什么恨我? 答:"我与君有宿隙,不过进取相轧耳,非不共戴天者也。我对簿时,君虽引嫌不问,而阳阳有得色;我狱成时,君虽虚词慰藉,而隐隐含轻薄。是他人据法置我死,而君以修怨快我死也。患难之际,此最伤人心,吾安得不憾!"御史进一步表明托梦的目的:"君居心如是,自非载福之道,亦无庸我报。特意有不平,使君知之耳。"纪晓岚借用的这个故事,使官场生态跃然纸上。

　　托梦破案在现代社会重新出现,是件很有意思的事情。倘若报道不是出自权威的央视,恐怕要被视为封建迷信的死灰复燃。那么,该如何解释这一不可思议的事实,需要专业人士的智慧。

有一点很明确,对于暂时解释不了的现象,先不要轻易地贴上什么标签。

2019 年 5 月 28 日

六一居士

北宋文豪欧阳修晚年自号"六一居士"。他这个"文豪",不是后世意义的泛指,而是时人之实指。石介云:"本朝八十年,文人为多。若老师宿儒,不敢论数。近世作者,石曼卿之诗,欧阳永叔之文辞,杜师雄之歌篇,豪于一代矣。"他还作了一首《三豪诗》,欧阳修因有"文豪"之谓。"六一居士"的"六一"呢?六个"一"也,与后世作为日期的儿童节自然无关。

神宗熙宁三年(1070)九月,欧阳修写过一篇《六一居士传》,以问答方式进行了具体阐释。客问:"六一,何谓也?"答曰:"吾家藏书一万卷,集录三代以来金石遗文一千卷,有琴一张,有棋一局,而常置酒一壶。"客人说,这不才五个"一"吗?他说,还有我自己,"以吾一翁,老于此五物之间,是岂不为六一乎?"尽显其诙谐幽默的一面。《新五代史》载,五代十国之楚帝马希范作九龙殿,"以八龙绕柱,自言身一龙也"。明朝孙绪认为,马希范"人品虽不可与欧公同日语,然其事则六一之俑也"。有道理,《新五代史》就是欧阳修编纂的,他当然清楚这件事。

"六一"中,"金石遗文一千卷"颇值一提。欧阳修对这些家藏金石铭刻拓本作有400多篇题跋,成就了中国现存最早的金石学著作《集古录》(即《集古录跋尾》)。拓本的涵盖范围、著作的现实意义,如《渑水燕谈录》所云:"自岐阳石鼓、岱山、邹绎之篆,下及汉、魏已来碑刻,山崖川谷,荒林破塚,莫不皆取,……可以正史学之阙谬者,以传后学。"梅尧臣诗云:"古碑手集一千卷,河北关西得最多。莫怕他时费人力,他时自有锦蒙驰。"亦予以高度评价。欧阳修自作该书序文,请蔡襄书写,这位后世定论的北宋四大书法家之一,在给欧阳修的回信中说"蒙书以《集古录序》见托书之于石",觉得自己很荣幸,同时他也认为欧阳修的工作"虽劳有益,岂特比于犀珠金玉世人之所欲者"。

欧阳修的成就当然不止于此。撮其要者,文学方面,他继承并发展韩愈的古文理论,成为开创宋朝一代文风的文坛领袖;史学方面,《新五代史》之外,还主修了《新唐书》。因此,晁说之说:"国家人物之盛,可胜言哉!如欧阳公,是所师范也。"韩琦所撰墓志铭云:"天下正人节士,知公之亡,罔不骇然相吊,痛失依仰。"周必大说:"通天下郡邑,凡贤杰之乡与其宦游之地,往往揭名公字,绘像以祀,非独夸耀古昔,亦惟高山仰止,景行行止,期有补于将来。欧阳文忠公文章事业,师表百世。"

就纪念实体而言,浏览所见,绵州和庐陵各有一座"六一堂"。唐庚云:"绵州司户廨舍,旧为推官所,欧阳文忠公生于此。近岁,陵井谭望勉翁为参军,葺一室于厅事之东偏,号曰'六一堂'。"他还写了首诗,"我思六一翁,羽化四十年。虽不及抠衣,每愿为执鞭"云云。庐陵是欧阳修的家乡。周必大云:"绍熙元年(1190),太守莆阳方侯实来,首创六一堂。"杨万里亦云:"先生之贤,天下敬之,而其乡里不敬之,可乎?不可也。当时敬之,而后世不敬之,可乎?不可也。"杭州孤山则有"六一泉"。苏轼《六一泉铭》云,他第一次在杭州为官时,与僧惠勤"抵掌而论人物",惠勤说欧阳修乃"天人也",然两人诗文往来,只是神交,"此邦之人,以公不一来为恨(遗憾)"。第二次再来为官是十八年后,欧阳修已经谢世,惠勤"亦化去久矣"。奇的是,某日"泉出讲堂之后、孤山之趾,汪然溢流,甚白而甘",惠勤弟子云:"师闻公来,出泉以相劳苦,公可无言乎?"于是就有了"六一泉"及泉铭。

必须看到,欧阳修自号"六一居士",如清朝孙琮所云,乃"自述其退休之志,不是耽玩此五物,观末幅可见。故篇中详辨既非逃名,亦非玩物,只是畏轩裳珪组之劳其形,忧患思虑之劳其心,所以决志退休,借此五物以自适其乐。入后又欲撤去五物,尤见脱然高寄"。没有致仕之时,欧阳修的作为亦颇可称道。拈《儒林公议》一例。范仲淹以忤宰相吕夷简而左迁饶州,"言事官无敢辨之者,皆言仲淹不当指夷简为(王)莽、(董)卓",然尹洙"请与仲淹皆贬为党人",余靖亦长篇上书表示反对,结果吕夷简"谪洙、靖官以拒来者"。这时欧阳修移书痛责司谏官高若讷,云范仲淹"刚正好学,通古今,其立朝有本末,天下所共知,今特以言事触宰相得罪,足下既不能辨其非辜,又畏有识者之责己,遂随而诋之,以为当黜,是可怪也"。当然了,"今足下家有老母,自惜官位,惧饥寒而顾利禄,不敢一忤宰相,以近刑祸,此乃庸人之常情,不过作一不才谏官耳"。但是,你就当个摆设也就罢了,"反昂然自得,了无愧畏,反毁其贤,以为当黜,庶乎饰己不言之过。夫力所不敢为,乃愚者之不逮,以智文其过,此君子之贼也"。他接着指出:"足下在其任而不言,便当去之,无妨他人之堪其任者也。昨日安道贬官,师鲁待罪,足下犹有面目见士大夫,出入朝中称谏官,是足下不复知人间有羞耻事尔。"这篇檄文,足以超越时空了。

今天是六月一日,因思"六一居士",此固为数字游戏之一种,而欧阳修所以为后人思之,端在于其所具备的超越时空的魅力。

2019 年 6 月 1 日

芒种

今日芒种,农历五月初四,明天就是端午了。"时雨及芒种,四野皆插秧。家家麦饭美,处处菱歌长。"陆游的诗作,说的正是芒种时节因为雨水充足,田里的人们都在忙着栽插水稻的情景,辛劳之中亦充满欢乐。芒种的到来,的确预示着忙碌的田间农活开始了。

作为普通名词,芒种指稻、麦之类有芒刺的谷物。《周礼·地官·稻人》云:"泽草所生,种之芒种。"郑玄注曰,这是说"泽草之所生,其地可种芒种。芒种,稻麦也。"我们对芒种更熟悉的一面,还是它作为节气名称。《嬾真子录》"小满芒种"条记载了马永卿与乐明远的一段对话。乐氏云:"二十四节气,其名皆可解,独'小满''芒种'说者不一。"马氏请教,乐氏曰:"皆谓麦也。小满四月中,谓麦之气至,此方小满而未熟也。芒种五月节,'种'读如'种类'之'种',谓种之有芒者,麦也,至是当熟矣。"既然存在各种解释,这也只能是聊备一说了。马永卿说:"仆近为老农,始知过五月节则稻不可种。所谓芒种五月节者,谓麦至是而始可收,稻过是而不可种矣。"他进而认为:"古人名节之意,所以告农候之早晚深矣。"农耕文明时代,二十四节气名称正有此种一望而知的功能。

芒种的三候颇为费解:一候螳螂生,二候鹀始鸣,三候反舌无声。《七修类稿》进行了阐释。所谓螳螂生,是说"螳螂,草虫也,饮风食露,感一阴之气而生,能捕蝉而食……深秋生子于林木间,一壳百子,至此时,则破壳而出"。对螳螂,我们不仅熟悉其名字,而且了解其作为,"螳螂捕蝉,黄雀在后""螳臂当车",都有它的踪影嘛。所谓"鹀始鸣",鹀,鸟名,即百劳或博劳、伯劳。朱子曰:"博劳,恶声之鸟,盖枭类也。"曹子建有一篇《恶鸟论》,云"百劳以五月鸣,其声鹀鹀然",因以得名。《诗·豳风·七月》也有"七月鸣鹀,八月载绩",周历七月即夏历五月。所谓"反舌无声",反舌,郑玄注《礼记》曰即百舌鸟;高诱注《淮南子》"人有多言者,犹百舌之声"曰:"百舌,鸟名,能易其舌效百鸟之声,故曰百舌也。"因而《淮南子》那句话,是"以喻人虽多言而无益于事也"。沈约有《反舌鸟赋》,"有反舌之微禽,亦班名于庶鸟。乏佳容之可翫,因繁声以自表"云云。范成大《五月闻莺》说得更形象:"一声初上最高枝,忙杀呕哑百舌儿。"那么,芒种三候简言之就是:螳螂出生了,伯劳鸟开始鸣叫了,而喜欢模仿其他鸟叫的反舌鸟,却因感应到阴气而"缄默不语"了。

芒种除了能"指挥"农业生产之外,还可以旁及其他领域。《癸辛杂识》有"插瑞香法"条,瑞香,一种常绿直立灌木。《清异录》云:"庐山瑞香花,始缘一比丘昼寝磐石上,梦中闻花香,烈酷不可名,既觉,寻香求之,因名睡香。四方奇之,谓乃花中祥瑞,遂以瑞易睡。"不过李渔说瑞香"乃花之小人",此是另话。瑞香怎么栽培呢,"凡插之者带花,则虽易活而落花,叶生复死。但于芒种日折其枝,枝下破开,用大麦一粒置于其中,并用乱发缠之,插于土中,但勿令见日,日加以水浇灌之,无不活矣"。《天工开物》还有"造竹纸"条,云"凡造竹纸,事出南方,而闽省独专其盛。当笋生之后,看视山窝深浅,其竹以将生枝叶者为上料。节界芒种,则登山斫伐"。这是说,将要生枝叶的嫩竹是造竹纸的上等原料,芒种的时候来伐正当其时。

比较有趣的,是芒种节气还有一项社会学意义的功能,那就是作为官吏职田分界的日子。

顾炎武《日知录》"俸禄"条云:"今日贪取之风,所以胶固于人心而不可去者,以俸给之薄而无以赡其家也。"此论当然要姑妄听之,那些贪得无厌的家伙才闻之窃喜。顾炎武想要表达的是:"前代官吏皆有职田,故其禄重,禄重则吏多勉而为廉。"他举例说,如《元史》载"世祖至元元年八月乙巳,诏定官吏员数,分品从官职,给俸禄,颁公田";《太祖实录》载"洪武十年十月辛酉,制赐百官公田,以其租入充俸禄之数"等等。职田,即职分田。北魏时起,政府即有按官职品级授给官吏作为俸禄公田、解职时留给后任的做法,一直实行到明初。铁打的职田,流水的官员。职田的收成不以官员任职时间为转移,又该如何交接呢?以芒种为界。

如《宋书·阮长之传》载:"时郡县田禄,芒种为断,此前去官者,则一年秩禄皆入前人;此后去官者,则一年秩禄皆入后人。"当阮长之离职武昌郡的时候,接替他的人还没到,他也在"芒种前一日解印绶",非常有风度。《封氏闻见记》里的高利则是另一种风度,其"自濠州改为楚州,时江、淮米贵,职田每年得粳米直数千贯",而"准例替人五月五日已前到者,得职田"。高利想把收成给前任,从濠州出发后,"所在故为淹泊。候过限数日,然后到州",赢得了大家的一致称颂。只是那个时候,前后任交接时间乃端午不是芒种。

必须明确的是,汉宣帝即认识到"吏不廉平则治道衰",这是不错的,而顾炎武所谓"今之制,禄不过唐人之什二三,彼无以自赡,焉得而不取诸民乎",则纯属书生之见。对历代官员而言,所谓禄薄不过是相对而言,何至于就到"无以自赡"的地步？退一万步而言,即便如此,这也不能成为可以"取诸民"的堂皇理由。

2019年6月6日

雄黄酒

吃粽子、赛龙舟、挂艾草等等之外，传统端午节还有一项民俗是喝雄黄酒。富察敦崇《燕京岁时记》云，京城"每至端阳，自初一日起，取雄黄合酒洒之，用涂小儿额及鼻耳间，以避毒物"。广东也不例外。屈大均所谓"五月自朔至五日……饮菖蒲雄黄醴，以辟不祥"是也。

雄黄是一种矿物，可以制造烟火、染料，中医用作解毒杀虫药。《清嘉录》云："研雄黄末，屑蒲根，和酒以饮，谓之雄黄酒。又以余酒染小儿额及手足心。随洒墙壁间，以祛毒虫。"吴地民歌也是这么唱的："秤锤粽子满盘堆，好侑雄黄入酒杯。余沥尚堪祛五毒，乱涂儿额噀墙隈。"用诗人或许夸张的说法，斯时小儿"一抹妆成半额黄"。

雄黄酒还有一个众所周知的功能：驱蛇。与梁祝、孟姜女、牛郎织女并为中国四大传说的白蛇传故事中，白娘子与许仙断桥相会、借伞定情，原本美好的幸福生活却被法海从中作梗，用雄黄酒令白娘子现了白蛇的本相。蛇怕雄黄，前人很早就笃信不疑。李时珍用原理解释："雄黄味辛温有毒，具有解虫蛇毒、燥湿、杀虫驱痰功效。"

葛洪《抱朴子内篇·登涉》在答复"隐居山泽，辟蛇蝮之道"时说："昔圆丘多大蛇，又生好药，黄帝将登焉，广成子教之佩雄黄，而众蛇皆去。"如果带上武都雄黄，"色如鸡冠者五两以上，以入山林草木,则不畏蛇"。《玉堂嘉话》引《续夷坚志》说得更神:"广府某官苦蛇毒,取雄黄贮纱囊中,挂四壁间。既而承尘上日流黑汁,视之,有巨虺一,众虺十数,皆腐溃而死。自是府舍清安,绝无毒物蟠蛰。"宋徽宗时兴建的艮岳深谙此道,其"大洞数十,其洞中皆筑以雄黄及卢甘石。雄黄则辟蛇虺,卢甘石则天阴能致云雾,瀚郁如深山穷谷"。金兵攻入汴京,艮岳被拆毁,有人收购,"凡得雄黄数千斤,卢甘石数万斤"。明朝郎瑛也知道这件事,他说:"近日富贵家之叠假山,是山虽成也,自不能如真山之有生气。"这且不说,"春夏且多蛇虺,而月夜不可乐也",害怕。

梁章钜对雄黄酒则持有非议,其《浪迹丛谈》云:"吾乡(福建福州)每过端午节,家家必饮雄黄烧酒,近始知其非宜也。"为什么呢?"有表亲钱某,于端午大饮雄黄烧酒,少时腹痛,如服砒信,家众误认为痧,百计治之,有知者云:雄黄性烈,得烧酒而愈烈,饮又太多,是亦为患也。急觅解法,而已无及矣。"不过,《榆巢杂识》"接骨"条,颇似与之针锋相对。云"孙渊如官京师时,尝被车压折胫骨,为一金姓医治好",方法就是"服雄黄兑烧酒四十九日"。在金医生看来,"雄黄能去瘀血,烧酒无损脾胃"。两个说的都云里雾里,姑妄听之好了。

《宣室志》里还有一则关于雄黄的神话。说"安史之乱"时唐玄宗逃到四川,"梦一叟须发尽白,衣黄襦,再拜于前"。他说他是孙思邈,"庐于峨眉山有年矣,今闻銮驾幸成都,臣故候谒"。玄宗说久闻大名,今天来是有什么事吗?孙思邈曰:"臣隐居云泉,好饵金石药。闻此地出雄黄,愿以八十两为赐。脱遂臣请,幸降使赍至峨眉山。"玄宗答应之后,"悸然而寤",马上派人"挈雄黄八十两,往峨眉宣赐思邈"。《酉阳杂俎》也说:"玄宗幸蜀,梦思邈乞武都雄黄,乃命中使赍十斤,送于峨眉顶上。"除了要的分量不同之外,还特别提到的是武都雄黄。《抱朴子内篇·仙药》云:"雄黄当得武都山所产者,纯而无杂,其赤如鸡冠,光明晔晔者,乃可用耳。"这个武都山,应该在四川境内吧。使者到山上,都见到了孙思邈,他还答谢了。按《酉阳杂俎》,孙思邈手指大盘石曰:"可致药于此,上有表,录上皇帝。"使者"视石上,朱书百余字。遂录之,随写随灭,写毕,上无复字矣。须臾,白气漫起,因忽不见",啥都没了。"药王"孙思邈众所周知,是上了中学课本和纪念邮票的,所以说他向玄宗乞雄黄是神话,在于孙思邈高宗永淳元年(682)已经去世,而"安史之乱"爆发已是在755年,前后差了80年!

纪晓岚《阅微草堂笔记》大抵都是通过讲故事来指桑骂槐。有一则说,他的已故叔父仪南公在西城开有一个当铺,由佣人陈忠负责购买蔬菜。大家都认为陈忠肯定捞了不少外快,"宜飨众",应当请客,陈忠说哪有什么油水啊。第二天他发现,"箧钥不启,而所蓄钱数千,惟存九百"。因为楼上一直有只狐狸,"恒隔窗与人语",陈忠觉得可能是狐狸干的,"试往叩之"。狐狸果然说话了:"九百钱是汝雇值,分所应得,吾不敢取。其余皆日日所干没(私吞),原非汝物。今日端阳,已为汝买粽若干,买酒若干,买肉若干,买鸡鱼及瓜菜果实各若干,并泛酒雄黄,亦为买得,皆在楼下空屋中。"还告诉他:"汝宜早烹炮,迟则天暑,恐腐败。"陈忠弄了个"哑巴吃黄连"。纪晓岚说:"此狐可谓恶作剧,然亦颇快人意也。"当时的人们,估计能猜出纪晓岚针对的是谁吧。

《五杂组》云:"古人岁时之事,行于今者,独端午为多。"那还是明朝的情形,今天来看,斗草、喝雄黄酒是没有了,但龙舟竞渡、吃粽子、悬艾草依然,较之其他,端午的文化特质仍然居多。振兴传统节日,端午的确有最多的发力点。

2019年6月7日

押题

今年高考语文考试结束之后,不少媒体循例公开声称自己押中了作文题,举例是某年某月某日,他们正刊发了相关文章。进言之,高考作文欲取得好成绩,需看他们的报纸或网站。此举当真可发一噱。细看去,其所谓押题,不过是海量信息中的某一条,与作文题目偶遇而已,缘何就成了押题?

人们喜欢用高考类比科举,不妨就顺势来看一看。科举考试始而"试策",继而有"试帖""试帖诗",考试的核心部分就是作篇文章,格式逐渐固定而发展为"八股文"。众所周知,明清之后,科举文章题目"专取《四子书》及《易》《书》《诗》《春秋》《礼记》五经命题",而四书五经的篇幅全加起来,跟今天每日十数万言的报纸也根本无法相提并论。虽然如此,题目具体是四书五经中的哪句话,还是变数太多。但用今天大言不惭者的逻辑,无论出什么题目,四书五经都该算是押题了。荒唐与否?

什么才是押题?此中之"押",义项该是"赌博下注",押即赌那个明确答案。

《淡墨录》云,乾隆九年(1744),冯香山秀才梦神告曰:"今岁江南乡试题'乐则韶舞'。"乐则韶舞,出自《论语·卫灵公》。秀才醒了之后,"即作此题文,熟诵之,入闱果是此题"。神说的,一说一个准,属于标准的神押题。有神能亲口告诉,就用不着费劲了,不过绝大多数人没那么幸运,神不会眷顾,得自己来。

《阅世编》云:"数年以来,缙绅子弟接踵而取科第者,别有捷径。经传注疏,不必究心;古文时艺,不必诵读。唯精拟乡会题,以重币聘名师于家塾,令将所拟题作文熟读,毁弃其稿,入闱对题直书。"这说的也是清初的事。"精拟乡会题",然后重金请高手作成文章,这才是人押题。官宦人家用这种办法,可以连续拿下乡试、会试,表明确有押题高手。那些手段更高的人家,"暗通关节,先期得题",则跟押题无关而与腐败有染了。

科举考试之外,押题见诸社会生活的方方面面。一些有雅好的皇帝,如南朝宋明帝,"每国有祯祥,及行幸宴集,辄陈诗展义,且以命朝臣。"他自己"好读书,爱文义",即兴赋诗、作文小菜一碟,但是吓得那些"戎士武夫,则托请不暇,困于课限,或买以应诏"。其实文士也是一样,《颜氏家训》嘲讽"梁朝全盛之时,贵游子弟,多无学术",所举一例就是"三九公宴,则假手赋诗"。所以钱锺书先生说:"公宴赋诗,往往悬知或臆揣题目,能者略具腹稿,不能者倩人拟授。"先要押题,免得措手不及。

押题既然是赌的性质,押不中则实属正常。《东斋记事》里有则趣事。宋仁宗时永兴军进"山水石",乃唐玄宗故物,宴会上就叫大家来这个,结果"其间多荒恶者,盖出其不意耳",那时大家都在往"赏花钓鱼"上准备。宴会上的戏班子演出便来了即席发挥,"(优人)各执笔若吟咏状。其一人忽仆于界石上,众扶掖起之,既起,曰:'数日来作一首赏花钓鱼诗,准备应制,却被这石头擦倒。'"但仁宗来的是真的,第二天把大家的作品汇集一起,"令中书铨定",结果"秘阁校理韩羲最为鄙恶,落职,与外任",把京官儿都给弄丢了。按刘攽《彭城集》的说法,时群臣"皆不能下笔,奏篇才十数",韩羲能写出来,应该算不错的了。《三国志·魏书》载,高贵乡公曹髦甘露元年(256)"幸辟雍,会命群臣赋诗。侍中和逌、尚书陈骞等作诗稽留,有司奏免官",然曹髦不仅下诏宥之,且明确以后不再搞这些。钱先生议论说:"庶几不以雅事为虐政者。"宋仁宗大约不知道有这回事吧。其后的清朝嘉庆皇帝,在这个问题上也比较想得开。《郎潜纪闻二笔》云,嘉庆甲子(1804),"车驾幸翰林院,欲令与宴者即席为诗"。朱珪为那些人捏把汗,奏曰:"诸翰林皆蒙赐酒观戏,恐心分不能立就。"嘉庆"允之",朱珪对翰林们说:"若是日即席为诗,诸君能不钻狗洞乎?"

还有一种押题,是押皇帝的旨意,这就有十分可鄙的一面了。《续资治通鉴·宋记三十一》载,王钦若"每奏事,或怀数奏,但出其一二,其余皆匿之,既退,即以己意称上旨行之"。准备几种奏章,拿出哪个随机应变。马知节"薄其为人,未尝诡随",有一次终于不客气了,"于帝(真宗)前顾钦若"曰:"怀中奏何不尽去?"然后"具斥其奸状"。王钦若之奸,实有诸多方面。如真宗尝以《喜雪诗》赐近臣,"而误用旁韵",王旦想指出来,王钦若说慢着,那是天子的诗哦。然而他自己"遽密以闻"。未几真宗谕曰:"前所赐诗,微钦若言,几为众笑。"

再往前看。《邵氏闻见录》云,赵匡胤黄桥兵变后一时匆忙,"未有禅文",一旁的陶穀从怀里摸出来了,进曰:"已成矣。"不料"太祖由是薄其为人"。押题效果何以适得其反?原因是多方面的,其中一个用明朝郎瑛的话说:"袖中出空头敕,不忠孰甚。"陶穀那个时候还是后周臣子,却早已在准备效忠新主人了。

押题作为一种主动出击的行为,完全是一种有风险的事情,押不中则可能曳白。媒体每天只管记录他们的信息,偶然与高考作文"撞板",完全是一种无意识行为,跟坐收渔利差不多。沾沾自喜一下也就罢了,大言不惭地声称押中了题,真有些不知羞耻。

2019年6月15日

成人礼

外甥今年高中毕业。看他发的微信朋友圈,毕业典礼上同时举行了成人礼。这是近几年的普遍做法。从前也有成人礼,雏形可以溯到远古氏族社会时代,那时叫成丁礼。后来,儒家看到了其中的合理内核,将之改造成为"冠礼",作为人生礼仪的重要组成部分之一。

今天的成人礼往往定格在18岁,不拘男女;从前的冠礼则一般在20岁,限于男子,举行加冠之礼,示其成人。对天子、诸侯,冠礼还可以提前到12岁。《礼记·曲礼》云:"人生十年曰幼,学;二十曰弱,冠。"按照这种划分,19岁以前都属于"幼",要学习功课,"体犹未壮,故曰弱也";20岁就成人了,要加冠,行冠礼。《国语·晋语六》载,"赵文子冠,见栾武子",武子曰"美哉",即美文子已经成人。韩愈《题李生壁》云:"始相见,吾与之皆未冠,未通人事,追思多有可笑者,与生皆然也。今者相遇,皆有妻子。"感叹白驹过隙,逝水流年。

成人礼的仪式大抵表现为宣誓,如何成为一名合格的公民;冠礼则相当繁琐。《礼记·冠义》云:"古者冠礼筮日、筮宾,所以敬冠事。敬冠事所以重礼,重礼所以为国本也。故冠于阼,以著代也。醮于客位,三加弥尊,加有成也。已冠而字之,成人之道也。见于母,母拜之;见于兄弟,兄弟拜之;成人而与为礼也。玄冠、玄端,奠挚于君,遂以挚见于乡大夫、乡先生,以成人见也。"这么一大段文字,解说了冠礼之所以要郑重其事,也表达了仪式相应的含义。不妨大略来看一下。

"筮日、筮宾",即通过占筮来确定冠礼的日子,这是为了"求其永吉",希望冠者从此有个良好的开端。与此同时,还要从观礼的人中选择一位德高望重的人担任加冠的正宾,也是用占筮法。不过,《孟子·滕文公下》载,景春称道公孙衍、张仪为大丈夫,孟子不同意,说这怎么能叫大丈夫,你没有学过礼吗?"丈夫之冠也,父命之"。孟子此说引发了后世的种种解释,或许彼时也有父命的冠礼吧。无论怎么说,在孟子的价值观里,"富贵不能淫,贫贱不能移,威武不能屈,此之谓大丈夫"。《后汉书》卷二十四载,章帝建初六年(81),马防的儿子马钜当冠,章帝"亲御章台下殿,陈鼎俎,自临冠之"。皇帝亲自来了,对马家而言,当然荣幸无比。

"三加弥尊,加有成也",即由正宾将缁布冠、皮弁、爵弁三种冠,依次加于将冠者的头上。每次加冠,冠者加冠后都要先换上相应的服装,然后向来宾展示。缁布冠即普通的黑布冠,教育青年人不忘先辈创业的艰辛;皮弁,鹿皮缝制,与朝服配套穿戴。爵弁,国君祭祀等庄重场合所戴。三冠地位由低及高、由卑及尊,寄托了对冠者德行能与日俱增的寓意。

"已冠而字之",是说冠礼上要由正宾为行冠礼者取一个表字。前人幼时称名,成人则要称字,郑玄说:"成人矣,敬其名。"实际上,在去今并不久远的年代,名、字还是通行的。如我在就读中山大学时,记得老一辈学者中的容庚先生字希白、商承祚先生字锡永。前辈日记里,相互之间都是称字而不称名。如1930年9月顾颉刚先生一则日记中说:"留宾四及绍虞饭,饭后与宾四到希白处。"宾四是钱穆先生的字,绍虞是郭希汾先生的字。

"见于母,母拜之;见于兄弟,兄弟拜之",是说冠礼完毕,冠者要拜见有关的尊长。《礼记·士冠礼》亦云:"见于母,母拜受,子拜送,母又拜。"儿子拜一次,母亲却拜两次,正是上古妇女对成年男子的拜法。清人孙希旦云,以母兄之尊,而先拜于子弟,所谓"重其为成人之始而敬之也。敬之之深,正所以明其望之之重,责之之备,而冠者益不可不思所以称其服矣"。

"玄冠、玄端"云云,意谓冠者回家脱去爵弁服,换上黑帽子、缁布衣等拜见国君,这恐怕是特定人群的冠礼了。拜见乡大夫、乡先生是可能的,他们还要对冠者有所教诲。如栾武子在"美哉"之余,告诫赵文子:"昔吾逮事庄主,华则荣矣,实之不知,请务实乎。"庄主,即赵朔;文子,即赵朔之子赵武。当面说人家父亲华而不实,栾武子倒真是直言不讳。韩献子则是这么说的:"戒之!此谓成人。成人在始,始与善,善进善,不善蔑由至矣。始与不善,不善进不善,善亦蔑由至矣。"记住啊,成年之初就要向善,善能更善,不善就没法靠近你了;反之亦然,善会与你无缘。

前人所以重视冠礼,正如《礼记·冠义》所云:"成人之者,将责成人礼焉也。责成人礼焉者,将责为人子、为人弟、为人臣、为人少者之礼行焉。将责四者之行于人,其礼可不重欤?"家庭中原本毫无责任的"孺子",就要成为社会中的一员了,接下来面对的是如何当个合格的儿子、合格的弟弟、合格的臣子、合格的晚辈,一言以蔽之,成为合格的社会角色。唯其如此,才有资格去治理别人,能不重要吗?

不同的时代,成人礼的仪式自然不同。遗憾的是,如我这个1960年代出生的人,从小学、中学到技校,再到大学,每个毕业时间节点上都没有经历过任何仪式,成人礼更成侈谈。于个人生命历程而言,该是个很大缺憾。然韩献子云:"人之有冠,犹宫室之有墙屋也。"言外之意,人之后天如何,终究还要靠自己的修行。

2019 年 6 月 22 日

离婚

6月27日一早,韩国艺人宋慧乔和宋仲基离婚的消息就刷爆了微信朋友圈。那些关心他们婚事的人感到不可思议:看上去的金童玉女,日常如同生活在童话世界,如何高调结婚还没有两年就到了这般地步?

离婚,在当代是指夫妻双方通过协议或诉讼的方式解除婚姻关系、终止夫妻间权利和义务的法律行为。研究指出,离婚现象在先秦时代就已经相当普遍,而有关离婚的成文规定却在汉代才出现,这就是《大戴礼记·本命》中的"七出"原则,亦即丈夫"出妻"——离婚的七条依据,"不顺父母""无子""淫""妒"云云。唐朝在继承该原则的基础上,法律中又增加了"义绝"一项,内容包括夫对妻族的殴杀罪、奸非罪,以及妻对夫的谋害罪,等等。就性质而言,"七出"的主动权掌握在丈夫手中,是可以离婚的条件;"义绝"则是朝廷强制性离婚的当然条件,权在法律。

典籍中每见"离婚"字眼,且不乏实例。如《世说新语·贤媛第十九》有"贾充前妇,是李丰女。丰被诛,离婚徙边"。《德行第一》中还有个故事。王献之病重,"道家上章应首过",问其"由来有何异同得失"。余嘉锡先生指出,这里的道家指其时的五斗米道。《三国志·魏书·张鲁传》记载了此道的特点:"其来学道者……皆教以诚信不欺诈,有病自首其过",而病者家出五斗米则可。献之的父亲凝之对五斗米道笃信不疑,命也是因此丢的。那是孙恩攻会稽,凝之告诉大家"不须备防,吾已请大道,许遣鬼兵相助,贼自破矣"。结果"既不设备,遂为恩所害"。献之病重,"正是五斗米师为之请祷耳"。但听献之忏悔道:"不觉有馀事,惟忆与郗家离婚。"别的都没啥,就是与原配、表姐郗道茂离婚。郗道茂是东晋名臣郗鉴的孙女。王郗二人原本情投意合,不料献之被"诏尚余姚公主",硬是给拆散了。此前,他的《奉对贴》表达了二人的相笃之情:"虽奉对积年,可以为尽日之欢,常苦不尽触额之畅。方欲与姊极当年之足,以之偕老,岂谓乖别至此。诸怀怅塞实深,当复何由日夕见姊耶？俯仰悲咽,实无已已,唯当绝气耳。"献之此言,表明离婚这件事令其愧疚终身。

宋朝有一桩名人离婚案,当事人是李清照和张汝舟。李清照众所周知,《碧鸡漫志》云其词"在士大夫中已不多得,若本朝妇人,当推词采第一。赵死,再嫁某氏,讼而离之,晚节流荡无归"。赵,赵明诚,他去世后,李清照再嫁。《苕溪渔隐丛话》说,再嫁的就是张汝舟,"易安再适张汝舟,未几反目",因而离婚。

《云麓漫钞》收录了李清照给姑表兄綦崇礼的一封信,描述了自己再婚后的遭遇,如"既尔苍皇,因成造次。信彼如簧之说,惑兹似锦之言",如"遂肆侵凌,日加殴击。可念刘伶之肋,难胜石勒之拳"云云,控诉了张汝舟家暴之烈。那句"忍以桑榆之晚节,配兹驵侩之下材",更自责怎么会在晚年以清白之身,嫁给了那么个肮脏低劣的市侩。《建炎以来系年要录》云,高宗绍兴二年(1132)九月,右承奉郎、监诸军审计司张汝舟被处理,"以汝舟妻李氏讼其妄增举数入官也"。意谓处理之,实源于李清照的举报,举报他"妄增举数"。宋朝规定,举子考到一定次数、取得一定资格后可以授官。张汝舟"妄增举数",即通过虚报考试次数取得了官职。

处理结果是:"有司当汝舟私罪徒,诏除名,柳州编管。"然而,李清照也付出了"居囹圄者九日"的代价。概《宋刑统》袭前朝律条云,"诸告期亲尊长、外祖父母、夫、夫之祖父母,虽得实,徒两年"。比照来看,李清照算是被从轻发落了。

从前还有一种离婚,取决于父母的态度。《礼记·内则》云:"子甚宜其妻,父母不说(悦),出;子不宜其妻,父母曰:'是善事我,子行夫妇之礼焉。'没身不衰。"若父母觉得儿媳不好,儿子觉得好,就要离婚;反之,儿子觉得不好,父母觉得好,照样得过一辈子。《孔雀东南飞》中的焦仲卿刘兰芝夫妻遭遇就是这样。尽管儿子表明"儿已薄禄相,幸复得此妇,结发同枕席,黄泉共为友",且以"今若遣此妇,终老不复取"相要挟,母亲还是要他必须离婚,酿成刘兰芝"揽裙脱丝履,举身赴清池",自己儿子"徘徊庭树下,自挂东南枝"的惨剧。宋朝另一单著名的名人离婚案与之类似,就是陆游和唐婉。《后村诗话》云:"放翁少时,二亲教督甚严。初婚某氏,伉俪相得,二亲恐其惰于学也,数谴妇。放翁不敢逆尊者意,与妇诀。"《齐东野语》云,唐婉再嫁之后,曾与陆游相遇于沈园,留下了著名的《钗头凤》词,感叹离婚之举实在是"错!错!错!"唐婉早逝,陆游则得年甚高,40年后他重游沈园,那句"伤心桥下春波绿,曾是惊鸿照影来",不免让人一凛。诗人那刻心境,想来直攀王献之了。对这种离婚现象,瞿同祖先生指出:"婚姻之缔结既以父母之命为主,不曾考虑子的意志,则婚姻的解除,仍以父母的意志为主,毋需考虑子的意志,自是合理的,事所必然的。"

任何时候,"百年好合"都只是一种良好的祝愿和期冀,生活中的离婚不可避免。西方电影中,每见婚礼仪式上"你是否愿意"的发问,然而能不能白头偕老,与当时的誓言着实没有半毛钱的关系。

2019年6月30日

木屐

广州市在对解放中路安置房项目工程建设范围进行抢救性考古发掘中,发现的唐朝十余件木屐非常亮眼,数量也为历年广州考古发现之最。木屐上的如意花纹、底部起防滑作用的木齿都清晰可见,木屐内侧已有明显磨损,表明是时人的日常生活用品。

考古发掘早就发现了木屐,迄今最早的实物为1980年代宁波慈城新石器遗址所出土,两只,前宽后窄,圆头方跟,底部平整,上有开孔,一只5个,一只6个,孔之间挖有凹槽。碳14测定这两只木屐距今已有5500年,那是相当于河姆渡文化的时代了。我国木屐的历史因之向前推进了3000年。

"可以托六尺之孤,可以寄百里之命。遇刚则铿尔有声,遇柔则没齿无怨。"前人针对木屐所出的谜语。木屐,木底鞋。颜师古注《急就篇》云:"屐者,以木为之,而施两齿,所以践泥。"两齿,实际上是底部的两道木杠,突出,似齿,具体形制在日本许多电影里都能看到。淝水之战中,东晋大败占据绝对优势的前秦。捷报传来时谢安正与人下棋,先是"了无喜色,棋如故",貌似轻描淡写地说了句"小儿辈遂已破贼",一旦送走了客人,他再也按捺不住,"还内,过户限,心喜甚,不觉屐齿之折",表明兴奋得难以自持。李白之"脚著谢公屐,身登青云梯",言及的也是屐齿。《宋书·谢灵运传》载，灵运特别喜欢登山，"寻山陟岭，必造幽峻，岩嶂千重，莫不备尽"，而且"登蹑常著木履"。因此他发明一个办法，"上山则去前齿，下山去其后齿"，成就了所谓"谢公屐"。在发明专利缺席的时代，冠名无疑是一种莫大的奖赏了。由叶绍翁"应怜屐齿印苍苔，小扣柴扉久不开"，司马光"缘苔蹑蔓知多少，千里归来屐齿苍"等亦不难窥见，屐齿每为文学作品中的抒情意象。

"古人皆著屐。"清朝学者屈大均说的。从前人留下的文字中，的确随处可见木屐。春秋时期晋文公复国，有割股活命之功的介子推不肯出仕，晋文公便放火烧山，之后将一段烧焦的柳木做了一双木屐，每望而叹曰："悲哉足下。"孔子周游列国至蔡，"入夜，有取孔子一只屐去，盗者置屐于受盗家"。偷了又给放回来，可能偷的时候，见到孔子的木屐"长一尺四寸，与凡人异"，小偷实在感到好奇吧。《汉书·爰盎传》载，人家告诉他快逃，"吴王期旦日斩君"，爰盎于是"解节旄怀之，屐步行七十里"。颜师古注引如淳曰，爰盎那是"着屐步行而逃亡"。《后汉书·五行志》载，桓帝"延熹中，京都长者皆著木屐"，且"妇女始嫁，作漆画屐，五色采为系"。《晋书·五行志》载："初作屐者，妇人头圆，男子头方。圆者顺之义，所以别男女也。至太康初，妇人屐乃头方，与男无别。"这种违背了服饰中男女之别的做法，后来被视为贾后（南风）专权的征兆。《晋书·宣帝纪》另载，魏明帝青龙二年（234），司马懿追击诸葛亮，"关中多蒺藜，帝（懿）使军士二千人著软材平底木屐前行，蒺藜悉著屐，然后马步俱进"。平底木屐，自然是没有齿的那种，但蒺藜附着木屐之后势必踉踉跄跄，士兵该如何继续行军？颇为费解。《南史》载，刘宋开国皇帝刘裕"性尤简易，尝着连齿木屐，好出神武门内左右逍遥，从者不过十余人"。《七修类稿》云，元朝王冕，"少明经不偶，即焚书读古兵法，戴高帽，披绿蓑，着长齿屐，击木剑，行歌于市"。不管怎么说吧,穿木屐在从前确实是个全方位的存在。

晋朝祖约好财,阮孚好屐;一个钱癖,一个屐癖,"同是一累,而未判其得失"。某天有人去祖约家,见其正"料视财物",收拾、盘点自己的资产呢。客人到了还没有鼓捣完,剩下两小箱,他就赶快侧身挡着,"意未能平",颇为慌张。又有人到阮孚家,见其"自吹火蜡屐",一边给木屐打蜡,一边叹息说,不知这辈子能穿几双木屐!"说这话时,"神色闲畅"。时人就此分出了两人的高下,自然是祖低阮高了。这是《世说新语》里的记载。后人对此颇不以为然。如金人王若虚云:"一生几量屐,妇人所知,而遂以决祖、阮之胜负,其风至此,天下苍生,安得不误哉?"今人余嘉锡先生亦指出:"好财之为鄙俗,三尺童子知之。即好屐亦属嗜好之偏,何足令人介意,本可置之不谈。而晋人以此品量人物,甚至不能判其得失,无识甚矣。"

广州此番出土如此之多的木屐,奇亦不奇。奇的是在酸性土壤中,木屐能够保存1000多年。不奇的是,广东人穿木屐非常普遍,自然会有大量的遗留。屈大均《广东新语》云:"今粤中婢媵,多著红皮木屐。士大夫亦皆尚屐,沐浴乘凉时,散足著之,名之曰散屐。散屐以潮州所制拖皮为雅。或以抱木为之,抱木附水松根而生,香而柔韧,可作屐,曰抱香屐。"退而求其次,"或以黄桑、苦楝,亦良"。又云"香山土地卑湿,尤宜屐。其良贱至异其制以别之。新会尚朱漆屐,东莞尚花绣屐,以轻为贵。……广州男子轻薄者,多长裙散屐,人贱之,呼为裙屐少年"。

1980年代中期我刚来广州的时候,木屐"遇刚则铿尔有声"的生活实景,还侧耳可闻。可惜的是,"不闻人声闻屐声",如今只能从记忆深处去唤回了。

2019年7月13日

牡丹

中国花卉协会昨天通报国花调查情况称,截至7月24日24时,他们组织的征求社会对推荐牡丹为我国国花意见的投票活动,总共收到 362264 票,其中同意牡丹为国花的居首位,占79.71%。当然了,这次投票"只是收集民情民意",牡丹能否成为国花,还要上报国务院相关部门,并提请全国人大审议。

"唯有牡丹真国色,花开时节动京城。"倘若在唐朝搞这种投票活动,刘禹锡一定也会投牡丹一票的。宋朝的钱惟演也会这样,他说过:"人谓牡丹花王,今姚黄真可为王,而魏花乃后也。"姚黄,即千叶黄花,以"出于民姚氏家"而得名。魏花,即千叶肉红花,以"出于魏相家"而得名,魏相即宋朝宰相魏仁溥,该花是一个砍柴人"于寿安山中见之,斫以卖魏氏"的。不过,丘濬《牡丹荣辱志》虽以姚黄为王,却以魏红为妃,给降了一格。他还把其他品种列入九嫔、世妇、御妻,又分了花君子、花小人等,如前者有"温风,细雨,清露,暖日",甚至"朱门,名倡"之名,利于其生长、提升其品位吧。十分有趣。

前人非常青睐牡丹,留下的相关文字比比皆是。而牡丹赢得"国色天香"的美名,端赖与刘禹锡同时期的李正封,虽其进士及第比刘稍晚。《摭异记》云:"(唐文宗)太和中,内殿赏花,上问程修己曰:'今京邑传唱牡丹诗,谁称首?'对曰:中书舍人李正封诗云'国色朝酣酒,天香夜染衣'。上叹赏移时。"陶敏、陶红雨《刘禹锡全集编年校注》认为,刘之"国色"一语,正出自李。欧阳修则有著名的《洛阳牡丹记》,认为"牡丹初不载文字,唯以药载《本草》,然于花中不为高第。大抵丹、延已西及褒斜道中尤多,与荆棘无异,土人皆取以为薪",当柴火烧,而"自唐则天以后,洛阳牡丹始盛"。他还记下"所经见而今人多称"的24种牡丹品名,姚黄、魏花之外,还有鹤翎红、多叶紫、玉板白、九蕊真珠什么的。但是他有一次去见钱惟演,"见一小屏立坐后,细书字满其上"。钱惟演告诉他:"欲作花品,此是牡丹名,凡九十余种。"

为什么从武则天以后洛阳牡丹大盛?欧阳修没说,显然对时人而言众所周知,并不成其为问题。高承《事物纪原》收录的传说可资参考:"武后诏游后苑,百花俱开,牡丹独迟,遂贬于洛阳,故洛阳牡丹冠天下。"清朝小说《镜花缘》更将之演绎得活灵活现,云武则天某日一边赏雪,一边"同上官婉儿赌酒吟诗",开始是婉儿写出一首诗,武则天便喝一杯酒,"后来从两首诗一杯酒,慢慢加到十首诗一杯酒"。饶是如此,"婉儿诗兴还未一分,武后酒已十分",还是喝醉了,于是醉笔写道懿旨:"明朝游上苑,火速报春知:花须连夜发,莫待晓风催!"到第二天,上林苑果然"满园青翠紫目,红紫迎人",一派"初春光景",但是细细看去,"只见众花惟牡丹尚未开放",武则天生气了。她本来非常喜欢牡丹,对之也尤加爱护,"冬日则围布幔以避严霜,夏日则遮凉篷以避烈日。三十余年,习以为常"。牡丹现在这个态度,对她来说真是"负恩昧良,莫此为甚",乃下令"即将各处牡丹,连根掘起,多架柴炭,立时烧毁"。怒消之后,武则天还是"心中究竟不快",但"姑念素列药品,尚属有用之材,著贬去洛阳"。

是传说造就了洛阳牡丹,还是洛阳牡丹催生、附会了传说?后者的成分自然居多。洛阳牡丹之盛,实为不争的事实。欧阳修说:"春时城中无贵贱,皆插花,虽负担者亦然。花开时,士庶竞为游遨,往往于古寺废宅有池台处为市,并张幄帟,笙歌之声相闻。"周师厚《洛阳花木记》云,神宗元丰四年(1081)他在洛阳为官,"吏事之暇,因得从容游赏。居岁余矣,甲第名园百未游其十数,奇花异卉十未睹其四五"。张邦基《墨庄漫录》云:"西京牡丹闻于天下,花盛时,太守作万花会,宴集之所,以花为屏帐,至于梁、栋、柱、拱,悉以竹筒贮水簪花钉挂,举目皆花也。"不过,张邦基又说:"洛阳牡丹之品见于花谱,然未若陈州之盛且多也。园户植花如种黍粟,动以顷计。"徽宗政和年间,"园户牛氏家忽开一枝,色如鹅雏而淡,其面一尺三四寸,高尺许,柔葩重叠,约千百叶。其本姚黄也,而于葩英之端,有金粉一晕缕之;其心紫蕊,亦金粉缕之"。对这个新品种,老牛以"缕金黄"名之,然后"以籧篨作棚屋围幛,复张青帟护之",不能白看,"人输千钱乃得入观",因之"十日间其家数百千",张邦基说自己"亦获见之",买没买票就不知道了。魏仁溥也这么干过,魏花刚问世时,"人有欲阅者,人税十数钱,乃得登舟渡池至花所,魏氏日收十数缗"。

在此番评选国花之前,以牡丹闻名的河南洛阳和山东菏泽,已然为争"地位"而打得不可开交。洛阳号称"中国牡丹花都",菏泽号称"中国牡丹之都"。一定要争的话,除了上面的陈州(今河南周口),四川天彭(今彭州)其实也可以来分一杯羹。陆游《天彭牡丹谱》云:"牡丹在中州,洛阳为第一;在蜀,天彭为第一。"显然,争夺牡丹这块品牌如同先前各地争夺名人故里一样,瞄准的是GDP,与早些年的"文化搭台,经济唱戏"也并无二致。

2019年7月25日

龙骨水车

在某个学习平台上随机遇到一道选择题。题面是三国时的发明家马钧如何,四个选项答案,其中有一个是"龙骨水车",乃不假思索选择之,答案却是"锯子"。迄今遇到共两次,也错了两次。如此选择,完全是一种条件反射,虽然发明人应该是东汉毕岚,但提及龙骨水车,我们更本能地想到的是马钧,犹如提及发明锯子的人脑袋里马上会跳出鲁班一样。清晰记得我那个时候的中学历史课本里,与龙骨水车关联的只有马钧,并无毕岚。

龙骨水车也叫翻车,提水灌溉的一种工具。这种水车以主动链轮卧轴上的拐木为驱动装置,用人力脚踏拐木或畜力带动循环的木链即龙骨,使装在木链上的刮板将水刮入车槽,水便沿车槽被提升至高处,流入田中。宋应星《天工开物》云,使用龙骨水车,"大抵一人竟日之力灌田五亩,而牛则倍之"。北宋扇面画《耕作图》重点描绘了一座江南地主田庄种植水稻的场面,从中可以清晰地看到4人在脚踏翻车。更形象的,1979年拍摄的电影《小花》中,陈冲和刘晓庆就在一起踩龙骨水车,故事发生在解放战争时期,河南、湖北交界的桐柏山区。1989年我在广东封开县一个乡镇基层锻炼,也时而能够见到田间的龙骨水车,甚至还有《天工开物》所说的"拔车",适用于"浅池、小浍,不载长(水)车者"。不同于翻车的脚踏,拔车是用手,"一人两手疾转,竟日之功,可灌二亩而已"。

龙骨水车、拔车,《天工开物》上都有原版插图,不难看出跟今天的一模一样,表明这种低扬程的提水工具,千百年来在中国各地广泛使用着,灌溉之外,还可以排水或制盐。

毕岚与翻车关联之事,出自《后汉书·张让传》。灵帝时,使掖庭令毕岚铸铜人、铸四钟、铸"天禄虾蟆,吐水于平门外桥东,转水入宫"之外,"又作翻车渴乌"。李贤注曰:"翻车,设机车以引水。渴乌,为曲筒,以气引水上也。"这就明白地表明翻车是一种提水工具。毕岚是灵帝时以张让、赵忠为首的臭名昭著的"十常侍"之一,他们把持朝政,玩弄小皇帝于股掌之上,至于小皇帝把"张常侍是我公,赵常侍是我母"挂在嘴边。郎中张钧上书曰:"宜斩十常侍,县(悬)头南郊,以谢百姓。"小皇帝还发怒了:"此真狂子也。十常侍固当有一人善者不?"罗贯中《三国演义》中的十常侍却无毕岚,不知基于何种考虑。毕岚发明翻车提水,目的虽非用于灌溉,而是"施于桥西,用洒南北郊路,以省百姓洒道之费",但也总算是污淖中的一抹亮色了。

马钧之事出自《三国志·杜夔传》裴松之注所引傅玄的话。傅玄说,马钧乃"天下之名巧也",其"居京都,城内有地,可以为园,患无水以灌之,乃作翻车,令童儿转之,而灌水自覆,更入更出,其巧百倍于常"。小孩也可以操作,则马钧制作的翻车,也许是毕岚翻车的改进版。除此之外,马钧还有用于作战指南车、轮转式发石机等还原或发明。总之,"马先生之巧,虽古公输般、墨翟、王尔,近汉世张平子,不能过也"。在这里,公输般即鲁班不用说了,墨翟,相传其"为木鸢,三年而成",尽管"飞一日而败"。王尔,暂不得其详。张平子即张衡,发明了浑天仪、地动仪。傅玄认为马钧可以与这些人平起平坐,可见马钧在他心目中的地位之高。

然而令他比较遗憾的是:"公输般、墨翟皆见用于时,乃有益于世。平子虽为侍中,马先生虽给事省中,俱不典工官,巧无益于世。用人不当其才,闻贤不试以事,良可恨也。"其实,龙骨水车早已不胫而走,传承至今且大益于世,只是在傅玄的时代还没有普及开来吧。

按范文澜先生等《中国通史》的阐述:"宋朝推广种水稻,农民群众用多种水车引水灌溉。较为普遍使用的人力翻车,称龙骨车或踏车。"前面的《耕作图》之外,从宋人留下的诗句中也不难印证这一点。如梅尧臣《和十一月十二日与诸君登西园亭榭怀旧书事》,有"莎径依然见莎叶,莲塘无复有莲花。更看白水满城下,说著当时龙骨车"云云。王安石《元丰行示德逢》,有"四山翛翛映赤日,田背坼如龟兆出。湖阴先生坐草室,看踏沟车望秋实。雷蟠电掣云滔滔,夜半载雨输亭皋。旱禾秀发埋牛尻,豆死更苏肥荚毛。倒持龙骨挂屋敖,买酒浇客追前劳"云云。陆游《春晚即事》,有"龙骨车鸣水入塘,雨来犹可望丰穰。老农爱犊行泥缓,幼妇忧蚕采叶忙"云云。这几首大抵都与天气大旱、百姓思雨相关。梅诗云,要是有龙骨水车就好了;王诗云,终于下雨了,万物欣欣向荣,龙骨水车可以歇歇了;陆诗则悲天悯农,尤其是慨叹龙骨水车车水不停,却仍然缓解不了旱情,还得靠天吃饭。必须承认,这一种情形,才更接近生活的常态。

早几年,中国科学院成立专门的研究组,以原创性、反映古代科技发展的先进水平和对世界文明的重要影响为标准,推选出"中国古代重要科技发明创造"88项,翻车即龙骨水车名列其中,被归入"技术发明"。如今,虽然龙骨水车作为灌溉工具已经被电动水泵所取代,然而这种水车链轮传动、翻板提升的工作原理,无疑会有着不朽的生命力。

2019年7月31日

呵呵·哂笑

7月31日,外交部发言人华春莹在回应外媒记者"美方称中方经常出尔反尔"的问题时说:"我只想'呵呵'两声。"这里的"呵呵",用英语该怎么翻译呢?旋即,"外交部发言人办公室"公号给出了标准答案:Hmm. How interesting.

如今使用社交工具聊天,"呵呵"出现的频率超高。高兴或不高兴,赞同或反对,都能使用,还可以表示交谈中止。然而网络时代只是将"呵呵"的使用光大了,其词早已常见于典籍,意谓一种笑声。《晋书·石季龙载记》载,石韬被杀,石宣"乘素车,从千人,临韬丧,不哭,直言呵呵,使举衾看尸,大笑而去"。石宣的这一举动,令"季龙疑宣之害韬也,谋召之,惧其不入,乃伪言其母哀过危惙",进而将石宣"以铁环穿其颔而锁之,作数斗木槽,和羹饭,以猪狗法食之……"先"呵呵"而后"大笑",则晋朝的"呵呵",大约在微笑与大笑之间,明清时已每与大笑连用,在文学作品中所见颇多。

以四大名著为例。《三国演义》第七回袁绍中了公孙瓒的计谋,不仅"不作准备,与田丰引着帐下持戟军士数百人,弓箭手数十骑,乘马出观",而且"呵呵大笑"曰:"公孙瓒无能之辈!"孰料正说之间,赵云杀了过来,"弓箭手急待射时,云连刺数人,众军皆走"。第十六回吕布调停纪灵、刘备之争,把自家画戟"去辕门外远远插定",回顾二人曰:"辕门离中军一百五十步。吾若一箭射中戟小枝,你两家罢兵;如射不中,你各自回营,安排厮杀。"结果他一箭正中,"呵呵大笑,掷弓于地"。

《水浒传》第五回鲁智深夜宿桃花村,听闻刘太公"我家今夜小女招夫,以此烦恼",乃"呵呵大笑道:'男大须婚,女大必嫁。'这是人伦大事,五常之礼,何故烦恼?"接下来,小霸王周通、打虎将李忠相继也都有各自的"呵呵大笑"。第三十三回,宋江到清风寨投奔花荣,赶上了正月十五,晚上吃饱喝足出来看小鳌山,"那跳鲍老的身躯纽得村村势势的,宋江看了,呵呵大笑"。

《红楼梦》第二十六回宝玉正在潇湘馆和黛玉说话,袭人走来让他快回去穿衣裳,"老爷叫你呢"。宝玉先是"不觉打了个焦雷一般,也顾不得别的,疾忙回来穿衣服",然后问焙茗知不知道什么事。焙茗道:"爷快出来罢,横竖是见去的,到那里就知道了。"结果,宝玉转过大厅,"只听墙角边一阵呵呵大笑,回头见薛蟠拍着手,跳出来",笑道:"要不说姨夫叫你,你那里肯出来的这么快!"原来那是薛蟠为哄他出来使的阴招。

诸如此类。呵呵这种笑声,每为开心地大笑。现在,外交部所以要给出标准英译,显见华春莹的"呵呵"不是这层意思。看她"呵呵"之后怎么说的:"因为你知道,中美经贸磋商一年多来,是谁出尔反尔、言而无信、反复无常,大家都有目共睹。"谚云:"听话听声,锣鼓听音。"那么华春莹的"呵呵",放在从前实际上是哂笑,在该词的义项中,属于"嘲笑""讥笑",所以外交部才译成"Hmm. How interesting."了。

哂笑从前也常用,再看四大名著。《三国演义》第九十七回开篇,魏之曹休被吴之陆逊"大破于石亭,车仗马匹,军资器械,并皆罄尽",结果又怕又气的曹休,"到洛阳,疽发背而死"。司马懿把队伍拉回来后,众将接入而问曰:"曹都督兵败,即元帅之干系,何故急回耶?"司马懿说:"吾料诸葛亮知吾兵败,必乘虚来取长安。倘陇西紧急,何人救之?吾故回耳。"不过,大家并不接受他的说辞,"皆以为惧怯,哂笑而退"。

《西游记》第十五回,蛇盘山小龙怪吃了唐僧的坐骑,唐僧急哭了,孙悟空笑"师父莫要这等脓包"之余,去找小龙怪算账。不料它栖息的那条涧"千万个孔窍相通",随便一钻,便令悟空奈何不得,请来观音菩萨才将之降服,小龙怪遂成为唐僧的新坐骑——白龙马,就是"你挑着担,我牵着"的那匹。马有了,缺副鞍辔,落伽山山神、土地化成寻常老者送来之后,跳到半空才告知唐僧,"慌得个三藏滚鞍下马……你看他只管朝天磕头,也不计其数。路傍边活活的笑倒个孙大圣"。唐僧生气了:"徒弟呀,我这等磕头,你也就不拜他一拜,且立在傍边,只管哂笑,是何道理?"孙悟空的态度正好相反:"像他这个藏头露尾的,本该打他一顿;只为看菩萨面上,饶他打,尽够了,他还敢受我老孙之拜?"

《论语·先进》云,"子路、曾晳、冉有、公西华侍坐",孔子问如果有人想了解你们起用你们,你们打算怎么去做呢?子路抢先回答:"千乘之国,摄乎大国之间,加之以师旅,因之以饥馑,由也为之,比及三年,可使有勇,且知方也。"不料"夫子哂之",笑了一下。孔子笑什么呢?既有"各言其志"的前提,就不是笑子路说了什么,而大约是笑他"率尔"亦即抢先回答,没有学会谦让吧。

早几年,有篇硕士学位论文《网络会话中"呵呵"的功能研究》引发舆论大哗。有网友认为研究这样一个普通得不能再普通的词汇,"真是白交三年研究生学费"。我没看过那篇论文,相信多数网民也没有看过,但见了论文题目便说三道四。一个语词的流行或变迁,定然大有文章可作,及时推出,未尝不是学术研究的活力体现。

2019年8月3日

鸿蒙

8月9日,华为消费者业务CEO余承东在2019华为开发者大会上正式推出新款操作系统——鸿蒙(Harmony OS),宣告华为自主研发操作系统的全面落地。次日,全球首款搭载华为鸿蒙操作系统的终端——荣耀智慧屏发布,外界首次完整看到了其操作界面。我在这里比较感兴趣的是,系统名曰鸿蒙。

"鸿蒙"的义项有好几个。在前人的世界观中,鸿蒙是宇宙形成前的混(浑)沌状态。盘古开天辟地,才使这种状态得到改观。三国时徐整《三五历纪》最早收录了这一传说,此书虽佚,然从《太平御览》《艺文类聚》中还能看到部分段落。按其记载:"天地浑沌如鸡子。盘古生其中,万八千岁,天地开辟。阳清为天,阴浊为地。"不仅开天地,自然界中所有日月、星辰、风云、山川、天地、草木、金石,也都是盘古死后由其身体各部分变成,具体而言:"气成风云,声为雷霆;左眼为日,右眼为月;四肢五体为四极五岳;血液为江河;筋脉为地里;肌肉为田土;发为星辰;皮肤为草木;齿骨为金石……"毛泽东1935年在政治局会议上概括长征的意义时,便追溯到了盘古传说:"自从盘古开天地,三皇五帝到于今,历史上曾经有过我们这样的长征吗?"

在传世文学作品中,文学大师们对鸿蒙时代尽情发挥了奇想。《西游记》开篇,以诗曰"混沌未分天地乱,茫茫渺渺无人见。自从盘古破鸿蒙,开辟从兹清浊辨",引出东胜神洲傲来国花果山上的一块仙石,其"内育仙胞,一日迸裂,产一石卵,似圆球样大。因见风,化作一个石猴,五官俱备,四肢皆全",这个石猴就是后来的孙悟空了。而这块仙石,就是开天辟地以来,"每受天真地秀,日精月华,感之既久,遂有灵通之意"。《红楼梦》第五回贾宝玉神游太虚境,警幻仙子请他喝酒,其间"有十二个舞女上来请问演何词曲"。警幻说:"就将新制红楼梦十二支演上来。"舞女们"便轻敲檀板,款按银筝",唱的是"开辟鸿蒙,谁为情种?都只为风月情浓"云云。套句俗话说,这里发出的该是"曹雪芹之问":自从开天辟地以来,究竟谁才是真正的情种?

喜欢借助寓言来阐明自己思想和主张的庄子,想象最为奇特。在《庄子·应帝王》篇中,他以拟人化的手法谈到"浑沌",把鸿蒙时代的自然状态具体到了个体的人。云"南海之帝为儵,北海之帝为忽,中央之帝为浑沌。儵与忽时相与遇于浑沌之地,浑沌待之甚善,儵与忽谋报浑沌之德"。怎么个报答法呢?两帝琢磨:"人皆有七窍以视听食息,此独无有,尝试凿之。"于是便对脸上的轮廓看不清、实乃什么都没有的浑沌动了手,给他"日凿一窍",让他有眼睛、有耳朵、有鼻子、有嘴。七窍嘛,人头部的七个孔穴。不料"七日而浑沌死",凿到第七天,虽然完成了,但好心也办成了坏事。庄子借此阐述的是他的与历史观紧密相连的宇宙观。他认为上古时代之所以美好,在于一切顺乎自然,要想保持这种"至德之世",需要"无为"。浑沌没有七窍出于一种自然,儵忽二帝给凿了出来,"有为"了,实际上是不懂得道,违反了自然,破坏了天性,反而害死了浑沌。庄子从天道自然推导出人道也应无为而自然,"无为而无不为",有为反足以伤自然、乱天下。

《庄子·在宥》篇中,庄子干脆将"鸿蒙"也来了个拟人化,成玄英疏曰"元气也",意谓此鸿蒙仍是彼鸿蒙。同时庄子还虚拟了一个国君叫云将,说"云将东游,过扶摇之枝而适遭鸿蒙",鸿蒙"方将拊脾雀跃而游",正拍着大腿像雀儿一样跳跃游乐呢。云将见了觉得很奇怪,问老先生是什么人,为什么要这样。鸿蒙一边玩儿一边说,我在自由自在地玩儿呢。云将说想请教个问题:"天气不和,地气郁结,六气不调,四时不节。今我愿合六气之精以育群生,为之奈何?"鸿蒙继续玩儿他的,掉过头去说,我不知道,我不知道。三年后,云将再次东游,"过有宋之野"时又遇到了鸿蒙,非常高兴,赶快跑过去连连问老先生没忘记我吧?没忘记我吧?"再拜稽首",希望能得到他的指教。鸿蒙这回开口了,讲到治理的过错,在于扰乱了自然的常规,违背了事物的真性情,所谓"乱天之经,逆物之情"。云将问那应该怎么办呢?庄子借鸿蒙之口继续阐述了他的世界观:应该依靠自我修养恢复淳朴的天性,与自然合为一体,达到"忘我""无己"、绝对自由的境界;治理天下要无为,要回到远古的蒙昧时代,这一切都是为了符合产生一切、主宰一切的"道"。这样,世界万物才能合乎天理,顺乎自然。从庄子的种种寓言中,我们不能不惊叹于他构思奇特、天马行空的想象力。因而在他的思想中,不仅要看到唯心的成分,更要看到闪耀其中的辩证思维的光辉。

  前面说了,鸿蒙还有其他义项,如可以是迷漫广大貌(《红楼梦》末回,一僧一道夹住宝玉飘然登岸而去,三人口中不知是哪个作歌曰:我所居兮,青埂之峰;我所游兮,鸿蒙太空),也可以指东方之野、日出之处(高诱注《淮南子》云"鸿蒙,东方之野,日所出,故以为景柱"),诸如此类。既然鸿蒙的主要义项象征世界的开端时期,那么华为以此命名新产品,该是有全场景智慧时代到来的寓意吧。未知他们自己出于何种考虑。

2019 年 8 月 11 日

大夫

明天又到了中国医师节。中国医师协会今天在北京主办了庆祝大会,其中一名嘉宾在发言中说道:"从古至今,我们中华民族对医生一直很崇敬。古代社会,人们将医生称为大夫,将其作为一个官职来称呼。"差矣此言。历史上称呼官职的那个"大夫",与治病救人的大夫全然是两个概念。

从前的大夫,纯粹为官职名。前到什么时候呢?商周。彼时已有大夫、乡大夫、遂大夫、朝大夫、冢大夫等设置,乃国君之下的三级官员之一,三级即卿、大夫、士,大夫的地位低于卿而高于士。春秋晋国的公族大夫,楚国的三闾大夫,职能则大抵是执掌卿族子弟的教育。秦汉有御史大夫、谏大夫、光禄大夫、大中大夫等,多系中央要职和顾问。直到明清,御史大夫等才退出历史舞台。

大夫中最有名的便是御史大夫了,在从前主要职司监察。《后汉书·仲长统传》载:"春秋之时,诸侯明德者,皆一卿为政。爰及战国,亦皆然也。秦兼天下,则置丞相,而贰之以御史大夫。"御史大夫的地位仅次于丞相,西汉时丞相缺位,往往正以之来递补。《资治通鉴》卷二百二十四载,唐朝李宗闵跟李德裕不对付,"及德裕还自西川,上注意甚厚,朝夕且为相,宗闵百方沮之不能"。既然阻止不了李德裕提拔,就要修好关系,李宗闵却又想不出什么办法。京兆尹杜悰是他这边的,"尝诣宗闵,见其有忧色",问他是不是因为李德裕。宗闵曰:"然。何以相救?"杜悰就出个主意,给李德裕御史大夫的位子,让他高兴高兴。李宗闵认为这主意不错,杜悰便赶快跑去找李德裕。德裕迎揖曰:"公何为访此寂寥?"杜悰说"靖安相公(宗闵)令悰达意",派我来通知一个喜讯,"即以大夫之命告之"。德裕果然上当了,当场"惊喜泣下",嘴里还叨咕:"此大门官,小子何足以当之!"

除了作为任官职者之称,大夫还有一些别的含义,略举若干。

其一为有爵者的泛称。《汉书·百官公卿表上》载,秦汉分爵位为公士、上造等二十级,其中公士、上造分别为第一、二级,而大夫居第五级,第六级是官大夫,第七级是公大夫,第九级是五大夫,直到"十九关内侯,二十彻侯"。此中明确,爵级"皆秦制,以赏功劳"。隋、唐、明、清有光禄大夫、荣禄大夫,原为文职散官的称谓,后来也专为封赠时用。

其二为贵客的代称,指代者的身份未必真的是大夫。《史记·高帝本纪》所载亭长刘邦吃霸王餐的那段,可兹为证。"单父人吕公善沛令,辟仇,从之客,因家沛焉。沛中豪杰吏闻令有重客,皆往贺"。时萧何"主进",即"主赋敛礼钱"。他立了条规矩,"令诸大夫"曰:"进不满千钱,坐之堂下。"来吃饭不要紧,得随份子,出多少钱跟坐在哪里挂钩。众所周知,刘邦说自己"贺钱万",而"实不持一钱"。张守节《正义》云:"大夫,客之贵者总称之。"

其他的,如《资治通鉴·唐纪三十二》载,李光弼言于王忠嗣曰:"大夫以爱士卒之故,不欲成延光之功,虽迫于制书,实夺其谋也。何以知之? 今以数万众授之而不立重赏,士卒安肯为之尽力乎! 然此天子意也,彼无功,必归罪于大夫。大夫军府充牣,何爱数万段帛不以杜其谗口乎!"胡三省注解时就说了:"唐中世以前,率呼将帅为大夫,白居易诗所谓'武官称大夫'是也。"

然而在北宋之前,无论"大夫"的含义有多少,却皆与医生无关。而医生在从前也有多种称谓,比较稀奇的如五代、宋时称为衙推。

《北梦琐言》云,后唐开国皇帝李存勖"好俳优",有一回"自负蓍囊药箧,令(长子)继岌破帽相随",模仿自己"以医卜为业"的老丈人。两父子玩儿的高兴之时,刘皇后"方昼眠",继岌"造其卧内,自称刘衙推访女",把刘皇后气得狠狠打了儿子一顿。《老学庵笔记》载陈亚诗云:"陈亚今年新及第,满城人贺李衙推。"李乃陈亚之舅,亦"为医者也"。而对"北方人市医皆称衙推",陆游说自己搞不清楚是怎么来的。

衙推,唐朝时也是个官名,是节度、观察、团练诸使的下属官吏。韩愈《祭鳄鱼文》云:"维年月日,潮州刺史韩愈,使军事衙推秦济,以羊一、猪一投恶溪之潭水,以与鳄鱼食而告之。"就是说,文章是韩愈写的,往溪里投贡品是衙推秦济干的。《容斋三笔·朱崖迁客》云:"唐韦执谊自宰相贬崖州司户,刺史命摄军事衙推。"刺史这么认为:"前件官,久在朝廷,颇谙公事,幸期佐理,勿惮縻贤。"当时虽对此牒词传以为笑,"然犹未至于挫抑也",到卢多逊贬此,"知州乃牙校,为子求昏,多逊不许,遂侵辱之,将加害",不答应都不行。

顾炎武《日知录》指出:"北人谓医生为大夫,南人谓之郎中……其名概起于宋时。"依据的大抵是《容斋三笔·医职冗滥》条:"神宗董正治官,立医官,额止于四员。及宣和中,自和安大夫(最高医官)至翰林医官,凡一百十七人。"

综上所述,大夫即医生诚然与官职频频发生关联,原因与那嘉宾的说法或正相反,诚如龚延明先生所言:"北方医生之僭称。"

僭称,犹言妄称。僭,超越本分,从前指地位在下的冒用在上的名义或礼仪、器物。如是,则嘉宾所谓"崇敬"云云,不是与实际上南辕北辙吗?

2019 年 8 月 18 日

桃

午间吃了一个水蜜桃。每吃桃时,都不由得先想到万氏兄弟动画片《大闹天宫》里,孙悟空吃桃的那副顽皮样子:一口咬去差不多一半,然后一颗颗桃核坠地,象征着他把"九千年一熟,人吃了与天地齐寿,日月同庚"的那种仙桃,熟的都给吃了。

记忆中,动画片里孙悟空吃的桃又圆又大,浑然水蜜桃的样子。中国邮政、中国澳门分别于1979年、2000年发行的《西游记》邮票中,画面上都是那种桃。而看过《西游记》的人知道,孙悟空管的是蟠桃园,偷吃的该是蟠桃。蟠桃的果实扁平,像柿子的形状。而且,蟠桃才是神话中的仙桃。出自魏晋间的《汉武帝内传》云,七月七日西王母(即王母娘娘)降于汉武帝宫中,带来七枚仙桃,"以四枚与帝,自食三枚"。武帝吃得可口,"收其核",想自家拿去种树。西王母告诉他,"中夏地薄",种不了。此后遂有王母娘娘种蟠桃、做蟠桃会之说。因为扁平蟠桃的样子不及水蜜桃丰满圆润,画面上不大好看,大圣遂被今人改吃了品种吧。

《诗·魏风·园有桃》云:"园有桃,其实之肴。心之忧矣,我歌且谣。"桃,在前人的世界观中不仅是可口的水果,而且是一个非常鲜明的文化符号。有人统计,我国3万多条成语中有800多条以植物为组成内容,共涉及120种植物名称,而涉及最多的就

桃　305

是桃,门墙桃李、夭桃秾李、桃蹊柳曲等等。除此之外,我们还可以在许多场合看到桃,大有处处留痕之势。

指代婚嫁,叫作桃夭。源自《诗·周南》:"桃之夭夭,灼灼其华。之子于归,宜其室家。"诗人借桃花之盛开,赞美男女婚姻以时、室家之好。衍申开来,"桃夭之化"谓男女完婚之礼,"桃夭新妇"谓年少貌美的新婚女子。

驱鬼辟邪,要用桃人,即桃木俑。《论衡·订鬼》引《山海经》云,度朔之山上有个鬼门,"万鬼所出入也"。同时上面也有两个神人,一个叫神荼,一个叫郁垒,"主阅领万鬼"。但凡有"恶害之鬼",则"执以苇索,而以食虎"。黄帝掌握了这一点,"乃作礼以时驱之,立大桃人,门户画神荼、郁垒与虎,悬苇索以御"。把桃木削为人形,在于前人认为鬼怕桃木。

除旧布新,要换桃符。五代时人们在桃木板上书写联语,后世才书写于纸上。显然这是桃人思路的余绪了。宋朝《东京梦华录》云,农历腊月,"近岁节,市井皆印卖门神、钟馗、桃板、桃符"。清朝《燕京岁时记》云:"春联者,即桃符也。自入腊以后,即有文人墨客,在市肆檐下,书写春联,以图润笔。祭灶之后,则渐次粘挂,千门万户,焕然一新。"关于桃符最著名的句子,无疑是王安石的"千门万户曈曈日,总把新桃换旧符"了。

隐居之所,理想境地,则是桃花源。出处显然为陶渊明《桃花源记》。形容女子貌美,叫桃花人面。自然这要记到崔护名句"去年今日此门中,人面桃花相映红"的账上。此外,春汛又曰"桃花水";多情的眼神又曰"桃花眼";比喻友好往来或互相赠送,叫"投桃报李";比喻所培养的优秀人才众多,叫"桃李满天下";比喻为人品德高尚实至名归无须自我宣传,叫"桃李不言下自成蹊"。诸如此类,还可以开列许多。

在社会实践中,春秋时的"二桃杀三士""余桃啖君",东汉时的"桃园三结义",也都关联到了桃。后一个故事众所周知,《三国演义》的开篇就对此进行了演义。然《三国志·蜀书》中并没有这桩逸事,只在《关马赵黄传》中有"先主于乡里合徒众,而(关)羽与张飞为之御侮……先主与二人寝则同床,恩若兄弟"。

"二桃杀三士"见于《晏子春秋·谏下》,"公孙接、田开疆、古冶子事景公,以勇力搏虎闻"云云。不知道是不是"晏子过而趋,三子者不起"而得罪了晏子之故,晏子对齐景公说了坏话,认为他们是"危国之器也,不若去之"。景公说他们武功那么高强,用什么办法行得通呢?晏子便设了一计:请景公以两个桃子赐予三人,论功而食。结果公孙接、田开疆当仁不让地各拿一个,古冶子不高兴了,我还有救驾之功呢,怎么就没得吃了?那两位于是羞愧难当,认为自己"取桃不让,是贪也;然而不死,无勇也",不仅把桃又放了回来,还相继拔剑自刎。古冶子大惊失色,"二子死之,冶独生之,不仁",也自杀了。这样来看,这三员猛将的自身修养相当之高,如此死于内耗,真是齐国的一大损失。"二桃杀三士"成为阴谋杀人的代名词,不啻晏子身上的一个污点。

"余桃啖君"见于《韩非子·说难》,这回是卫国的事。说弥子瑕有宠于卫君的时候,干什么都没毛病,连犯法的事都被褒奖。"卫国之法,窃驾君车者罪刖",而弥子瑕母亲病了,他"矫驾君车以出",卫君赞其"孝哉"。某天"与君游于果园,食桃而甘",弥子瑕把吃剩下的那半给了卫君,卫君也很高兴:"爱我哉。"等到弥子瑕失宠,一切都翻过来了。卫君说,那家伙"尝矫驾吾车,又尝啖我以余桃"。所以,"余桃啖君"用来比喻爱憎喜怒无常。

直到今天,桃与百姓生活仍然紧密相关。在我儿时生活的京郊姨家,院子里便有一棵很大的桃树,夏天的树荫足以遮蔽全家八口人在树下吃饭。前几年回去,桃树早就没了,化作了乡愁的一个组成部分。

2019 年 8 月 24 日

巡视

为期两个月的十二届广东省委第五轮巡视工作即将全面展开。笔者所属的南方报业传媒集团在本次巡视之列。巡视的具体内容，2017年修订的《中国共产党巡视工作条例》进行了明确：对巡视对象执行党章和其他党内法规，遵守党的纪律，落实党风廉政建设主体责任和监督责任等情况进行监督。

我们的历史上很早就有巡视。《后汉书·皇甫规传》载，顺帝时皇甫规征陇右，"道路隔绝，军中大疫，死者十三四。规亲入庵庐，巡视将士，三军感悦"。这里的巡视，乃巡行视察，带有慰问的性质。这一层意义的巡视，还可以追溯得更早。《左传·哀公元年》载，吴王夫差在陈国作战，"楚大夫皆惧"，他们知道夫差下一步要进攻楚国了。子西说大家用不着怕，他是这么论证的：吴王阖闾的时候，"在国，天有菑疠，亲巡孤寡而共其乏困。在军，熟食者分而后敢食"，正因为他"勤恤其民，而与之劳逸"，所以百姓愿意出力。夫差则不然，"珍异是聚，观乐是务，视民如仇，而用之日新"，这样的君主，"先自败也已，安能败我？"对阖闾之"巡"，杨伯峻先生注曰："谓巡行安抚之。"《周礼·地官》中的司谏，也有负责巡视的意味，所谓"掌纠万民之德而劝之朋友，正其行而强之道艺，巡问而观察之，以时书其德行道艺，辨其能而可任于国事者"。

郑玄注曰:"巡问,行问民间也。可任于国事,任吏职"。就是说,把民间那些有才能的人巡视出来,使野无遗贤。

今天意义上的巡视,从前也有类似的做法,名称不同而已。比较典型的,如元朝的"奉使宣抚"即为此种,那是他们作为监察制度建设的一个重大举措。

元朝末年的吏治腐败相当严重。叶子奇《草木子》云,朝廷官员已"惘然不知廉耻为何物"。他们"问人讨钱,各有名目",真正是五花八门。如"所属始参拜曰拜见钱,无事白要曰撒花钱,逢节曰追节钱,生辰曰生日钱,管事而索曰常例钱,送迎曰人情钱,句追(办案)曰赍发(赞助)钱,论诉(申诉)曰公事钱",总之,无论干什么都是伸手要钱。在他们那里,"觅得钱多曰得手,除得州美曰好地分,补得职近曰好窠窟",全然从自身利益出发,"漫不知忠君爱民之为何事也"。元朝是有监察机构的,忽必烈在中央设置了御史台,在地方设置了提刑按察司,明确"怙势作威侵官害农者,从提刑按察司究治"。我国古代地方上正式出现监察机构,正是从元朝开始的。提刑按察司始为4道,后来逐年增设,最高时达到24道,易名肃政廉访司后也还有22道。而忽必烈还在位的时候,就曾"以御史台监察御史、提刑按察司多不举职,降诏申饬之"。表明他们能发挥的作用非常有限,如至元十年(1273)胡祗遹所云:"按察司今已三四岁,不过翻阅故纸,鞭扑一二小吏细过而已,不闻举动邪正,劝激勤惰。"到了元末那样的背景之下,以"奉使宣抚"亦即临时派遣官员至各地巡视来了解民间疾苦和官吏贪廉,便不足为奇了。

《元史》比较详细地记载了元顺帝至正五年(1345)的那一次"奉使宣抚"。顺帝觉得自己登基十多年了,"虽夙夜忧勤,觊安黎庶,而和气未臻,灾眚时作,声教未洽,风俗未淳,吏弊未祛,民瘼滋甚"。他认为这是"承宣之寄,纠劾之司,奉行有所未至"的结果,所以要"遣官分道奉使宣抚,布朕德意,询民疾苦,疏涤冤滞,蠲除烦苛"。在他的亲自指挥下,共向全国派出了12个"巡视组",分别巡视两浙江东道、江西福建道、江南湖广道、河南江北道、燕南山东道、河东陕西道、山北辽东道、云南省、甘肃永昌道、四川省、京畿道和海北海南广东道。所谓某某道,即肃政廉访司所监察的行省以下的路、府、州、县。至于"巡视组组长",则由蒙古人(或色目人)与汉人官员构成。如巡视甘肃永昌道的是"上都留守阿牙赤、陕西行省左丞王绅",巡视四川省的是"大都留守答尔麻失里、河南行省参知政事王守诚",巡视京畿道的是"前西台中丞定定、集贤侍讲学士苏天爵"等等。顺帝同时赋予了"巡视组"相当的权力:"体察官吏贤否,明加黜陟,有罪者,四品以上停职申请,五品以下就便处决。民间一切兴利除害之事,悉听举行。"

此番巡视是有一定成绩的。比如苏天爵那一组,"究民所疾苦,察吏之奸贪,其兴除者七百八十有三事,其纠劾者九百四十有九人",京城百姓因之把苏天爵比作包公。王守诚那一组"论功居诸道最",成绩最可观。《元史·王守诚传》载:"初,四川廉访使某与行省平章某不相能,诬宣使苏伯延行贿于平章某,瘐死狱中。"直到"巡视组"来了,苏伯延的亲属才有机会诉冤,而茶盐转运司官也反映"廉访使累受金",结果"廉访使仓皇去官,至扬州死",其"副使而下,皆以事罢。宪史四人、奏差一人,籍其家而窜之,余皆斥去"。王守诚不仅处理了行省吏员和县尹受诬,而且合计百十件的庶民百姓婚田之讼,也一一"辨析详谳",或"为直其事",或"为之平反"。

昔年的巡视与如今的,性质上自然不可同日而语。但在"察吏之奸贪"这一层面,应当说还是有相通之处。并且,从前的经验教训势必可为今天提供借鉴。

2019 年 8 月 31 日

上上签

9月8日晚,男篮世界杯排位赛,中国队在只有取胜才能确保东京奥运会直通资格的前提下,以73∶86不敌尼日利亚队。而世界杯开赛前,中国男篮普遍被认为抽了"上上签",直接进入16强不成问题。可惜,坐拥东道主之利,却连最低目标都没能达成,令国人倍感失望。虽然之后还有落选赛,仍残存一线希望,但专业人士分析指出,这希望的实现难度相当于打进世界杯四强。

运动赛事掣签分组,出于公平竞争的考虑。但在从前,掣签在我们这里则是一种迷信活动,举凡神庙、宫观和寺院中,几乎都可以看到这种卜问吉凶的方式。大抵是将写有文字符号或诗句的竹签贮于签筒内,求签人神前祷告之余,摇动签筒,直至有一根从中跳出,即所谓神赐之签,然后由解签人根据诗意附会人事吉凶。《二十年目睹之怪现状》第十三回,"我"因为想弄清楚城隍庙里那个"花枝招展的美人"是谁,"遂想了个法子,走到正殿上,同香火道人买了些香烛,胡乱烧了香;又随意取过签筒来,摇了几摇,摇出一根签来,看了号码,又到香火道人那里去买签,故意多给他几文钱,问他讨一碗茶来吃,略略同他谈两句,乘机就问他方才烧香的女子是甚么人"。如果这还不够具象的话,周星驰、巩俐版的电影《唐伯虎点秋香》中有个相应的镜头:秋香在求签,唐伯虎过来搭讪；秋香摇出的那根竹签，给唐伯虎马上捡起。

"上上签"意谓最好的签。前人笃信签语，以之有"指挥棒"的功能。袁枚《新齐谐·沈姓妻》云，沈妻忽然冤魂附体，"卧床颠扑"，老沈赶紧叫儿子找来相熟的葛道人。道人告沈曰："报冤索命事，都是东岳掌管，必须诉于岳帝，允救，方可以法治；否则难救。"沈乃清晨赴法华山岳帝庙，"默诉其事，占得上上签，归告道人"，道人这时乃肯出手。

至于前人笃信之实例，数不胜数。文莹《玉壶清话》云，卢多逊小的时候，"其父携就云阳道观小学，时与群儿诵书，废坛上有古签一筒，竞往抽取为戏"。卢多逊还不识字，把抽到的签拿回家给父亲看，但见上面写的是："身出中书堂，须因天水白。登仙五十二，终为蓬海客。"父亲非常高兴，"以为吉谶，留签于家"。北宋开国，卢多逊果然作了宰相，后来被贬谪朱崖，也果然是因为"遣堂吏赵白阴与秦王廷美连谋"，这个赵白是天水人，而多逊"卒于流所"，正52岁。所以文莹说"签中之语，一字不差"。其实所谓应验，乃就果溯因之故。卢多逊生于五代，至少表明抽签问卜在那时已经非常盛行。

陆游《老学庵笔记》亦云："（道教净明道）西山十二真君各有诗，多训戒语，后人取为签，以占吉凶，极验。射洪陆使君庙以杜子美诗为签，亦验。"孝宗淳熙五年（1178），陆游自蜀被召见回京，"临行，遣僧则华往求签"，掣到了杜甫的《遣兴》诗："昔者庞德公，未曾入州府。襄阳耆旧间，处士节独苦。岂无济时策，终竟畏网罟。林茂鸟自归，水深鱼知聚。举家隐鹿门，刘表焉得取？"陆游说自己当时"读之惕然"，然而"顾迫贫从仕，又十有二年，负神之教多矣"，这时已是光宗绍熙元年（1190），他被削职罢官，显然是自责没有听从签语才落得现在的结局了。

有趣的是，明朝自万历年间起，对官员到哪里任职采用的是"掣签"：用竹签若干预写所选的机关地区及姓名等，杂置筒中，当堂随手掣取。清代还沿用此制。《明史·孙丕扬传》载，掣签法始自孙丕扬。万历二十二年（1594），孙丕扬拜吏部尚书，"挺劲不挠，百僚无敢以私干者，独患中贵请谒，乃创为掣签法，大选急选，悉听其人自掣，请寄无所容。一时选人盛称无私，然铨政自是一大变矣"。此法的目的是"杜绝权贵请谒"，甭递条子、甭打招呼，不灵，如卷末赞之所言："虽不能辨材任官，要之无任心营私之弊。"不过，倘若不能辨材任官，全凭运气，"公平"或可做到，"效率"难免出问题。《不下带编》收了这么一首歌谣："时运通，掣二东。通又通，掣广东。时运低，掣四西。低又低，掣广西。"就是说，掣到山东、广东的，运气很好；而掣到广东的，就是上上签了。掣到陕西、山西、江西、广西的，则运气不济，而掣到广西的，更是下下签了。于慎行《谷山笔麈》批评道："人才长短，各有所宜；员格高下，各有所便；地方烦简，各有所合；道里远近，各有所准。而以探丸之智为掣瓶之守，是掩镜可以索照，而折衡可以悬决也。从古以来，不闻此法。"《玉光剑气集》更进一步，不仅把"向为铨部"的"吏部"因之称作"签部"，还收了两首时人的讽刺诗。曰："冢卿无计定铨衡，枯竹拈来知有灵。若使要津关节到，依然好缺作人情。"又曰："吏部只今成例部，铨司但合号签司。明试奏言都不管，编荆树棘总成私。"

中国男篮所以掣到的是"上上签"，在于与科特迪瓦、波兰、委内瑞拉同组，他们都是各自大洲的弱旅。中国队也果然顺利赢了科特迪瓦，但在最后 7 秒钟还领先波兰却因无谓失误而憾负，对连医用绷带也配备不起的委内瑞拉更全面崩盘。因此，任何所谓的"上上签"，充其量只是一种心理慰藉，尤其对体育赛事而言，终究靠的是实力。

2019 年 9 月 10 日

蒸笼·甑

每天午间徒步经过的珠江新城过街通道中,都能见到那几个摆摊的小贩。其中一个卖的大宗货品,居然是麻制的"蒸笼布"。有趣。小贩的嗅觉自然是灵敏的,嗅到了如今许多人仍然有自己蒸食的习惯。蒸笼布,蒸馒头、包子等的屉布嘛。

炒爆熘炸煎,焖炖蒸氽煮。所谓蒸食,乃我们传统烹饪方式的一种,利用水蒸气的热力原理进行加工。如今的蒸笼,从前叫甑。《周礼·冬官考工记》对甑有粗略的介绍,"实二鬴(锅),厚半寸,脣(边缘)寸,七穿"云云。穿七个孔,正是为了能"升气于上"。前人很早就用甑了,属于新石器时期的西安半坡遗址便出土了陶甑。早几年,首部陕西美食纪录片《秦味儿》云,甑糕这种关中传统早点,其制作方式和半坡社会中以陶甑的烹饪方式如出一辙。秦末项羽救巨鹿,有"破釜沉舟"的著名故事,实际上项军同时砸的还有甑,《史记·项羽本纪》载:"项羽乃悉引兵渡河,皆沈船,破釜甑,烧庐舍,持三日粮,以示士卒必死,无一还心。"

陶制之外,甑也有其他材质,如青铜。殷墟妇好墓出土了青铜三联甗和汽柱甑形器,前者即由一件长方形甗架和三件大甑组成。主持该墓发掘的郑振香先生认为,三联甗"可以同时蒸熟三种相同或不同的食物,且可以搬动,室内室外都可使用";而汽柱甑形器,相当于云南仍在使用的汽锅,用来蒸鸡已成当地美食的一大特色。浏览典籍,蒸猪则比较常见。如《孟子·滕文公下》云:"阳货瞰孔子之亡也,而馈孔子蒸豚;孔子亦瞰其亡也,而往拜之。"阳货探听到孔子外出,给他送去一头蒸小猪;孔子如法炮制,探听到阳货不在家才去答谢。阳货耍不耍花招不去管他,蒸豚,怕是当时的美食吧。又如《世说新语·任诞》云:"阮籍当葬母,蒸一肥豚,饮酒二斗,然后临诀。"不过,清人李慈铭不相信阮籍曾有此举,认为临葬母而饮酒烹豚,"天地不容,古所未有",这是在"妄诬先达"。余嘉锡先生则指出:"居丧而饮酒食肉,起于后汉之戴良。"概《后汉书·戴良传》载,戴良母卒,"兄伯鸾居庐啜粥,非礼不行,良独食肉饮酒,哀至乃哭"。

熟悉《西游记》故事的人都知道,但凡打唐僧主意的那些妖怪,捉到之后大抵都要把他蒸了吃。吴承恩落笔之时,未知是否受春秋时厨师易牙故事的启发,就是《韩非子·七柄》中,"桓公好味,易牙蒸其子首而进之"指的那件事。《吕氏春秋·知接》早就说了,管仲病重,齐桓公去探望,咨询贵体一旦不测,有什么人能接替他。管仲首先说得远离易牙这些人。桓公不解:"易牙烹其子犹尚可疑邪?"他把儿子都给我蒸吃了,还不算忠心耿耿吗?管仲说:"人之情,非不爱其子也,其子之忍,又将何有于君?"他连自己儿子都可以杀掉,何能有爱于君!易牙如此丧失人性,是因为齐桓公什么东西都吃腻了,易牙给他尝鲜。而众所周知,妖怪们吃唐僧,目的是想长生不老,《西游记》里唐僧因此屡屡遇险。

如第四十一回,牛魔王的儿子红孩儿"把三藏拿到洞中,选剥了衣服,四马攒蹄捆在后院里,着小妖打干净水刷洗,要上笼蒸吃哩"。如第七十一回在盘丝洞,听到蜘蛛精"我们洗了澡,来蒸那胖和尚吃去",行者暗笑道:"这怪物好没算计,煮还省些柴,怎么转要蒸了吃?"要说最有趣的一次,当推第七十七回了。三魔捉住师徒四个后,老魔叫:"小的们,着五个打水,七个刷锅,十个烧火,二十个抬出铁笼来,把那四个和尚蒸熟,我兄弟们受用;各散一块儿与小的们吃,也教他个个长生。"二怪说:"猪八戒不好蒸。"八戒听到,还欢喜地道了声"阿弥陀佛",不料听三怪说"不好蒸,剥了皮蒸",八戒旋又垂头丧气。老怪说:"不好蒸的,安在底下一格。"悟空听到,还对两个命在旦夕的师弟打趣三魔"是雏儿,不是把势"一番。当众妖一齐上手,"将八戒抬在底下一格,沙僧抬在二格",要来抬悟空的时候,他变了个假的给他们抬,"将真身出神,跳在半空里,低头看着",看他们"把个假行者抬在上三格;才将唐僧揪翻倒捆住,抬上第四格"。透过文字想象悟空的那副顽皮相,真让人忍俊不禁。到妖精们点火了,他搬出了北海龙王,"将身变作一阵冷风,吹入锅下,盘旋围护,更没火气烧锅,他三人方不损命"。

  成语有"甑尘釜鱼",形容家贫断炊已久。字面上也能看出这层意思,蒸锅里积满尘土了,炒菜锅里都能养鱼了,那得多久没使用了。但它也可以喻意一种气节。《后汉书·独行列传》载范冉"遭党人禁锢"之后,"推鹿车,载妻子,捃拾自资。或寓息客庐,或依宿树荫。如此十余年,乃结草室而居焉。所止单陋,有时粮粒尽,穷居自若,言貌无改",闾里因之歌曰:"甑中生尘范史云,釜中生鱼范莱芜。"范冉字史云,桓帝曾以之为莱芜长。甑堕,则有破败之谓,典出《后汉书·郭太传》。孟敏客居太原,"荷甑堕地,不顾而去。林宗(太字)见而问其意"。孟敏回答:"甑以破矣,视之何益?"这句带有禅机的话,令郭林宗非常惊异,"因劝令游学"。这个甑,估计也是陶制的吧。陆游《书逆旅壁》诗,有"功名已甑堕,身世真瓦裂"句,更有点破的意味。诸如此类,算是由甑引发的社会学意义了。

　　初来广州时,每见馒头、包子的底部有一张纸,一不留神能吃进去,那该是不谙蒸面食的老广的改良了。蒸笼布,本也。如今有了市场,不知是老广渐渐认识到了,还是外地人来得多了、恪守传统的缘故。

2019 年 9 月 15 日

养猪

各地猪肉价格上涨在不断创出历史新高。国家统计局数据显示,7月份全国居民消费价格同比上涨2.8%,其中,猪肉价格同比上涨27%,8月份则到了46.7%。非洲猪瘟疫情是猪肉价格上涨的直接因素;前几年各地因为环保而盲目限养禁养,甚至大规模"消灭"养猪场带来产能下滑,恐怕是间接因素吧。如今,开出种种优惠措施鼓励养猪,不是又重新提上日程了吗?

"马牛羊,鸡犬豕,此六畜,人所饲。"蒙学教材《三字经》,已把包括猪在内的六畜,植根到了儿童的思维意识中。从"家"字的构造来看,"宀"下面一个"豕",也与猪相关。戴家祥先生指出:"甲骨文就有家字,宀下的豕写成逼真的猪形,可见,猪是上古家庭最先拥有的最主要的私有财产。"并且,如今"西南某地,筑屋于猪圈之上,颇合家的古意"。陈炜湛先生亦指出:"所谓'家'者,实乃源于养猪。"开玩笑说,至少对商朝的人而言,房子里有头猪才称得上是"家"。

我国养猪的历史悠久,新石器时代的河姆渡遗址已经出土了陶猪。《诗·大雅·公刘》叙述了周人祖先公刘带领周民由邰迁豳的史绩,第四章有"笃公刘,于京斯依。跄跄济济,俾筵俾几。既登乃依,乃造其曹,执豕于牢,酌之用匏,食之饮之,君之宗之",讲的是公刘定居之后,筑宫室、祭猪神的情形。牢,猪圈。如今湘西北石门县传统村落北溪河村,每年腊月都要举办"年猪节",其中有点天烛祭猪神、唱诵祭猪词的环节,或正此种"文化残存"吧。此外,《山海经》中有并封,《淮南子》中有封豨,以及唐以后的传奇笔记中都不乏猪精故事,识者指出,《西游记》中的猪八戒正依据这些故事塑造而成。

另一方面,猪之本身也是祭祀用品。"凡庶民不畜者,祭无牲。"《周礼》中已有告诫。盟誓的时候也要用到,"诸侯用牛,大夫用猪"。牛羊豕三牲齐备,谓之太牢,如《庄子·至乐》所云:"鲁侯御而觞之于庙,奏《九韶》以为乐,具太牢以为膳。"到了清朝还是这样,《清史稿》载,光绪三十二年(1906),"崇圣正位改太牢……火神、东岳、先医正位,都城隍,皆太牢。太牢:羊一、牛一、豕一"。所以历朝历代,养猪都是重点。孟子给梁惠王描绘"王道乐土"的理想图景时,提到了养猪的另一功能:"五亩之宅,树之以桑,五十者可以衣帛矣。鸡豚狗彘之畜,无失其时,七十者可以食肉矣。"彘,即猪。《史记·货殖列传》有"泽中千足彘",是说人不一定当官才有财富,你要是种多少这个,养多少那个,"皆与千户侯等"。其中的"千足彘",裴骃集解引韦昭的话说,就是250头猪,数蹄子嘛。

史上最惊心动魄的吃猪肉,或许是《史记·项羽本纪》中的描写。鸿门宴上刘邦有难,樊哙闯入解围,项羽在"赐之卮酒"之后,又"赐之彘肩",也就是猪肘子。项羽手下"则与一生彘肩",樊哙也不含糊,"覆其盾于地,加彘肩上,拔剑切而啗之"。寻常状况下,当然不是这种吃法,至少要吃熟的。而史上最讲究的吃猪肉,或许是苏东坡了。他在黄冈的时候还作了《食猪肉》诗,"黄州好猪肉,价贱等粪土。富者不肯吃,贫者不解煮。慢著火,少著水,火候足时他自美"云云。黄冈的人为什么贫富都不爱吃猪肉,可以立项研究。东坡以及首都的人都是爱吃的,《东京梦华录》介绍

"朱雀门外街巷"时,不仅说到那一带有"杀猪巷",而且说到那里有个"南熏门",这个门因为"正与大内相对",所以"寻常士庶殡葬车舆,皆不得经由此门而出",但是"唯民间所宰猪,须从此入京"。那规模相当壮观,"每日至晚,每群万数,止十数人驱逐,无有乱行者",可见京城的猪肉需求量之大。

具体到如何养猪,前人也留下了相应的经验。北朝贾思勰《齐民要术》有《养猪》章,云"牝者,子母不同圈。牡者同圈则无嫌。圈不厌小。处不厌秽。亦须小厂,以避雨雪"。圈不厌小,免得老是走动消耗吧。"春夏草生,随时放牧。糟糠之属,当日别与。八、九、十月,放而不饲。所在糟糠,则蓄待穷冬春初。"对初生的小猪,也有一套办法:"宜煮谷饲之。其子三日便掐尾,六十日后犍。"前人认为:"三日掐尾,则不畏风。凡犍猪死者,皆尾风所致耳。犍不截尾,则前大后小。犍者,骨细肉多;不犍者,骨粗肉少。如犍牛法者,无风死之患。"元朝司农司编纂的《农桑辑要》,引《四时类要》对此进行了补充。云:"阉猪了,待创口干平复后,取巴豆两粒,去壳、烂捣;和麻糁糟糠之类饲之。半日后,当大泻。其后,日见肥大。"还有一则"肥豕法",颇有速成的意味:"麻子二升,捣千余杵;盐一升,同煮后,和糠三斗饲之。立肥。"

去今不远,我们还在强调养猪的重要性。"猪多、肥多、粮多",我对儿时的这句时代宣传语以及村子里房屋后背的大字标语仍然记忆尤深。有一幅宣传画的标题同样开宗明义,"为革命多养猪多剥皮多制革加速社会主义建设"。《越绝书》云春秋时吴越有"鸡山、豕山",那是勾践"将伐吴,以食士也",彼时已知养猪可以满足士兵的肉食需要。今天的人为了环保而限养禁养,无异顾此失彼。环保固然重要,但是与养猪到了水火不容的地步吗?

2019 年 9 月 21 日

鹤

9月28日,江西省十三届人大常委会第十五次会议表决通过了关于确定白鹤为江西省"省鸟"的决定。理由之一是,目前全球白鹤种群数量仅4000只左右,其中98%的白鹤每年在江西鄱阳湖越冬5个月以上;理由之二是,在已评选了"省鸟"的18个省份中,都没有白鹤的芳名。

白鹤,大型迁徙性涉禽,栖息于沼泽湿地。其外形借用李时珍《本草纲目》的描述,道是:"长三尺,高三尺余,喙长四寸,丹顶赤目,赤颊青脚,修颈凋尾,粗膝纤指,白羽黑翎。亦有灰色、苍色者。尝以夜半鸣,声唳云霄。"白鹤或丹顶鹤,在古代诗词今天绘画中每为常客,《淮南子》早就说"鹤寿千岁,以极其游",长寿的象征。在这类绘画中,鹤每站立于苍劲古松的弯曲枝干上,然而真实的鹤却从不停栖树上。品种方面,我国以丹顶鹤和黑颈鹤最为驰名,都是国家一级保护动物。此外常见的还有灰鹤、赤颈鹤、白头鹤、白枕鹤、沙丘鹤等等,除了后者的外观通体羽色为灰色而缀有褐色需要稍加解释之外,其余的那些,羽色皆一望而知。那么武汉"黄鹤楼"之"黄鹤"是什么品种,显见有探究的必要了。

传说中,黄鹤楼的由来关联两位仙人,一位是不知什么时代的仙人子安,再一位是三国蜀之费祎。前者如《南齐书·州郡志》

云:"夏口城据黄鹄矶,世传仙人子安乘黄鹄过此上也。"后者如《太平寰宇记》云:"昔费祎登仙,每乘黄鹤于此(黄鹤)楼栖驾。"对此中的黄鹤,刘献廷《广阳杂记》便提出了怀疑:"予意黄鹤楼即黄鹄矶,后人讹鹄为鹤,而附会以费文祎(伟)事,一经崔考功题,而青莲阁笔,已成千秋铁案。"费文伟,即三国蜀之费祎,祎字文伟。崔考功,即崔颢。青莲,即青莲居士李白。崔颢此前写下了著名的"昔人已乘黄鹤去,此地空余黄鹤楼",令行经此处的李白赞叹不已,"眼前有景道不得,崔颢题诗在上头",面对黄鹤楼就不写什么了,因为给崔颢说绝了。在刘献廷看来,就这么一来二去,"黄鹄"就成了"黄鹤",正所谓"字经三写,乌焉成马"。然而不知刘献廷由此想到了什么,发了另一番感慨:"天下事已往者皆成冷风荡烟,又何是非可论。只要事理灿然,悦人耳目,吾亦任之矣,又安从起古人于九京,而问其果然果不然耶。无奈展转荒谬,词不雅驯,令人难为听耳。"应当看到,刘献廷的怀疑很有道理。当代陈铁民先生注岑参《送王大昌龄赴江宁》诗即认为:"古人常把'黄鹤'与'黄鹄'混而为一。"《汉语大词典》"黄鹤"条,先指出"黄鹤"即鹤,进而指出就是"黄鹄"。黄鹄,也是一种大鸟,《商君书·画策》云:"黄鹄之飞,一举千里,有必飞之备也。"

不管"黄鹤"是否"黄鹄"之讹误吧,鹤在前人眼中总之是一种仙鸟,仙家、道士都是乘鹤云游,像子安或费祎一样,把鹤当成坐骑。《碧鸡漫志》引《异人录》另云:"开元六年,上皇(唐玄宗)与申天师中秋夜同游月中,见一大宫府,榜曰'广寒清虚之府'。兵卫守门,不得入。天师引上皇跃超烟雾中,下视玉城,仙人道士乘云驾鹤往来其间,素娥十余人,舞笑于广庭大桂树下,乐音嘈杂清丽。"回来之后,玄宗"编律成音,制《霓裳羽衣》曲"。群鹤载人穿梭往来,唯有仙境才可能看到的景观吧。鹤上人,因之也成了仙人的代称。以"梅妻鹤子"闻名的宋朝林逋,因为终身不仕,未娶妻,与梅花、仙鹤做伴,也差不多是个人间仙人了。《梦溪笔谈》云:"林逋隐居杭州孤山,常畜两鹤,纵之则飞入云霄,盘旋久之复入笼中。"林逋常泛小艇游西湖诸寺,如果有客人来了,"则一童子出应门,延客坐",然后开笼纵鹤。林逋看见自己的鹤,"必棹小船而归",开玩笑说,此时之鹤飞,与"狼烟"的功能近似。

《诗·小雅·鹤鸣》二章云:"鹤鸣于九皋,声闻于天。鱼在于渚,或潜在渊。乐彼之园,爰有树檀,其下维穀。他山之石,可以攻玉。"鹤,此处喻隐居的贤人。用郑玄的说法,"鹤在中鸣焉,而野闻其鸣声",喻贤者虽隐居,"人咸知之"。清人秦松龄咏鹤诗有"高鸣常向月,善舞不迎人"句,深得顺治皇帝的欣赏,"以为有品"。无品之人,自然不乏见。如《东轩笔录》云宋朝丁谓,就是个仙鹤不离口的角色,干脆被称为"鹤相"。其"为玉清昭应宫使,每遇醮祭,即奏有仙鹤盘舞于殿庑之上。及记真宗东封事,亦言宿奉高宫之夕,有仙鹤飞于宫上。及升中展事,而仙鹤迎舞前导者,塞望不知其数。又天书每降,必奏有仙鹤前导"。有一天,寇準和一帮僚属"坐山亭中,有乌鸦数十,飞鸣而过",他嘲笑曰:"使丁谓见之,当目为玄鹤矣。"

说实话,看到江西那则省鸟消息,颇为我出生并工作过的黑龙江省遗憾,概其省鸟选的是天鹅,不过辖区版图形似天鹅罢了。而位于我们齐齐哈尔的国家首个自然保护区扎龙的鹤,何其知名?资料上说,世界上现有鹤类15种,中国有9种,扎龙有6种;全世界丹顶鹤不足2000只,扎龙就有400多只。1982年长春电影制片厂还实地拍摄了《飞来的仙鹤》,在那之后没几年,我去过两次扎龙,彼时尚未大规模开发。野生丹顶鹤就在离你几米开外的地方两两悠然踱步,野趣十足。

2019年9月30日

沙田

昨天到东涌镇走了一趟,访友。头一回来这个地方。这个镇从前隶属广州番禺县、市或区,2012年划给了南沙区。沿途屡见"软基路段"的提醒标志,或在高速公路之上,或出高速公路之后。所谓"软基路段",就是路段的地下淤泥层较为深厚且分布不均匀,地质沉降可能会造成路面沉陷开裂。忽然悟到,这一带,正是珠江三角洲地区沙田的核心地带。

沙田,水边或水洲淤泥积成之田,并非含沙质多的沙地。对沙田的形成,清朝兵部尚书甘汝来说得很形象:"广东海滨微露滩形,民间谓之'水坦'。渐生青草,谓之'草坦'。徐成耕壤,谓之'沙坦'。"他是针对新形成沙田的归属而上疏的,因为当"坦初见"之时,百姓就会纷纷前去占有,所以他建议:"当先令立标定四至,毋于围筑后争控。民有田十顷以上,毋许围筑,以杜豪占,即贫民围筑,限五顷。"沙田主要靠自然形成,但也可以通过人工堤围的修建而加速形成,大致要经历鱼游、橹迫、鹤立、草埗和围田这几个发展演变阶段,江河泥沙淤积当然是先决条件。

江南地区的沙田开发,较珠江三角洲要早许多。徐光启《农政全书》说:"沙田,南方江淮间沙淤之田野。"《宋史·食货志》留下了一些关于沙田的材料。如高宗绍兴二十七年(1157),赵子潚奉诏措置镇江府沙田,"欲轻立租课,令见佃者就耕;如势家占吝,追日前所收租利"。次年正月,鉴于"言者谓江、淮间沙田、芦场为人冒占,岁失官课至多",又诏户部员外郎莫濛同浙西、江东、淮南漕臣赵子潚、邓根、孙蒇,"视诸路沙田、芦场"。又如孝宗乾道元年(1165),臣僚言:"浙西、淮东、江东路沙田芦场,顷亩浩瀚,宜立租税,补助军食。"则诏令梁俊彦与张津等措置。珠三角的沙田开发,大抵自宋之后,"中州人士避地入广者众",对土地的需求增加。如《(中山市)小榄麦氏族谱》云:"自宋南渡后,我麦姓五必公均南迁广州,而必达祖遂至黄阁,甫抵其境,见西沙高峙,石门迥开,溪深悬泻,土沃泉甘,谓此诚避地。遂相比隩,筑室而居。"且"捐钱十万,立石基以防水患"。石基,堤围用石修建,别于他地的泥土堆叠。

明朝以来,因为沙坦的迅速浮露,珠三角沙田进入了发展期。王双怀《明代华南农业地理研究》指出,明代前期华南垦田最多的省份是广东,达23.7万顷;广东垦田最多的是广州府,7.6万顷;广州府垦田最多的是南海县,2.7万顷。而广东垦田最少的韶州府的翁源县,只有88顷。直观上就可以感受到,这些新垦之田主要正是沙田的开发,亦即与江争田,与河争田,与海争田。今天南沙、番禺一带的沙湾(镇)、石基(镇)、万顷沙(镇),以及大量的"××围"等地名的诞生,无疑都是沙田形成的历史踪迹的写照。

屈大均《广东新语》"沙田"条,记载了清朝广东的相关情况:"广州边海诸县,皆有沙田,顺德、新会、香山尤多。"不过,清初"迁海令"的实施,给广东沿海地区带来的破坏极其严重。顺治十八年(1661),为防止内地人民对郑成功抗清武装的支持和联系,强令江南、浙江、福建、广东沿海居民分别内迁三十里到五十里,并尽烧沿海民居和船只,不准片板入海。康熙二十年(1681),"迁海令"始完全撤销。按屈大均的说法,迁海之后,广东"沙田半荒,主者贱其值以与佃人。佃人耕至三年,田熟矣,又复荒之,而别佃他田以耕。盖以田荒至三年,其草大长。佃人刈草以售,每一日之功,可充十日之食。……而田荒之至三年又复肥沃。故佃人每耕之三年,必荒之三年,不肯为田主长耕,如数纳谷,此有沙田者之苦也"。乾隆五十年(1785),广东巡抚孙士毅上《请开垦沿海沙坦疏》,云"粤东地方,每岁所产米谷不敷民食,全赖粤西谷船为接济,向来濒海居民,见有涨出沙地,名曰沙坦,开垦成田,栽种禾稻,实为天地自然之美利,海民借以资生者甚众……粤东沿海州县,田少人稠,产谷不敷民食,请允许沿海无碍水道的沙坦给民承垦升科",这种向海洋索要土地以获取粮食的做法,得到了乾隆皇帝的认可。

珠三角的沙田,不仅为该地区增加耕地面积、解决吃饭问题发挥了重要作用,而且在沙田的经营管理中,也创新了农业模式。那些不适宜耕作的洼地,人们乃将之挑挖成池塘以养鱼,同时将基面扩大,种植经济作物,从而诞生了著名的果基鱼塘、桑基鱼塘、蔗基鱼塘。光绪年间的《高明县志》云:"桑叶饲蚕,蚕屎饲鱼,两利俱全,十倍禾稼。"这种"基养塘,塘养基"的模式,在我高考时的地理书中,被视为动植物资源循环利用的人工生态范例。此外,谭棣华先生指出,明清以来广东成为全国宗法势力特别强大牢固的地区之一,亦与沙田经济的发展密不可分。盖清代珠三角的沙田大部分为宗族占有,各个强宗大族竞相争夺而来的沙田,直接构成了封建宗法制度的物质基础,并成为宗法势力急剧膨胀的重要标志。

遥想南宋绍兴十二年(1142),割南海、番禺、新会、东莞四县土地而置香山县,县治石岐,彼时"香山为邑,海中一岛耳",香山尚未与大陆连成一片。比对一下当年香山县所对应的今天中山市,沧海桑田,用之于此,真是恰如其分。

2019 年 10 月 5 日

无花果

东涌镇一带蕉林成片,除此之外,很多地摊上还摆卖着新鲜无花果。沙田的土质肥沃,最适宜于经济作物的生长,因而珠三角地区相继出现了专业性农业区域和商品性农作物中心产地。水果方面,屈大均《广东新语·木语》讲到番禺自小坑火村到罗岗的柑桔,"熟时黄实离离,远近照映";讲到自黄村至朱村的梅与香蕉、梨、栗、橄榄,"连冈接阜,弥望不穷"。雍正五年(1727),朝廷把广东缺粮归结为粤人"唯知贪射重利,将地土多种龙眼、甘蔗、烟叶、青靛之属,以致民富而米少",问题的一个方面吧。

无花果,屈大均没有提及,许是当年还不成其为大宗。这种属于桑科的落叶灌木或小乔木,可能是人类最早"认识"的植物。照《圣经》的说法,神用地上的尘土造出亚当,将他安置在伊甸园,吩咐他园中各样树上的果子可以随意吃,只是分别善恶树上的果子不能吃。而神用亚当肋骨造出的夏娃受了蛇的诱惑,与亚当偷吃了禁果,结果二人的眼睛明亮了,才知道自己是赤身露体,便拿无花果的叶子编作裙子,遮住自己的私处,意味着人类有了羞耻之心。在实证方面,美国 *Discover*(《探索》)杂志公布 2006 年六大考古成果,其中之一是"无花果树很可能是新石器时代就已经引进的第一种农作物"。因为长期以来,专家们一直认为第一种被人类引进的庄稼是谷类,大约 10500 年以前从叙利亚和土耳其的野草衍生而来;但以色列考古植物学家基斯列夫和其同事,通过测定长期沉睡在博物馆中、20 世纪 70 年代在巴勒斯坦古城耶利哥附近考古挖掘到的无花果,发现它们已有 11400 年的历史。

对我们而言,无花果是舶来品。陕西省考古研究所 1987 年发掘了唐朝韦浩墓,墓中别具特色的精美壁画尤其受到关注。其中一幅,业界人士根据仕女手中所持的叶子状物与现在生存于中国的无花果叶子进行比对,推断其为一片五裂的无花果叶子;再根据该仕女前后各有一个手持直筒状篮子的人物形象,该图因而被认为是"无花果采摘归来图"。韦浩是唐中宗韦后的弟弟,死于景龙二年(708)。那么,无花果大约中晚唐时期在中国的种植已经较为普遍,成为当时国人日常食用的水果之一也说不定。北京故宫博物院藏有宋李迪扇面画《无花果图》,识者指出,图中无花果已然成熟,含苞者敷以石绿色,绽开者用白粉染出,清浅的绿色构成画面的主调。乾隆皇帝在旁边还弄了首五言御题,"果结必资花,却有无花者。别名木馒头,或因形弗雅"云云。张师正《倦游杂录》云:"木馒头,京师亦有之,谓之无花果。状类小梨,中空,既熟,色微红,味颇甘酸。"又云"岭南尤多,州郡待客,多取为茶床高饤。故云:'公筵多饤木馒头。'"茶床,专用于摆放茶酒食的家具。饤,堆叠于器皿中的菜蔬果品,一般只陈列而不食用。待客之时,无花果摆上一大盘,一道亮丽的风景吧。

对无花果,前人很早就产生了理性认识。吴其濬《植物名实图考长编》引明朝王象晋《群芳谱》云:"无花果最易生,插条即活,在处有之。"且列举了种植无花果的七大好处,一是"实甘可食,多食不伤人,且有益,尤宜老人、小儿。"二是"干之,与干柿无异,可供筵实。"三是"六月尽取次成熟,至霜降有三月,常供佳食,不比它果一时采撷都尽。"四是"种树十年取效,桑桃最速亦四五年,此果截取大枝扦插,本年结实,次年成树。"五是"叶为医痔圣药。"六是"霜降后未成熟者,采之可做糖蜜煎果。"七是"得土即活,随地可种;广植之,或鲜或干,皆可济饥,以备欠岁。"李时珍《本草纲目》自然要将无花果入药,在他看来,无花果果实"甘、平、无毒",有"开胃,止泄痢,治五痔、咽喉痛"之效;叶呢,"甘、微辛、平、有小毒",若"五痔肿痛,煎汤频熏洗之,取效"。

老广对无花果,除了直接当水果食用,还有各种煲汤法,煲猪骨、炖雪梨等等,以期达到清热解毒、健胃润肠之效。放在从前,就像前列好处的第七条,无花果还可以"救荒"。明朝朱橚编纂之《救荒本草》中,便有"无花果"一项,先做描述,"生山野中,今人家园圃中亦栽,叶形如葡萄叶,颇长硬而厚,梢作三叉"云云。怎么救呢?"采果食之"。朱橚是朱元璋的第五个儿子,明成祖朱棣的同母弟弟。明初非常重视荒政,朱元璋在制定各种措施应对频发的自然灾害之外,还号召百姓广植桑枣等,以补充粮食的不足,甚至规定自洪武二十六年(1393)后,桑枣种植不再纳税。正是在这样的背景下,朱橚"购田夫野老,得甲坼勾萌者四百余种,植于一圃,躬自阅视。俟其滋长成熟,乃召画工绘之为图,仍疏其花、实、根、干、皮、叶之可食者,汇次为书一帙"。其中的"救饥"一项,更详细记录了食用部位等,以免误食有毒的植物。其实对乡村生活的人来说,自有一套辨识本领。我的少年时代在京郊农村度过,村里人未必知道《救荒本草》,但野生果实什么能吃、什么好吃,一清二楚。

然朱橚之举,体现了仁爱之心是无疑的,更重要的在于开启了植物学研究的一个重要分支。世界上其他国家对救荒可食植物的研究,大约在 19 世纪才起步,比中国迟了至少 400 年。这该是我们赖以自豪的。

2019 年 10 月 7 日

量子波动速读·一目十行

这几天,有一段号称为"量子波动速读"比赛现场的视频在网上走红。视频中,教室里的学生以极快速度翻阅手中书本,但见书页哗哗翻过,犹如银行高手点钞大赛一般。据视频发布者介绍,视频拍摄的"翻书大法"就是量子波动速读,只需要一遍遍翻阅手中书本,就能阅读并理解其内容。

量子波动速读,貌似很深奥的概念。加上什么"开发松果体",什么"全脑教育",什么"开启右脑的智慧,促进左右脑平衡应用,提升孩子的专注力、记忆力、创作力",听上去更加神乎其神了。恐怕也正是因为貌似深奥,似懂非懂,才能唬住那些急功近利的家长吧。不是吗?收费动辄三万块、五万块,行情一样十分火爆。

从前也有人阅读速度极快,形容这种人的这种本领,叫作一目十行。顾名思义,一眼能看十行文章,前提当然是同时能记住。《梁书·简文帝纪》载,简文帝萧纲就是这样,"读书十行俱下。九流百氏,经目必记;篇章辞赋,操笔立成。博综儒书,善言玄理"。《北齐书·文襄六王传》载,高澄的儿子孝瑜"容貌魁伟,精彩雄毅,谦慎宽厚,兼爱文学",尤其"读书敏速,十行俱下",且能"覆棋不失一道",一盘围棋下完,能按原来下的次序重新摆过一遍,也就是复盘。阅读速度次一点儿的，也能一目五行。《辽史·能吏传》中的杨遵勖、《元史·许有壬传》中的许有壬，算是异域人士，也都属此类。辽兴宗重熙十九年（1050），杨遵勖登进士第。辽道宗咸雍三年（1067），"为宋国贺正使；还，迁都承旨。天下之事，丛于枢府，簿书填委。遵勖一目五行俱下，剖决如流，敷奏详敏。上嘉之"。许有壬呢，"幼颖悟，读书一目五行，尝阅衡州《净居院碑》，文近千言，一览辄背诵无遗"。

中原这边更不用说了。唐朝封演《封氏闻见记》说到玄宗开元年间一个叫常敬忠的，"数年之间，遍通《五经》"。他"上书自举"的强项，就是"一遍能诵千言"。张说奉敕考他，问曰："学士能一遍诵千言，能十遍诵万言乎？"他说这个倒没试过，张说"遂出一书，非人间所见也"，谓之曰："可十遍诵之。"敬忠依命，"危坐而读，每遍画地以记"。虽然从没看过这本书，读到第七遍的时候还是站起来说，行了，背下来了。张说告诉他，你就背足十遍没问题。敬忠曰："若十遍，即是十遍诵得；今七遍已得，何要满十。"于是张说"执本临试，观览不暇"，而敬忠诵毕，"不差一字，见者莫不叹羡"。

此类天才从来都是有的，但除了记忆力的天赋之外，前人也有前人的读书法，比如顾炎武。吴振棫《养吉斋丛录》云："顾亭林先生博极今古，每往来道路，载书满车，朝夕读不辍。"他的读书法是，温习经书，"请文学中声音鸿邕者四人，设左右座，置注疏本于前。先生居中，其前亦置经本，使一人诵而己听之。遇有字句不同，或偶忘者，详问而辩论之。读二十纸易一人，四人周而复始。计一日温书二百纸"。《十三经》温习完了，温习《史记》《汉书》和《后汉书》，或者温习《南史》《北史》，"故先生之学，习熟而不遗纤悉如此"。又如刘墉，即轰动一时的电视剧《宰相刘罗锅》中的主人公,读书法是另外一种。刘声木《苌楚斋续笔》云:"其平生读书之法,每取经史子集各一二本杂观之,中必有一二本词曲小唱。检一本,阅数行,则易一本。数本后,必阅唱本数行,又阅他书。"对这种读书法,刘声木显然不大认同:"如此读书,真属异事,千古所稀有。宜乎刘文清公仅以字迹见,文学万难与他人争席,职是故也。"其实,读书法不可一概而论,适合自己最为紧要。刘声木因之上纲上线到其他,就更加没有必要了,就算刘墉"文学万难与他人争席",也是出于别的原因,跟读书法了不相涉。

我们不难看到,那些有一目十行本领的前人,尽管已经很牛了,但在今天的量子波动速读面前,简直还是弱爆了,不堪一提。想来想去,大约只有《太平广记》中的黄安可以与"量子"较量一番了。黄安读书,像常敬忠那样有画地的习惯,他不是"画地以计数,一夕地成池,时人谓安舌耕"吗?在黄安面前,怕是轮到"量子"要弱爆了。不过,黄安即使是人,也不是普通人,而是个神人。"常服朱砂,举体皆赤",这还没什么,他的坐骑是乌龟,不知为何"二千年一出头",而黄安说他见过乌龟总共伸出过五次脑袋,所以"世人谓(黄)安万岁"。别人高喊的口号,到他这里变成了现实,还不是神人吗?

所谓量子波动速读,卖弄的是科学的名词,不知道是否亵渎科学本身。这且不论,哗哗哗扇风一样地"读书",于我等而言,字都看不清楚,目的是什么呢?《钝吟杂录》云,程子教人读书,曰:"一部《论语》,未读时是这般人,读了只是这般人,便是不曾读一般。"涉及的是读以致用问题。《四友斋丛说》说得更直接:"读书须一言一句自求已事,方见古人用心处,如此则不虚用功。"这当然是说读古书了,读今天的书不其然乎?充其量算是翻书的做法,遑论读、遑论体会?

读书没可能存在捷径。量子波动速读尽管以一种革命性阅读方式的面貌出现,终究只会是昙花一现的跳梁小丑。

2019 年 10 月 19 日

黄鹤楼

第七届世界军人运动会已于10月18日在武汉拉开帷幕。这是中国第一次承办综合性国际军事赛事，也是继北京奥运会后，中国举办的规模最大的国际体育盛会。军运会奖牌名为"和平友谊之星"，其中融入了长城、梅花、黄鹤楼建筑形象等视觉元素。黄鹤楼，无疑是武汉的标志性建筑之一。

我第一次见到黄鹤楼，还是在1985年南下广州时的火车上。那也是第一次跨黄河、过长江。记得跨黄河时是午夜，没有感觉；过长江时是正午，极为兴奋，脑袋里还不由得想起了当时流行的"你从雪山走来，春潮是你的风采……"的旋律。忽然有人叫道："黄鹤楼！"顺着那人手指仰头一看，路基旁边的山冈上果然矗立着黄鹤楼，牌匾都看得清清楚楚，颇有些出乎意料，因为我知道黄鹤楼早就被毁了。当然，像留存至今的诸多古建筑一样，历史上都是屡毁屡建。最早的黄鹤楼，按《元和郡县图志》的说法，始建于三国吴大帝孙权黄武二年（223），"城西临大江，西南角因矶为楼，名黄鹤楼。三国时，黄祖为太守，吴遣凌统攻而擒之。祢衡遇害，亦此地也"。直到2007年夏天，我才第一次登临黄鹤楼，见到楼内陈列了几个主要朝代的黄鹤楼缩微模型。实际上，即使在同一朝代内，黄鹤楼毁、建次数也不知凡几。

黄鹤楼之得名,前文《鹤》已有道及,关联神仙。不过,南宋张栻对此不屑:"世之喜事者妄为之说,后来者既不之察,又从而并缘增饰之。"但黄鹤楼很早就出名了不假,宋朝《方舆胜览》云:"盖自南朝已著矣。"该书收录了唐朝阎伯理的一段文字:"观其(黄鹤楼)耸构巍峨,高标笼嵸,上倚河汉,下临江流,重檐翼舒,四闼霞敞,坐窥井邑,俯拍云烟,亦荆、吴形胜之最也。"他还说穆宁来此为官,非常喜欢黄鹤楼,"或逶迤退公,或登车送远。游必于是,宴必于是"。

令黄鹤楼暴得大名的,非崔颢的诗句莫属,"昔人已乘白云去,此地空余黄鹤楼。黄鹤一去不复返,白云千载空悠悠"云云。据说,李白游历到黄鹤楼,因为"崔颢题诗在上头",只好搁笔不写,觉得话给崔颢说绝了,只写了首《凤凰台》。然计有功《唐诗纪事》云"恐不然",认为这件逸事当不得真。明朝罗澄则给崔诗第五六句挑了不少毛病,认为"'鹦鹉洲'乃见成语,'汉阳树'则扭捏成对耳。且'芳草萋萋',亦属见成,而'晴川历历'则何所本?且'历历汉阳树'截以成句,而'萋萋鹦鹉洲'成何文理?古乐府云:'天上何所有,历历种白榆。'是'历历'字贯下'树'字,而'萋萋'字则连上'芳草'字矣。律本二对,今上四句皆不对矣,而五六又草率如此。太白阁笔,而千古更无异辞,实不解也。若云只取气格耳,既云律矣,何乃只取气格耶?"刘献廷《广阳杂记》认为:"慎庵(罗澄)此言,细入毛发,吾恐考功(崔颢)、青莲(李白)复起于九京,亦无以对吾慎庵矣。"不过,赵翼《陔馀丛考》又不同意这种说法:"唐人律诗第三四句有不属对者。如李太白《牛渚西江夜》、崔灏(颢)《黄鹤楼》诗之类,然第五、六则未有不对。"

罗大经《鹤林玉露》也没有把崔诗捧得太高,云"太白《凤凰台》、崔颢《黄鹤楼》,固已佳矣",然而"未若近时刘改之《题京口多景楼》,尤为奇伟,真古今绝唱也"。刘诗曰:"壮观东南二百州,景于多处却多愁。江流千古英雄泪,山掩诸公富贵羞。北府只今唯有酒,中原在望莫登楼。西风战舰成何事,只送年年使客舟。"刘改之,即刘过,南宋文学家,曾多次上书朝廷,"屡陈恢复大计,谓中原可一战而取"。有人研究,金庸《神雕侠侣》中的杨过,即以刘改之为原型,杨过亦字改之,取"过则改之"意。刘过与辛弃疾为莫逆之交,二人词风亦颇相近,每每抒发抗金抱负。罗大经评价刘诗:"盖言多景可喜,而乃多愁何也?自古南未有能并北者,是以英雄泪洒长江,抱此遗恨。然推其所由,实当国者偷取富贵,宴安江沱之所致,是可羞也。"这一番议论,显然超越了谈论诗词技巧本身。

  按刘献廷的说法,他那个时候的黄鹤楼,"层层皆奉纯阳像",但是,"黄鹤仙踪,乃费文祎事,与吕洞宾全无干涉"。为什么抬出吕呢?名人效应。"盖文祎无人知之,洞宾则名喧天壤故也。人不可无名,神仙犹尚如此,又何怪今之人趋走如鹜邪!"他进而论道:"佛菩萨中之观音,神仙中之纯阳,鬼神中之关壮缪(羽),皆神圣中之最有时运者,莫知其所以然而然矣。举天下之人,下逮妇人孺子,莫不归心向往,而香火为之占尽。其故甚隐而难见,未可与不解者道也。"

  像今天一样,前人也喜欢利用前人的成句恶搞,崔颢《黄鹤楼》不能幸免。《古夫于亭杂录》收了这么一则:明朝京师士大夫冬日制貂为套,著冠帽上以御寒,名曰帽套。某翰林"乘马谒客,有骑而过者,掠而去之"。他把这事讲给同僚,有个爱开玩笑就改崔诗赠之:"昔人已偷帽套去,此地空余帽套头。帽套一去不复返,此头千载空悠悠。"据说,武汉好多人不去黄鹤楼,以其为假古董。这样的话,黄鹤楼中陈列的那些模型,明的便可以嘲笑清的,元的便可以嘲笑明的,宋的又可以嘲笑元的……大可不必。

2019 年 10 月 22 日

铁券

10月21日,由国家档案局、中央档案馆主办的中国档案珍品展在北京市档案馆开展。其中的明代"金书铁券"亦即俗称的免死牌显然最吸引记者的眼球,相关报道都将之打在标题上。

金书铁券,又称丹书铁券,乃从前皇帝颁赐给功臣及其后代享受免死等特权的凭证。源于汉高祖刘邦创制的铁契。《汉书·高帝纪》载,时天下既定,刘邦"命萧何次律令,韩信申军法,张苍定章程,叔孙通制礼仪,陆贾造《新语》。又与功臣剖符作誓,丹书铁契,金匮石室,藏之宗庙"。这种铁制的契券,上面用丹砂书写誓词,剖开后朝廷和受赐者各存一半。唐以后不用丹书,而是刻字嵌金。因而"丹书"还是"金书"铁券,在于文字呈现的方式不同。

刘邦铁契丹书的是:"使河如带,泰山若厉。国以永宁,爰及苗裔。"此之所引出《史记·高祖功臣侯者年表》,而出处不同,文字也稍有不同,但意思一般无二。司马贞索隐引应劭曰,这是"国家欲使功臣传祚无穷"。就是说,铁契保证受赐者的爵位世代传承,尚无免死的功能。北京市档案馆展出的这件,系明英宗天顺二年(1458)赐予右军都督府右都督李文的,明确"除谋逆不宥外,其余若犯死罪,免尔本身一次,以酬尔勋",只要不是造反,免死罪一次。

铁券免死的条款,南北朝时已见端倪。《资治通鉴·梁纪十》载,北魏孝庄帝杀了太原王尔朱荣,尔朱荣堂弟尔朱世隆不干了,"遣尔朱拂律归将胡骑一千,皆白服,来至郭下,索太原王尸"。眼见大事不好,孝庄帝"遣侍中朱瑞赍铁券赐世隆",想来个缓兵之计。不料世隆没瞧得起那东西,对朱瑞说:"太原王功格天地,赤心奉国,长乐(孝庄帝本封长乐王)不顾信誓,枉加屠害,今日两行铁字,何足可信!吾为太原王报仇,终无降理!"世隆嘴里的"两行铁字",流露出铁券有免死的意味。唐以后,金书更对此则条款进行了明确。

《旧唐书·杨元琰传》载,武则天时,"张柬之代元琰为荆州长史,与元琰泛江中流,言及则天革命,议诸武擅权之状,元琰发言慷慨,有匡复之意"。后来张柬之当上宰相,大权在握,他问杨元琰:"记昔江中之言乎?"结果大家乘武则天病发动政变,恢复唐朝国号,杨元琰被"赐铁券,恕十死",免死罪达十次之多。《七修类稿》收录了明太祖赐给开国元勋徐达的铁券文,"除谋逆不宥,其余若犯死,尔免三死,子免二死",徐达自己可以免去三次死罪,儿子可以免去两次,当然了,前提都是推翻政权的死罪不免。

1996年9月邮电部发行了《中国古代档案珍藏》特种邮票一套四枚,其中第二枚就是展出的这件李文铁券。浏览历代史料笔记所见,今日藏于中国国家博物馆的钱镠铁券,似乎被提及得更多。钱镠,五代时吴越国开国国王,铁券是唐昭宗赐给他的,嘉奖他剿灭地方叛臣。

元陶宗仪《南村辍耕录》云,他在家乡有个朋友叫钱赟,是钱镠的后代,给他看过家藏的那个铁券,"形宛如瓦,高尺余,阔二尺许,券词黄金商嵌,一角有斧痕"。从国博藏品的照片中,还真的能看到伤痕。陶宗仪说,忽必烈大军南下时,"其家人窃负以逃,而死于难,券亦莫知所在"。后来给个打鱼的网上来了,以为是宝贝,"试斧击之,则铁焉,因弃诸幽"。钱赟哥哥听说后,"用十斛谷易得,青毡复还"。明郎瑛《七修类稿》云,朱元璋拟赐功臣铁券,不知怎么弄才好,有人就建言了,参照钱镠铁券啊,"其孙尚藏"。朱元璋"因取为式"。清钱泳《履园丛话》云,钱镠铁券"为吾家至宝",这是直认自己为钱镠后代了。他说他"拜观者凡两次",第一次是乾隆时他在绍兴府与修郡志,"李晓园太守专札台府克公借观"。第二次是道光时他"省先世坟庙,至浙,亲往台州观之",时铁券"藏东门外五十里白石山下一小村庄,皆钱姓,地名里外钱。其守券者曰钱永兴,兄弟三人,皆务农,轮流值管。有小楼三间,专为藏券而造"。铁券上的金书,达333字之多。

作为帝王的承诺,铁券有安抚人心的功能。当年钱镠收到后也马上表态,"谨当日慎一日,戒子戒孙,不敢因此而累恩,不敢乘此而贾祸"云云。但如尔朱世隆信不过铁券的也不乏见。《宋史·李重进传》载:"重进与太祖俱事周室,分掌兵柄,常心惮太祖。太祖立,愈不自安,及闻移镇,阴怀异志。"赵匡胤想出了这招:"我欲赐重进铁券,彼信我乎?"了解的人说,没用,"重进终无归顺之志"。铁券之不见信,端在于失信在先。如《宋史·李涛传》载,后晋高祖石敬瑭时,"泾帅张彦泽杀记室张式,夺其妻,式家人诣阙上诉",结果石敬瑭"以彦泽有军功,释其罪。"李涛不干,"伏阁抗疏,请置于法"。石敬瑭说:"吾与彦泽有誓约,恕其死。"李涛厉声曰:"彦泽私誓,陛下不忍食其言;范延光尝赐铁券,今复安在?"先是,范延光为石敬瑭赐铁券许以不死。《新五代史·范延光传》载,后来石敬瑭逼他自杀,范延光对来人一脸懵懂:"天子赐我铁券,许之不死,何得及此?"

"汉家分土建忠良,铁券丹书信誓长。本待山河如带砺,何缘菹醢赐侯王?"王安石《读汉功臣表》诗,无异发出了"安石之问"。何缘?铁券本身就是权一时之需的产物,而世事的演变皆此一时彼一时也。

2019年10月26日

长城

中国长城文化学术研讨会10月29日至31日在八达岭长城脚下的北京市延庆区召开,与会专家呼吁保护好长城建筑,概"多年来,由于风雨侵蚀、游客增加、人为破坏等原因,在长为6259.6公里的人工墙体中,保存较好的部分占比不足10%"。

时至今日,长城已是中华民族的一个标志性符号。早在战国时,长城便开始陆续修建。何有此举?用顾炎武《日知录》的话说:"至于战国,井田始废,而车变为骑,于是寇钞易而防守难,不得已而有长城之筑。"因而就功能而言,长城属于军事防御工程,利用大河堤防或附近的山脉,逐段构筑城墙和关塞并将其连缀起来,形成屏障。从见存的遗迹看,长城大体由关隘、城墙、烽火台三部分构成。关隘是长城沿线的重要驻兵据点,城墙是联系雄关、隘口、敌台等的纽带,烽火台则利用烽火、烟气以传递军情。

依据典籍,再结合顾炎武的梳理,对战国长城可窥一斑。

《管子·轻重丁》中管子与齐桓公对话,有"长城之阳,鲁也;长城之阴,齐也"云云。《史记·苏秦列传》载,燕王问苏代:"吾闻齐有清济、浊河可以为固,长城、钜防足以为塞,诚有之乎?"张守节《正义》云:"长城西头在济州平阴县界。《竹书纪年》云:'梁惠王二十年,齐闵王筑防以为长城。'又引《太(泰)山记》云:"太山西有长城,缘河经太山,余一千里,至琅邪台入海。"诸如此类,说的是齐长城。

《苏秦列传》另载,苏秦游说魏襄王,云大王之地南有什么,东有什么,西呢,"有长城之界",北则"有河外、卷、衍、酸枣"。又《史记·魏世家》有"惠王十九年,筑长城,塞固阳",这里"西"边的长城,是魏长城。而"北"之"卷",裴骃《集解》引徐广曰:"荥阳卷县有长城,经阳武到密。"说的则是韩长城。

《左传·僖公四年》载齐侯陈诸侯之师,与屈完乘而观之。齐侯曰:"以此众战,谁能御之!以此攻城,何城不克!"对曰"若以德绥诸侯,谁敢不服?君若以力,楚国方城以为城,汉水以为池,虽众,无所用之!"识者指出这是关于长城的最早记载,说的是楚长城。《水经注》载盛弘之云:"叶东界有故城始鳖县,东至溾水,达沘阳,南北数百里,号为方城,一谓之长城。"

北边因为防御匈奴,长城更不可或缺了。《史记·匈奴列传》载:"秦宣太后起兵,伐残义渠,于是秦有陇西、北地、上郡,筑长城以拒胡。"说的是秦长城。又"赵武灵王北破林胡、楼烦,筑长城。自代并阴山,下至高阙为塞,而置云中、雁门、代郡"。说的是赵长城。而"燕将秦开袭破东胡,东胡却千余里,燕亦筑长城,自造阳至襄平,置上谷、渔阳、右北平、辽西、辽东郡,以拒胡"。说的是燕长城。

秦始皇统一六国,将秦、赵、燕三国的北边长城予以修缮,连贯为一,构成了西起临洮、东达辽东的万里长城。明朝又以秦长城为基础,修筑居庸关等处长城,西起嘉峪关、东达鸭绿江,全长一万二千七百余公里。今天的长城雄姿,即主要是明长城的遗留。当然了,秦、明之间,历代对长城的修建、修葺,也并未止息。如《魏书·太宗纪》载,泰常八年(423)二月,"筑长城于长川之南,起自赤城(今河北赤城),西至五原(今内蒙古五原),延袤二千余里,备置戍卫"。《世祖纪》载,太平真君七年(446)四月,"发司、幽、定、冀四州十万人筑畿上塞围,起上谷,西至于河,广袤皆千里"。塞围,即比长城低薄些的土墙,用以补长城之不足。

明朝对长城还有另一种称呼:边墙。《明史·兵志》载,宣府、大同二镇总督翁万达"筹边事甚悉",在详尽分析地理环境之后,尤其是"敌犯山西必自大同,入紫荆必自宣府",乃建言"修筑宣大边墙千余里,烽堠三百六十三所"。谢肇淛《五杂组》里也有戚继光"筑蓟镇边墙"的记载,云其"不偾一人,期月而功就"。修建长城之工程浩繁可窥一斑,但显见也招来了非议。谢肇淛说,"今之西北诸边若无长城,岂能一日守哉?"蓟镇正当女真之冲,而戚继光修建了边墙,"其固不可攻,虏至其下辄引去",可是,"其有功于边陲若此,而犹不免求全之毁,何怪书生据纸上之谈而轻诋嬴政也",顺便也为秦始皇鸣了不平。

长城的军事意义之外,其文化意义也早已显现。《宋书·檀道济传》载,檀道济"立功前朝,威名甚重;左右腹心,并经百战,诸子又有才气,朝廷疑畏之"。元嘉十三年(436),文帝病重之际,以其"因朕寝疾,规肆祸心"为由,将其"收付廷尉",进而诛杀之。面对前来逮捕之人,檀道济脱帻投地曰:"乃坏汝万里之长城!"认为自己实可重倚。又李白诗序云李藏用,"勇冠三军,众无一旅。横倚天之剑,挥驻日之戈。吟啸四顾,熊罴雨集……一扫瓦解,洗清全吴。可谓万里长城"。万里长城,因喻最可依赖的人或事物。又《新唐书·秦系列传》载,秦系与刘长卿善,"以诗相赠答"。权德舆曰:"长卿自以为五言长城,系用偏师攻之,虽老益壮。"长城在这里,说的则是人不能胜之。

长城反映了中国古代建筑工程技术的伟大成就。作为军事产物诞生的长城,从其诞生之时起便染上了相应的文化色彩,被赋予了相应的文化意义。保护好长城遗迹,就是在保护关联长城的种种文化。

2019 年 11 月 3 日

乌龙

北京时间前天晚上,迪拜,2022年世界杯预选赛亚洲区40强赛关键之战,赛前被普遍看好的中国男足1∶2不敌叙利亚队。看网友的评论,并没有太多人感到意外,实在是因为男足的这种"高开低走"已经上演了不知凡几。国人情绪每被充分调动起来之时,他们也会每让大家失望透顶。可议的是,中国队此役输的第二个球,是张琳芃在第75分钟时将球踢进了自家大门,也就是现在常说的"乌龙球"。

倒灌进球为什么叫作"乌龙球"?《咬文嚼字》月刊上先后刊登过好几篇文字,旨在追根溯源。归纳起来大体有三种说法:一云"乌龙"音近英语"wrong"(不知何地如是发音),后者意为"错误",那么"乌龙球"也就是"错误球"。龙是我国传说中的神异动物,能够上下左右摆动,故又称"摆乌龙"。一云粤语"乌龙"与英语"own goal"相近,后者意译为"打进自己的球门",而粤语"乌龙"有"搞错""犯错误""滑稽""不可思议"等意思。一云出自20世纪40年代广州风行一时的漫画刊物《乌龙王》,主角乌龙王身材矮胖,做事糊涂,逗人发笑,因而凡是错得可笑、错得尴尬的人或事,粤人便称之"乌龙王",简称"乌龙"。"乌龙球"即用法之一。比较来看,我觉得最后这一说比较可信。无论是哪种吧,"乌龙"这个词久已存在,而典籍里的"乌龙"与足球却是离题万里。

元杨维桢《昭君曲》里,乌龙是马。这么说的:"胡月生西弯,明妃西嫁几时还?不见单于谒金陛,但见边烽驰玉关。汉家将军高筑坛,身骑乌龙虎豹颜。何时去夺胭脂山?呜呼,何时去夺胭脂山!"晋陶渊明《搜神后记》里,乌龙是狗。云"会稽句章民张然,滞役在都,经年不得归",而媳妇在家,又没孩子,"惟与一奴守舍",时间长了就出事了,"妇遂与奴私通"。张然在外非常本分,惟"养一狗,甚快,名曰乌龙,常以自随"。假期回家,乌龙也带上了。家这边已经剑拔弩张,"妇与奴谋,欲得杀然"。吃饭时老婆说,分别这么久了,"君可强笑",侧面表明张然已有预感。他不知道此时"奴已张弓矢当户,须然食毕",但乌龙知道,"惟注睛舐唇视奴"。终于主人一声令下:"乌龙与手!"于是乌龙"应声伤奴"。从前人留下的文字看,乌龙似乎指狗的更多。白居易"乌龙卧不惊,青鸟飞相逐"句,李商隐"遥知小阁还斜照,羡杀乌龙卧锦茵"句,柳永"乌龙未睡定惊猜,鹦鹉能言防泄漏"句等,乌龙都是指狗。李时珍《本草纲目》更明确"狗有乌龙、白龙之号"。

在清袁枚《新齐谐》里,乌龙才是字面上的黑龙。其"风水客"条云,乾隆时的袁文荣"面纯黑,颈以下白如雪,相传乌龙转世,官至大学士"。龙是什么样子没人见过,遑论颜色。《西游记》里有四海龙王,可惜吴承恩也没有在"颜色"方面多做奇想,是赤橙黄绿,还是青蓝紫乌。不过从后面观音降伏"西海龙王敖闰之子",将之"变做白马,上西方(随唐僧取经)立功"来推断,西海龙王可以明确为白龙吧。

乌者,黑也。乌鸦,羽毛是黑的;乌鸡,骨头是黑的;乌贼,遇到危险时分泌出的液体是黑的。当然,也有乌×无关颜色的众多实例,恕不列举。有意思的还是"乌衣",就是黑色衣服嘛,却代表两种皆然对立的身份:地位低下者与世家望族。《三国志·魏书·邓艾传》载,邓艾"修治备守,积谷强兵。值岁凶旱,艾为区种,身被乌衣,手执耒耜,以率将士"。又《隋书·五行志》载,北齐后主"于苑内作贫儿村,亲衣褴褛之服而行乞其间,以为笑乐。多令人服乌衣,以相执缚"。身穿乌衣,甚至可以表示贫贱。而南京乌衣巷里,众所周知住的是声名显赫的王谢家族,刘禹锡《乌衣巷》诗道得分明。《宋书·谢弘微传》亦载:"(谢)混风格高峻,少所交纳,唯与族子灵运、瞻、曜、弘微并以文义赏会。尝共宴处,居在乌衣巷,故谓之乌衣之游。"又孔尚任《桃花扇·拒媒》有一曲【渔灯儿】:"闹端阳,正纷纭,水阁含春,便有那乌衣子弟伴红裙,难道是织女牵牛天汉津。"乌衣之游、乌衣子弟,皆与贫贱无涉了。

休扯太远。国足输给叙利亚之后,中国足协在其官方微博上很快有了回应,云"中国男足表现差强人意,令广大球迷倍感失望"。此语即出,又引来网友嘲笑。概差强人意,乃是比较使人满意。《后汉书·吴汉传》载,吴汉"性强力,每从征伐,帝未安,恒侧足而立。诸将见战陈不利,或多惶惧,失其常度。汉意气自若,方整厉器械,激扬士吏"。光武帝刘秀由衷赞叹曰:"吴公差强人意,隐若一敌国矣!"又《周书·李贤传》载,东魏北豫州刺史高仲密"请举州来附"北周,但是中间隔着高欢的屯兵,北周"诸将皆惮此行",没人敢去接应。李远说,"常理而论,实难救援。但兵务神速,事贵合机。……若以奇兵出其不意,事或可济。脱有利钝,故是兵家之常。如其顾望不行,便无克定之日"。宇文泰高兴地说:"李万岁(远字)所言,差强人意。"

国足如今输成这个样子,足协已经"对此深表歉意"了,又来差强人意岂不是自相矛盾?以私意度之,其中那个"差"字令足协某些人士望文生义了。国足此战诚然又"差",然而足协之"差强人意",是继张琳芃之后再摆乌龙了。

2019 年 11 月 17 日

孟姜女

11月3日《苏州日报》报道说,由苏州市锡剧团有限公司带来的大型锡剧新版《孟姜女》昨晚精彩上演,带给观众一场酣畅淋漓的视听盛宴。4位国家一级演员杨旻华、张唐兵、秦兴、倪剑虹同台演绎,更是让观众大呼过瘾。

"孟姜女哭长城"的故事可谓家喻户晓,其与"牛郎织女""梁山伯与祝英台"和"白蛇传"一道,共同构成中国民间四大爱情故事。根据已然"定型"的这一传说,孟姜女是秦始皇时人,因丈夫范喜良被迫去筑长城,她万里送寒衣,而到了那里发现喜良已死,乃哭于城下,结果城为之崩,喜良尸骸现露。至少在唐代,孟姜女故事便已经流行开来,敦煌曲子《捣练子》有"孟姜女,杞梁妻,一去烟(燕)山更不归。造得寒衣无人送,不免自家送征衣"。清朝无名氏《孟姜女四季歌》之"冬季里来雪花飞,孟姜雪里送寒衣,前面乌鸦来领路,去到长城好团聚",经田汉改词、贺绿汀作曲,在电影《马路天使》里由周璇演唱,"冬季到来雪茫茫,寒衣做好送情郎。血肉筑出长城长,侬愿做当年小孟姜"云云,人们更耳熟能详。2006年5月,"孟姜女传说"作为"民间文学"被列入第一批国家级非物质文化遗产名录,申报地区为山东省淄博市,战国时的齐国所在。

孟姜女,其名不同于漫画家廖冰兄的妹妹叫廖冰,她并不是孟姜的女儿。孟姜,本指春秋时齐侯长女文姜,如《诗·郑风·有女同车》之"彼美孟姜,洵美且都"。孟者,长也。然《诗·鄘风·桑中》又有"云谁之思,美孟姜矣……美孟弋矣……美孟庸矣",此孟姜显然又非彼文姜,因而清人许伯政认为,孟姜已引申为一种泛称,"犹世人称所美曰西子耳"。今人对年轻女性皆称美女,亦是此种"原理"吧。

大凡民间传说,皆可追根溯源。顺着前人爬梳的成果,可明了这一路径,亦可为顾颉刚先生著名的"层累说"增添一例。顾先生认为,时代愈后,传说中的人物愈放愈大。孟姜女故事的演变正是这样。

《左传·襄公二十三年》载,齐侯伐晋,攻下其都城朝歌;班师途中,又袭莒国,这一仗,损失了杞梁、华周两员大将。"齐侯归,遇杞梁之妻于郊,使吊之"。古礼,唯所谓贱者才在郊野行吊礼。杞梁妻子认为丈夫有功于国,齐侯这样做是缺乏诚意,她家"犹有先人之敝庐在",为什么不去家里呢?实则古礼又有"君遇柩于路,必使人吊之",齐侯的做法也没错。然给杞梁妻子一说,他还是又"吊诸其室"。这一记载,是孟姜女故事的原型。

在此基础材料之上,相传为孔子及学生所作的《礼记·檀弓》添加了"哭"元素。那是鲁哀公"使人吊蒉尚,遇诸道,辟于路,画宫而受吊焉"。画宫,画地为宫室之位。曾子知道后说话了:"蒉尚不如杞梁之妻之知礼也。齐庄公袭莒于夺,杞梁死焉。其妻迎其柩于路而哭之哀。"《孟子·告子》添加了"痛哭"元素,淳于髡跟孟子辩论时说的:"华周、杞梁之妻,善哭其夫而变国俗。"她们痛哭自己的丈夫,因而改变了国家风尚,还捎上了华周妻子。汉朝刘向《说苑》及《列女传》添加了"哭倒"元素。前者见其《善说篇》:"昔华舟(周)、杞梁战而死,其妻悲之,向城而哭,隅为之崩,城为之阤。"后者见其《贞顺篇》:"杞梁之妻无子,内外皆无五属之亲。既无所归,乃枕其夫之尸于城下而哭之,内诚动人,道路过者莫不为之挥涕。十日,而城为之崩。"唐朝贯休和尚《杞梁妻》诗添加了"长城"元素,并且明确是秦始皇修的长城:"秦之无道兮四海枯,筑长城兮遮北胡。筑人筑土一万里,杞梁贞妇啼呜呜。上无父兮中无夫,下无子兮孤复孤。一号城崩塞色苦,再号杞梁骨出土。疲魂饥魄相逐归,陌上少年莫相非。"

值此,《左传》中的一段寻常记载,演变为中国汉族古代四大爱情传奇之一。

前人对孟姜女故事早就有过质疑。冯梦龙《东周列国志》第六十四回,在活灵活现地描述了华周、杞梁作战之勇后便指出:"后世传秦人范杞梁差筑长城而死,其妻孟姜女送寒衣至城下,闻夫死痛哭,城为之崩。盖即齐将杞梁之事,而误传之耳。"顾炎武《日知录》更从逻辑层面进行了分析:首先,《列女传》自身是矛盾的。其"上文亦载左氏之言,夫既有先人之敝庐,何至枕尸城下?且庄公既能遣吊,岂至暴骨沟中?"其次,杞梁故事发生在齐国,而"长城筑于威王之时,去庄公百有余年",时间上就不对,关键是,"齐之长城又非秦始皇所筑之长城也",齐国的事怎么算到了秦国头上?第三,贯休那首诗"竟以杞梁为秦时筑城之人,似并《左传》《孟子》而未读者矣"。

"西北有高楼,上与浮云齐。交疏结绮窗,阿阁三重阶。上有弦歌声,音响一何悲?谁能为此曲?无乃杞梁妻。"孟姜女传说的形成,显见是在控诉秦始皇的暴政,长城跟着背了黑锅。对长城,直到近年还有人只是看到其功能的"消极"一面。而越来越深入的研究也指出,长城对于防御掠扰,保护国家安全和人民生产生活的安定,开发边远地区,保护中国与西北域外交通联系都起过不小的作用。诸如此类,锡剧新版《孟姜女》又是如何演绎的,有机会的话,倒是有兴趣看一看。

2019 年 11 月 19 日

司马温公

今年是北宋政治家、史学家、文学家司马光诞辰1000周年。清顾栋高《司马温公年谱》云："真宗天禧三年己未十月十八日，公生于光山官舍。"真宗天禧三年，即1019年。光山，即今河南光山县，时父亲司马池为光山令，司马光"因以为名"。去世后，追封温国公，谥文正，所以世亦称之司马温公或司马文正公。

在我少年的时候，对司马温公已留下印象。概寄居的北京顺义大姨家，有一套画有"司马光砸缸"的茶具。那个故事相当著名，用《冷斋夜话》的说法："司马温公童稚时，与群儿戏于庭。庭有大瓮，一儿登之，偶堕瓮水中。群儿皆弃去，公则以石击瓮，水因穴而迸，儿得不死……至今京洛间多为《小儿击瓮图》。"大姨家的那套杯、盘及壶，图案都是司马温公挥臂的那个动作，瓮已经被击破，破口处是一张儿童的脸。那套茶具早已不存，但是画面印在了脑海里。前些年，赵丽蓉小品中有句"司马光砸缸"的台词，老太太总是说不好，或说成"司马缸砸光"，或说成"司马缸砸缸"，当然，"说不好"是种假象，出发点是要聊博观众一笑。不过，我以为这种台词对温公颇为不恭，实属浅薄一笑。

宋人之中，我最欣赏三位，司马温公是为其一，再则为王安石、苏轼。所以欣赏温公，在于其可称道处涵盖方方面面。邵雍

《邵氏闻见录》云,温公问他:"某何如人?"对曰:"君实(温公字)脚踏实地人也。"温公"深以为知言"。施彦执《北窗炙輠录》云,每至夜,温公辄焚香告天曰:"司马光今日不作欺心事。"在施彦执看来,"公之为此,盖自警之术也"。《渑水燕谈录》云:"司马文正公以高才全德,大得中外之望,士大夫识与不识,称之曰君实,下至闾阎匹夫匹妇,莫不能道司马。"又云,温公逝后,"京师民刻画其像,家置一本,四方争购之,画工有致富者"。

关于司马温公的种种优良品行,如其"诚"、其"俭",尽可以扳着指头数下去。前面几集的拙文中或专文或分散曾涉及若干,此处再拈其"学"之一面,亦足令后辈敬仰。

《宋名臣言行录》云,温公"自成童凛然如成人,七岁闻讲《左氏春秋》,大爱之。退为家人讲,即了其大义。自是手不释书,至不知饥渴、寒暑。年十五,书无所不通"。温公刻苦到什么程度?范淳夫说:"以圆木为警枕,小睡则枕转而觉,复起读书。"55岁时,温公"买田二十亩于尊贤坊北,辟以为园,聚书五千卷,命之曰'读书堂'",是园即著名的"独乐园"。68岁时,他在《徽言·序》中亦夫子自道:"余少好读书,老而不厌。……暇日因读诸子史集,采其义与经合者,录而存之。"当时看过这部书稿的人说,温公"所抄自《国语》而下六书,其目三百一十有二。小楷端谨,百世之下,肃然起敬。"《东山谈苑》云,即便其皇皇巨著《资治通鉴》也是这样,"草本虽数百卷,颠倒涂抹,讫无一字潦草"。

温公之"学",践行了"三人行必有我师"的格言。《言行龟鉴》云,其"对宾客,无论贤愚长幼,悉以疑事问之。有草簿数枚,常致坐间,苟有可取,随手记录,或对客即书,率以为常"。他对浅尝辄止的半桶水学者,全然鄙夷。其《论风俗》云:"国之致治,在于审官;官之得人,在于选士。窃见近岁公卿大夫,好为高奇之论,喜诵老庄之言。流及后生,口诵耳剽。有读《易》未识《卦》《爻》,已谓《十翼》非孔子之言;读《礼》未知篇数,已谓《周官》为战国之书;读《诗》未尽《周南》《召南》,已谓毛郑为章句之学;读《春秋》未知十二公,已谓《三传》可束之高阁。"翻两页书,便妄下结论。

代表温公之"学"最大成就的,莫过于其所编纂的《资治通鉴》。《左传》是我国第一部编年史,《史记》是我国第一部纪传体通史。《资治通鉴》既继承了《左传》的编年体例,又具备了像《史记》一样的通史规模,叙事时间始于周威烈王二十三年(前403),终于后周显德六年(959),按照周(战国)、秦、汉、魏(三国)、晋、宋、齐、梁、陈、隋、唐、后梁、后唐、后晋、后汉、后周的次序,记载了十六代、凡一千三百六十二年的历史,成为我国第一部规模宏伟、成就空前的编年体通史。为了这部书,温公"遍读旧史,旁采小说,简读盈积,浩如烟海,抉擿幽隐,校计毫厘"。他的一个观点是:"正史、实录未必皆可据,杂史、小说未必皆无凭。"在《进通鉴表》中,他也道出了编纂的艰辛程度:"臣今筋骨癯瘁,目视昏近,齿牙无几,神识衰耗,目前所谓,旋踵而忘。臣之精力,尽于此书。"但是,"虽委骨九泉,志愿永毕矣",了却了自己的一桩心愿。尽管本身免不了瑕瑜互见,但《资治通鉴》的历史地位毋庸置疑。清朝学者王鸣盛云:"天地间必不可无之书,亦学者不可不读之书。"王应麟云:"自有书契以来,未有如《通鉴》者。"近代梁启超云:"其结构之宏伟,其取材之丰赡,使后世有欲著通史者,势不能不据以为蓝本,而至今卒未有能愈之者焉。"

生逢温公千年冥诞,实不失为幸事一桩。1997年5月,有幸在山西夏县其故乡拜谒"司马温公祠",虽然只是短暂停留,且廿年已过,但斯时情景依然历历在目。

2019年12月1日

皲裂

最近自家的手忽然总是裂起口子,有六七处之多,沿着指纹,裂到血迹斑斑的程度。这是从前在齐齐哈尔生活时一到冬天就有的毛病,皮肤因寒冷干燥而导致。落籍岭南之后,若干年前就已不治自愈,当是气候温暖湿润起了作用的缘故。然而如今,天还是那个天,地还是那个地,不知为何老毛病却不请自来。

这种毛病,文雅的表述叫作皲裂,同义的还有皲瘃、皲圻等。前人便饱受此种困扰。《汉书·赵充国传》载,宣帝责备驻守西北边陲的赵充国不尽快出击羌人,这么说的:"将军将万余之众,不早及秋共水草之利争其畜食,欲至冬,虏皆当畜食,多藏匿山中依险阻,将军士寒,手足皲瘃,宁有利哉?"皲瘃,即手足受冻圻裂,生冻疮。宣帝担心冬天到了,影响作战。赵充国当然有他的考虑,此不赘述。《新唐书·突厥传》载,高宗时,"单于府大酋温傅、奉职二部反,立阿史那泥孰匐为可汗,二十四州酋长皆叛应之"。于是,朝廷乃派萧嗣业、苑大智、李景嘉前往征讨,结果大军"恃胜不设备,会雨雪,士皲寒,反为虏袭,大败,杀略万余人,大智等收余卒,行且战,乃免"。因为皲寒,至于打了败仗。《明史·林日瑞传》载,崇祯十六年(1643)十二月,李自成大军"踏冰过,直抵甘州城下"。甘肃巡抚林日瑞"入城,战且守",时"大雪深丈许,树尽介,角干折,手足皲瘃,守者咸怨",但李军不在乎,"乘夜坎雪而登,城陷,执日瑞"。

皲裂在战时对士兵构成如此影响,承平时穷苦人家也每每面临。如《明史·刘崧传》载,泰和(今江西泰和)人刘崧,"家贫力学,寒无炉火,手皲裂",然刘崧"钞录不辍"。顺便提及,刘崧为官亦颇值得称道。其"兄弟三人共居一茆屋,有田五十亩。及贵,无所增益"。又其"居官未尝以家累自随。之任北平,携一童往,至则遣还"。下班之后,就是"孤灯读书,往往达旦"。又如《张溥传》载,太仓(今江苏太仓)人张溥,"幼嗜学,所读书必手钞,钞已朗诵一过,即焚之,又钞,如是者六七始已。右手握管处,指掌成茧",春夏秋好说,"冬日手皲",需"日沃汤数次",但他仍然照抄不误,后来他的书斋就取名"七录"。

《庄子·逍遥游》中,庄子对惠子讲了个著名故事,不妨先完整地看一下。说"宋人有善为不龟手之药者,世世以洴澼絖为事",有个人知道后,"请买其方百金"。面对买家出的这个大价钱,那一大家族人盘算的是:"我世世为洴澼絖,不过数金;今一朝而鬻技百金,请与之。"对比太悬殊,划算,成交。那人买下方子,就去游说吴王。后来,越国入侵吴国,吴王干脆派那人将兵,"冬与越人水战",那药起了很大作用,"大败越人",其人因得"裂地而封之"。庄子感慨道,同样是"能不龟手"的偏方,"或以封,或不免于洴澼絖",人家受封了,你们还是干老本行,这就是使用方法的不同啊。

庄子借此故事,是在给惠子阐述道理,且不理会。龟手,陈鼓应先生释为"气候严寒,手皮冻裂如龟纹"。郭庆藩认为"不龟手,犹言不皲手耳"。那么,不龟手之药,就是防手皲裂的药了。成玄英疏曰,洴,浮也;澼,漂也;絖,絮也;认为"宋人隆冬涉水,漂絮以作牵离,手指生疮,拘坼有同龟背。故世世相承,家传此药,令其手不拘坼,常得漂絮水中,保斯事业,永无亏替"。这个"不龟手之药"及其产生的故事,时常为后人道及。如陆游诗作中有一首《寓叹》:"人生各自有穷通,世事宁论拙与工。裹马革心空许国,不龟手药却成功。早朝玉勒千门雪,夜坐蓬窗万壑风。借得奇书且勤读,小儿能续地炉红。"辛弃疾《醉翁操》词,也有"不龟手药,或一朝兮取封。昔与游兮皆童,我独穷兮今翁"云云。沿用的都是庄子语意,仿佛若有其事。不过这个"不龟手之药",委实值得一议,可能像鲲鹏、冥灵、藐姑射山神人一样,也是出于庄子的想象吧。

前人云"春生冬伐",认为战争应该发生在冬季,实则当然未必。春秋时吴越两国争霸,相互征伐了二十余年,因为地处水乡,江河纵横交错,"以船为车,以楫为马",水战自然也是难免的。但是诸如《史记·吴太伯世家》《勾践世家》,以及《越绝书》《吴越春秋》中谈及两国的交手,均不曾见到"不龟手之药"的踪影。如《吴太伯世家》载,越国来入侵吴国共有三次。第一次,吴王阖庐(闾)十年(前505),"越闻吴王之在郢,国空,乃伐吴。吴使别兵击越";但是,这次战事发生在春天。吴王夫差十四年(前482),"越王句践伐吴",这次战事发生在夏天。二十年(前476),"越王句践复伐吴",这回是把吴给灭了,谈不上"大败越人"。当然,即便庄子对"不龟手之药"纯粹出于想象,也是非常针对现实且合乎逻辑的想象。以愚意度之,这恰恰证明了时人对"龟手"之痛的无可奈何。

屈大均《广东新语·天语》说到广东的霜露天气,以为"岭南火盛而金衰,秋深犹热,金气不能成液,故少露。露少,故不结为霜而杀草也。然亚岁后霜亦微降,贫者无絮以御冬,手足微有皲瘃"。这说明,至少在清初的时候,广东人也是有皲裂的。然自家的这种,显系旧病复发,无关地域甚事。

2019 年 12 月 6 日

写字

新近看到"大象公会"公号的一篇文章:医生们写的字为什么那么乱?文章说,每个人都会遇到过天书般的处方和病历,但奇幻的是,药局窗口能根据这些处方开出正确的药来。文章对这种现象的成因进行了探讨。

医生写字病人看不懂,是一个已经说了很久的话题,所谓"老梗"。实际上,在医生群体之外,写出的字让人看不懂的,也可以列举许多,大抵是出于潦草。《解愠编》云,有个县官写字就是这样。其"欲置酒延宾,批票付隶人买猪舌,舌字写太长;隶人错认,只谓买猪千口",结果"遍乡寻买,但得五百口,赴官哀告,愿减一半"。县官笑了,我叫你买猪舌头,"如何认作买猪千口?"隶人一肚子委屈:"今后若要买鵞(即鹅),千万写短些,休要写作买'我鸟'。"

这自然是个笑话,生活中也不乏实事。《续墨客挥犀》云:"张(商英)丞相好草圣而不工,当时流辈皆讥笑之,丞相自若也。"有天他琢磨出了几个好句子,"索笔疾书,满纸龙蛇飞动",然后让侄子录下来。而"当波险处,侄惘然而止",问叔叔"此何字?"商英"熟视久之,亦自不识",但他埋怨侄子:"胡不早来问?致吾忘之。"姜夔《续书谱》云:"古人作草,如今人作真(楷),何尝苟且。……虽复变化多端,而未尝乱其法度。"张商英好草圣而不工,等于说他写字根本没有章法。

宋朝还有位陈彭年,写字也很难认。《玉壶清话》云,彭年"书字甚急,日可万余,细碎急草,翌日往往不能辨"。有天他忽然死了,"真宗急遣中人诣其家,取平生编著,但破箧中得二十余轴,人不能辨,惟起居院吏赵亨能辨之"。于是真宗"召亨补三班吏,令重写之"。赵亨不知为何有此本领。

张商英、陈彭年,《宋史》中皆有本传。遗憾的是,两人为人为官,都有可非议的一面。《张商英传》载,哲宗亲政,召之为右正言、左司谏。商英"积憾元祐大臣不用己,极力攻之",司马光、吕公著、刘挚、吕大防、文彦博、苏轼、范祖禹等,皆在其弹劾之列,来了个私仇公报,甚至于上疏"乞追夺光、公著赠谥,仆碑毁家"。《陈彭年传》载:"彭年幼好学,母惟一子,爱之,禁其夜读书。彭年篝灯密室,不令母知。"刻苦程度没的说,且聪明程度也没的说,"年十三,著《皇纲论》万余言,为江左名辈所赏"。然《王钦若传》载,仁宗尝谓辅臣曰:"钦若久在政府,观其所为,真奸邪也。"王曾这么回答的:"钦若与丁谓、林特、陈彭年、刘承珪,时谓之'五鬼'。奸邪险伪,诚如圣谕。"

开玩笑说,天书其实也未必难认。《水浒传》里宋江有一梦,梦中九天玄女娘娘给了他三卷天书,"可长五寸,阔三寸,厚三寸"。为了营救柴进,在高唐州与高廉作战时,吴用看出对方用的是妖法,宋江想到了天书,见"第三卷上有回风返火破阵之法。宋江大喜,用心记了咒语并秘诀"。看,宋江就认得天书。只是双方再交手时,咒语并秘诀没起作用,相反,"宋江撇了剑,拨回马先走。众头领簇捧着,尽都逃命。大小军校,你我不能相顾,夺路而走"。天书在《水浒传》全书中似唯此一回使用且无用,不知施耐庵为何要写这么一段。

再开玩笑说,前人认为只有鬼写的字才让人认不出来。这方面的例子，《太平广记》里俯拾皆是。如"定婚店"条，一老人"坐于阶上，向月检书"，韦固凑过去"觇之，不识其字"，奇怪地问："老父所寻者何书？固少小苦学，字书无不识者。西国梵字，亦能读之。唯此书目所未窥，如何？"老人告诉他，此乃"幽冥之书"。又如"郭翻"条，郭翻"亡数日"后，"灵语儿，求纸笔，欲作书与亲旧，捉笔以命儿书之，皆横行，似胡书"。儿子说："此是鬼书，人莫能识。"既然认不出来，郭翻算是白交代了。又如"苏韶"条，死了的苏韶"回来"找堂兄弟苏节，苏节问干什么，他说要改葬，"吾将为书"。苏节给他笔，苏韶说"死者书与生者异"，还是你写吧。然而，如果鬼不是故意为难人，人也是能看懂鬼写的字的。如"王矩"条云，王矩到广州赴任途中，在长沙"见一人长丈余"，自云"身是鬼，见使来诣君耳"。王矩吓坏了，鬼因求纸笔，考虑到"君必不解天上书"，于是"更作"，让王矩到广州再看。王矩遵嘱看了，写的却是"令召王矩为左司命主簿"，原来是催命符，"意大恶"。"刘洪"条中，鬼索纸作诗，"书迹婉妙"，甚至"可方王右军"。

《隋书·礼仪志》载，北齐时"书迹滥劣者，饮墨水一升"。要么是特殊场合的严格要求，要么是那个时候写字潦草到了非整治不可的地步。后世医生写字，断然不是故意让患者看不懂，而且说到底病历和处方也不是给患者看的。医生之间、医生与药剂师之间，对医学术语、药名等的缩写，都有相应的约定俗成，所以他们相互看得懂，总体而言还不能归为潦草之列。然一旦潦草，药剂师便可能配错药，便可能导致医疗事故。大象公会的这篇文章说，美国国家医学院曾经发表过统计，在美国每年由误诊误治造成的4万多个死亡案例中，约7000个是因为医生写字不清造成的。这一点，无论哪国医生，落笔时郑重其事都是十分必要的。

2019年12月10日

冼夫人

昨晚与友人小聚。其中一位是冼姓,大家每称其太太为"冼夫人",伴以会心一笑。当然了,大别的是冼夫人自身姓冼,夫婿姓冯,名冯宝。按道理,她其实该叫冯夫人。《北史·列女传》载:"梁大同初,罗州刺史冯融闻夫人有志行,为其子高凉太守宝聘以为妻。"后来,隋文帝追赠冯宝"为广州总管、谯国公,册夫人为谯国夫人",所以《北史》《隋书》本传中,冼夫人又以"谯国夫人"条目出现,"冼"亦皆作"洗"。广东粤剧院、广州粤剧院新近首次联手出品的粤剧,亦以《谯国夫人》名之。

冼夫人属于南粤本土先贤。本土,相对于外来。早些年广东评选出的南粤先贤,如韩愈、苏轼、包拯等诚然鼎鼎大名,对岭南也颇有"开化"之功,但他们在这里为官的前提往往是被贬谪而来、放逐而来,是很有些委屈或憋屈的。唐沈佺期《遥同杜员外审言过岭》有"天长地阔岭头分,去国离家见白云。洛浦风光何所似,崇山瘴疠不堪闻",对岭南环境恶劣的抱怨溢于言表。李德裕《谪岭南道中作》有"五月畲田收火米,三更津吏报潮鸡。不堪肠断思乡处,红槿花中越鸟啼",同样还是在途中,对家乡的思念就已到了肝肠寸断的程度。寇準之"到海只十里,过山应万重",悲凉更在其中。有人认为,岭南贬谪是古代士大夫人生痛苦经历的极限,此语并不为过。

与这些对岭南并无好感的外来先贤大不同的是,包括冼夫人在内的本土先贤,自然不存在抱怨故土的因子,生于兹长于兹爱于兹。《北史》说冼夫人"幼贤明,在父母家,抚循部众,能行军用师,压服诸越。每劝宗族为善,由是信义结于本乡"。尽管"越人俗好相攻击",她哥哥南梁州刺史冼挺"恃其富强,侵掠傍郡,岭表苦之",然"夫人多所规谏,由是怨隙止息"。正是凭借过人的智慧,成年后大权在握的冼夫人保境安民,始终如一。而冼夫人之所以为后人所纪念,端在于她的国家观。她不像秦末的龙川令赵佗,中原易主,"佗即击并桂林、象郡,自立为南越武王",实际上他是称帝,建立了南越国,定都番禺(今广州),是南越武帝。1983年广州市区象岗山发现了第二代南越王墓,那枚"文帝行玺"金印道得分明:仍然在称皇帝。

冼夫人不是没有赵佗那种立国的资本。《北史》载,其家族"世为南越首领,部落十余万家",且有"海南儋耳归附者千余洞",具有相当的割据实力。冯宝死后,"岭表大乱,夫人怀集百越,数州晏然",冼夫人具有相当的号召力。"陈国亡,岭南未有所附,数郡共奉夫人,号为圣母",冼夫人具有相当的割据时机。但是,她没有。他们本来听命于南朝之陈,"晋王广遣陈主遗夫人书,谕以国亡,命其归化,并以犀杖及兵符为信"。确认陈朝确实不存之后,冼夫人先"集首领数千人,尽日恸哭",然后派孙子冯魂前去迎接隋朝官军。《资治通鉴·隋纪一》载,文帝因之"追赠冯宝广州总管、谯国公。册洗氏为谯国夫人",与此同时,"皇后赐夫人首饰及宴服一袭",冼夫人"并盛于金箧,并梁、陈赐物,各藏于一库。每岁时大会,皆陈于庭,以示子孙"。她说:"汝等宜尽赤心向天子。我事三代主,唯用一好心。今赐物具存,此忠孝之报。"

关于冼夫人国家观的具体实践,《北史》《隋书》及《资治通鉴》的记载大同小异。至少还有三次,兹以《隋书》所载叙之。

其一,侯景之乱时。高州刺史李迁仕积极响应,他遣召冯宝,"宝欲往,夫人止之"。洗夫人认为"刺史无故不合召太守,必欲诈君共为反耳",乃教夫君"称有疾……以观其势"。不出所料,"数日,迁仕果反"。洗夫人再教夫君将计就计,"遣使诈之,卑辞厚礼,云身未敢出,欲遣妇往参。彼闻之喜,必无防虑。于是我将千余人,步担杂物,唱言输赕,得至栅下,贼必可图"。果然,李迁仕"觇夫人众皆担物,不设备。夫人击之,大捷"。

其二,广州刺史欧阳纥反时。纥召夫人独子冯仆至高安,"诱与为乱"。冯仆派人回来告知,洗夫人曰:"我为忠贞,经今两代,不能惜汝,辄负国家。"她一方面发兵守境,一方面"帅百越酋长迎(陈车骑将军)章昭达……内外逼之,纥徒溃散"。

其三,番禺俚帅王仲宣反,围隋将韦洸于州城时。洗夫人"遣孙暄帅师救洸",不料冯暄与叛军中的陈佛智"素相友善,故迟留不进"。洗夫人闻之大怒,"遣使执暄,系于州狱",再派孙子冯盎"出讨佛智",结果"战克,斩之",进而"与鹿愿军会,共败仲宣"。

在国家观方面,冯盎继承了祖母的作为。《新唐书·冯盎传》载,隋末有人游说冯盎:"隋季崩荡,海内震骚,唐虽应运,而风教未孚,岭越无所系属。公克平二十州,地数千里,名位未正,请南越王号。"要他效法当年的赵佗。冯盎的回答是:"吾居越五世矣……常恐忝先业,尚自王哉?"

遥想当年,洗夫人"亲被甲,乘介马,张锦伞,引彀骑卫,从裴矩巡抚二十馀州",其飒爽英姿的形象,不愧后人赋予的"巾帼英雄第一人"的美誉。一个人为国家、为社会究竟做了些什么,无论如何是不会被埋没也是埋没不了的,后人会永怀他们的丰功伟绩。

2019 年 12 月 22 日

土地爷

徒步行经海珠区新市头村,某个围墙转角处忽见一座大约1米高的石碑,正面刻有"兴隆社社稷之神"七个大字,前面是供桌、香炉,香炉里几乎插满了燃烧过的、长短不一的香。石碑旁的配套水泥建筑形似座椅,"扶手"则是两条麻石。新市头虽仍曰村,但早就身处闹市,属于城中村了,仍然有这样的文化残存,颇感新奇。

社稷神,古代帝王、诸侯所祭祀的土神和谷神合称。《白虎通·社稷》云:"王者所以有社稷何?为天下求福报功。"因为"人非土不立,非谷不食",而"土地广博,不可遍敬也;五谷众多,不可一一祭也。故封土立社,示有土也。稷,五谷之长,故封稷而祭之也。"这就是社稷神的来源了。其中的土神,说白了就是土地爷,掌管、守护一方地面。《西游记》里除了几位取经人,大约土地爷的出现频率最高。孙悟空但凡在某处遇到挫折,每每把土地爷叫出来问话,土地爷对本地状况无不了如指掌,对孙悟空也总是战战兢兢。当然,也有例外的时候。比如和鹿力大仙赌砍头时,悟空的脑袋先被砍掉,原本他一声"头来",脑袋会跑回自动装上。鹿力大仙一看,"即念咒语,教本坊土地、神祇"把悟空滚了老远的头给按住,承诺打赢悟空,"奏了国王,与你把小祠堂盖作大庙宇,泥塑像改作正金身"。土地爷、神祇也真的照办了,倘若悟空没有

"喝声'长',飕的腔子内长出一个头来"的本领,就要提前抵达西天了。那一回,可能是那个土地爷没有抵挡住诱惑吧。更多的时候,是孙悟空"捻着诀,念一声'唵蓝净法界'的真言,拘得那山神、土地在半空中施礼道:'大圣,呼唤小神,有何使令?'"

土地爷亦即社神,汉族民间信仰最为普遍的众神之一,神州大地不分东西南北,土地庙所在皆是。我疑心,新市头村的土地爷原来也是有庙的,地皮升值之后,被挤压成这个样子而已。土地爷是什么样子自然没人见过,然如《土风录》所云:"天下社神,宜通谓之公,后讹为土地公公,而稗官演义所载皆白发翁矣。"这不奇怪,非此即彼,土地爷的言行举止在典籍中全都人格化了,面目自然也需要"代颜"。《夷坚丙志》"衡山民"条里还有个土地爷,"布衫草屦,全如田夫状"。《搜神记》卷五中的蒋子文,"嗜酒好色,挑达无度"。他死后,有部下在路上又看到他,"乘白马,执白羽,侍人如平生"。他告诉部下:"我当为此土地神,以福尔下民。尔可宣告百姓,为我立祠。不尔,将有大咎。"颇有赤裸裸敲诈的意味。有趣的是,袁枚《子不语》中也有"土地奶奶索诈"条,她告诉梦中的吴氏:"今年此处火灾是九月初三日,君家首被其祸,数不可逃。须烧纸钱、买牲牢还愿,庶不至烧伤人命。"吴氏醒来,"乃往各邻家告以故",吓得诸邻"彼此演戏祭祷,费数百金"。九月将至,吴家干脆"一门衣箱器具尽搬移戚里家",且"自初一日起,不复举炊矣"。结果"至期,四邻寂然,竟无焚如之患"。

土地爷到处都有,土地奶奶自然也不止一个。同样有趣的是,土地奶奶以负面形象居多。《聊斋志异》里的,甚至是"淫鬼不自羞"的一类。蒲松龄讲完故事给打了圆场,说那个诱惑别家男人的美貌土地奶奶一定是冒充的,因为"土地(爷)虽小,亦神也,岂有任妇自奔者?愤愤应不至此。不知何物淫昏,遂使千古下谓此村有污贱不谨之神。冤矣哉！"《坚瓠辛集》里有个盛教授，认为土地庙里就不该供什么土地奶奶。"今肖像之设，夫妇偶坐，楚楚裙钗之饰，盈盈朱粉之施，侍从旁立，男女杂处"，太不像话，"虽近世风俗之弊，亦未尝无男女之别。至于闾阎细民，客或过之，其妻犹避而不出。岂有身为神明，妻乃不知内外之分，呈身露面，据案并食，以饗士大夫笾豆之荐，反不若闾阎匹妇乎？"诸如此类，算是茶余饭后的解颐之资吧。

土地爷是个小神，不要说齐天大圣可以欺负他，寻常富豪也未必把他多当回事。《子不语》"土地神告状"云，"洞庭山棠里徐氏，家世富饶，起造花园，不足于地"，便打了东边"香火久废"的土地庙的主意，"私向寺僧买归，建造亭台"。一年后，苏州城隍神"奉都城隍差委"，借徐妻韩氏及小婢之躯来审理此案了，一番原告被告传唤，"其夫惊骇伏地，愿退地基，建还原庙"。韩氏素不识字，此时索纸笔判云："人夺神地，理原不应。况土地神既老且贫，露宿年余，殊为可怜。屡控城隍，未蒙准理，不得已，越诉都城隍。今汝既有悔心，许还庙宇，可以牲牢香火供奉之。中证某某，本应治罪，姑念所得无多，罚演戏赎罪。寺僧某，于事未发时业已身死，可毋庸议。"最后，"其夫一一如所判而行。从此，棠里土地神香火转盛"。这故事想来是要人们对土地爷也要有敬畏之心吧。细看之下，告状过程与判决结果，今天亦似曾相识。

1985年9月我刚来广州的时候，新市头村的周边还全是农田，因为赤岗塔近在咫尺，曾踩着水田的田埂到塔下仰视了一回，觉其高耸入云。如今，赤岗塔虽早已装饰一新，却在高楼大厦之中全然丧失了尊严。新市头村拆迁改造在即，全村围蔽已经完成，未知涅槃后的此处，还有没有土地爷的一席之地。

2019年12月29日

后记

本集收录了自己2018、2019两年所撰写的读史札记文字,共108篇,大多发表在《南方日报》"今古齐观"专栏上。该专栏问世已十有余年,每年成十余万字,终于在2019年7月摘得广东新闻奖"新闻名专栏",算是本省新闻界的一个认可了。

在本书尚未完成之际,便惴惴焉恳请母校中文系吴承学先生赐序。概此前对吴先生若干著作曾认真拜读,如《中国古代文体学研究》《晚明小品研究》等,景仰不已。记得吴先生当即慨然应允。书稿呈送未几,又越洋传来大作,指出拙作"由日常生活而激发的感兴性思维这点颇值得注意",又提升到了"唤起你内心的文化记忆"的高度。此皆拙作孜孜不倦的努力方向,为吴先生所一语道破。顺势披露,为拙作《尽入渔樵闲话——报人读史札记二集》赐序之江艺平女士,即吴夫人。则报人读史札记系列"集齐"了吴先生伉俪的大作,荣幸之至!

"但问尘埃能去否,濯缨何必向沧浪。"白居易的句子。应该是他读了"游于江潭,行吟泽畔"的屈原与渔父对谈之后,渔父所歌之"沧浪之水清兮,可以濯我缨",令他生发别样的感慨吧。的确,荡涤尘埃,岂唯沧浪之水?

2020年7月于南方报业传媒集团